"독자의 상상력"을 극대화하는 "읽기의 유연성"은 성서 해석학 분야에서 중요한 화두가 되었다. 물론 경전(經典)으로서 성서의 특성상, "독자의 자율성"을 어디까지 수용할지 그 경계선을 정하기란 절대 쉽지 않다. 이 책은 이러한 사정을 정확히 인식하며 "선한 사마리아인의 비유"에 관한 독서 유형을 소개할 뿐 아니라 "독자-반응비평"과 "이데올로기비평" 등을 활용하여 "변화된 해석 패러다임의 새로운 지형"을 유감없이 제시한다. 결국 독자가 "선한 사마리아인의 비유"를 피상적으로 읽을 때 "이야기 속 보이지 않는 세계"에 접근할 수 없다고 도전한다. 독자는 이 책에서 비유를 읽는 방법을 학습함으로써 현대 사회의 다양한 이슈를 해결할 신학적이고 윤리적인 답변을 획득한다. 궁극적으로 "예수의 비유"에 관한 해석이 "공허하고 무책임한 읽기"에 머물 수 없다고 확언하는 이 책의 읽기는 독자들이 지금 당장 수행할 과제가 되었다.

윤철원 | 서울신학대학교 신약학 교수

이 책은 선한 사마리아인의 비유를 읽고 해석했던 다양한 시대, 사회, 문화, 환경 및 사람들의 해석 지평, 본문 풀이, 현실 과제를 다룬다. 이를 통해 독자에게 좁게는 해당 비유를 어떻게들 읽어왔고 앞으로 어떻게 읽을 것인지, 넓게는 이 비유를 접하는 우리는 어떻게 살아갈지를 고민하게 해준다.

이민규 | 한국성서대학교 신약학 교수

이 책은 예수의 "선한 사마리아인의 비유"에 대한 주석이면서 주석 이상이고, 해석이면서 해석 이상이다. 다양한 해석만큼 다양한 적용의 맥락이 따라붙는 비유로서 저자는 그 담백하고 명료한 메시지에 주목하여 현대 사회에서 그 맥이 꾸준히 이어지고 있는 선한 사마리아인의 모범적 주인공들을 그 역사적 삶의 정황과 함께 소개한다. 그 가운데 이 책이 아프게 강조하는 것은 오늘날 교회가 선한 사마리아인을 자처하여 "선한 골칫거리"에 정직하게 동참하고 있는가, 그리하여 각자의 익숙한 전통에 이물스럽고 불편한 타자들의 트라우마를 정성껏 살피고 몸으로 행동하며 돌보는 담대한 이웃 사랑의 증인으로 살고 있는가 하는 성찰적 물음이다. 선한 사마리아인의 비유에 대하여 설교하고 토론하기는 쉬워도 그 현장에 직접 동참하여 자신이 선한 사마리아인이 되는 길은 절대 쉽지 않기에 이 책의 이런 도전은 특히 오늘날 한국교회가 처한 현실 가운데 여전히 유효하고 적실하다.

차정식 | 한일장신대학교 신학과 교수

예수의 "선한 사마리아인의 비유"는 위험천만한 이야기다. 비유의 인물 설정부터 플롯의 흐름과 결말에 이르기까지 그렇다. 1세기 유대 전통의 환경에서 이런 비유를 상상하고 발설했던 예수야말로 위험한 이야기의 실제 인물이라는 진실을 누가복음의 독자는 뒤늦게 파악하리라. 그때로부터 오랜 세월이 지나고 또 지났다. 저자는 "천국의 제자 된 서기관"답게 오늘 우리 시대의 인종-사회-문화-정치의 다양하고도 구체적인 포스트모던 곳간으로부터 이 빛바랜 옛 비유를 거침없이 풀어준다. 이 비유가 오늘 우리 삶의 변화무쌍한 현장에서 그 옛날보다 더 위험할 수 있는 (그렇기에 예기치 못한 기적이 더 일어날 수 있는) 이야기임을 다차원적으로 들려주고 싶기 때문이다. 예수의 길을 따르기 원하는 독자는 언제 어디서든 이 시대의 여리고 길을 마주해야 할 오늘의 사마리아인이다. 우리가 속한 공동체를 위해서라도 우리 울타리 너머에 있는 사람들의 말과 행동을 읽어내야 할 그들의 이웃이어야 한다. 이 땅에서 하늘나라 상상하기를 포기하지 않은 채 상처 입은 치유자의 길로 뚜

벅뚜벅 나아가기 원하는 사람이라면, 이 책의 저자인 파워리의 작품을 손에 잡고 우리의 여리고로 늦더라도 들어가 보자. 그곳의 사람들이 우리를 이웃으로 불러주지 않을지라도 말이다.

허주 | 아신대학교 신약학 교수

예수의 대표적 비유 중 하나인 누가복음 10장에 나오는 선한 사마리아인의 이야기는 강렬한 이미지로 독자들의 마음을 사로잡는다. 이 책은 독자들이 자신이 처해 있는 상황에서 이 이야기가 가진 윤리적 함의를 생각해보도록 격려한다.

당신은 어떻게 읽는가? 우리는 믿음을 어떻게 구현하는가? 파워리는 신자들이 이러한 질문들을 다루도록 선한 사마리아인의 비유를 도발적이며 흥미진진하게 분석한다. 세계의 현재 관심사와 연결되는 이 비유에 대한 과거의 해석을 탐구함으로써 파워리는 비유가 어떻게 계속해서 우리를 놀라게 하고, 우리의 기대를 뒤집으며, 우리의 상상력을 변화시키도록 요구하는지 보여준다. 그는 성서를 읽는 것이 어떻게 영적인 동시에 정치적인 행위인지 이해하라고 촉구하면서 우리에게 "선한 골칫거리"에 참여할 것을 촉구한다.

리사 보웬스 | 프린스턴 신학교

선한 사마리아인의 비유에 대한 간단하고 단순한 설명을 찾는 사람들은 대신 파워리의 분석에 의해 확장될 준비를 해야 한다. 그는 정황, 사회적 위치, 인종, 민족, 종교적 정체성, 정치(적 견해) 등을 포함한 많은 렌즈를 존중하면서 역사적·현대적 해석자들의 눈을 통해 변화를 가능케 하는 이 비유가 지닌 변혁의 힘을 경험하도록 독자와 현대 교회를 초대한다. 파워리의 생각은 그의 작품 안에 매력적이고 진정한 방식으로 스며들어 있으며 성서학과 신학 교육학 분야에서 최고의 모범을 보여준다.

캐롤 E. 리치 | 랭커스터 신학교 명예 총장

잘 알려진 선한 사마리아인 비유의 이해를 돕는 해석 모음을 엮은 이 책은 우리의 신학적 헌신과 해석적 렌즈 모두에 중요한 도전을 제기한다. 파워리는 용서, 화해, 이웃 사랑과 관련된 대화에 참여하도록 진지하게 초대한다.

냐샤 주니어 | *Reimagining Hagar: Blackness and Bible*의 저자

파워리가 이야기하는 것처럼, 예수의 선한 사마리아인의 비유는 특히 우리의 신학이 우리와 같지 않은 사람들과 관계를 맺는 방법을 어떻게 형성하는지에 관해 성찰하고 행동하기 위한 가능성과 도전으로 가득 차 있다. 이 책은 강의실과 교회에 잘 어울리는 시의적절하고 매력적이며 도발적인 책으로서 해석과 윤리가 어떻게 밀접하게 얽혀 있는지를 거듭해서 보여준다.

조엘 B. 그린 | 풀러 신학교

에머슨 파워리는 프레더릭 더글라스, 토니 모리슨, 솔렌티나메 공동체, 아미시 공동체, "흑인의 생명은 소중하다" 운동 등 다양한 목소리를 바탕으로 선한 사마리아인의 비유를 다루면서 "당신이 보는 것은 당신이 어디에 서 있느냐에 달려 있다"고 우리에게 상기시킨다. 공동체가 어디에 서 있는지 보라는 명령을 우리 앞에 두고, 파워리는 이 비유를 신선하고 체현된 방식으로 읽는

것이 어떻게 공동체 안에서 삶으로 구현할 수 있는 생동감 넘치고 윤리적이며 신학적으로 근거 있는 믿음을 살아 움직이게 할 수 있는지 보여준다. 이 책이 다루는 영역은 상당히 놀랍고 이 책에 나타난 비전은 설득력이 있다. 나는 이 책을 강력히 추천한다.

메리 포스켓 | 웨이크 포레스트 대학교

파워리는 이 책에 "교회의 삶을 위한 누가복음 10장"이라는 부제를 붙임으로써 그의 학문을 의미 있고 유용한 방식으로 교회에 전달할 것을 약속하고, 『현대를 위한 선한 사마리아인 비유』는 이 약속을 이행한다. 학자, 신학자, 목회자, 기독교 교육자들은 그들의 사역에서 가치를 발견할 것이다. 교회는 풍부한 세계적인 역사적 전통과 다양한 문화, 인종, 삶의 경험을 소유하고 있다. 이것들은 우리가 비유와 더 넓게는 성서를 해석할 때 우리가 반드시 감사해야 하는 매우 중요하고 유익한 렌즈들이다. 우리는 유서 깊은 해석의 전통을 인정해야 하지만 우리의 시간과 경험 속에서 본문을 통해 성령께서 교회에 하시는 말씀을 듣도록 도전도 받고 있다. 파워리는 보편적으로 언급되는 이 비유를 이해하고 해석하기 위한 신선하고 도전적인 관점을 제공한다. 그렇게 함으로써 그는 예수의 더 폭넓은 비유의 가르침을 우리가 사용하는 데 있어서 우리에게 더 깊은 자기 성찰을 요구한다. 독자들의 지적 관심이 불붙을 것이고 예수와의 신실한 현대적 산책에 대한 호소는 더욱 설득력을 갖게 될 것이다.

네이선 D. 백스터 | 랭커스터 신학교

The Good Samaritan

Luke 10 for the Life of the Church

Emerson B. Powery

현대를 위한
선한 사마리아인 비유

선한 사마리아인 이야기를 입체적으로 읽기

에머슨 **B. 파워리** 지음

홍수연 옮김

The Good
Samaritan

새물결플러스

나는 선한 사마리아인들에게 이 책을 바친다.

그들은 자신들이 베푼 친절한 행동을 통해

특히 자신들과 의견이 다를 수 있는 사람들의 생각과

심지어 어쩌면 그들의 신학까지도 바꾸게 만들었다.

우리의 상상력이 새롭게 되기를!

목차

감사의 말

나는 행동을 통해 그들 자신을 변화시킨 선한 사마리아인들에게 이 책을 바친다. 이 프로젝트가 진행되는 동안 어떤 형태로든 나의 생각에 영향을 준 다양한 사람의 이름을 언급하고 싶다. 하나의 비유와 보낸 수년간의 시간은 내가 많은 흥미로운 대화를 나눌 수 있도록 북돋우었다. 선한 사마리아인의 비유와 비교해도 뒤지지 않을 만큼 인기 있는 비유와 함께 사는 일은 그 의미에 대한 수많은 생각을 살펴보게 한다. 나는 교회 안팎의 현대인들의 삶과 사고와 행동에 다양한 방식으로 영향을 끼친 이 1세기의 허구적 이야기에 관한 이러한 흥미로운 생각들을 이 책에 더 많이 포함시키고 싶었다.

나는 모라비안 신학교(Moravian Theological Seminary)와 웨스턴 신학교(Western Theological Seminary)에서 이 연구의 일부를 공유할 수 있도록 기회를 주신 것에 감사한다. 각 학교의 학장과 교수이신 프랭크 크라우치(Frank Crouch)와 트래비스 웨스트(Travis West)의 초대는 나에게는 선물이었고 그들과 나눈 대화는 유쾌하고 따뜻했다. COVID-19 팬데믹 상황은 줌(zoom)이 대안적인 기회를 열어주었음에도 불구하고 다른 기회들을 방해했다. 나는 수차례 따뜻하게 초대해준 데이비드 트루(David True)와 캐시 헤팅가(Kathy Hettinga) 및 줌을 이용해 대화에 참여해주신 지역 교회 교인들에게 감사드린다.

또한 나는 연구 과정에서 나눈 많은 격의 없는 대화를 통해 새 힘을 얻었다. 수년간 진 코리(Jean Corey)와 나는 메시아 대학교에서 서로의 강의실에 참여해서 독서의 본질을 토론해왔다. 그녀는 랭스턴 휴스(Langston Hughes)의 "영어 B 과목의 주제"(Theme for English B)라는 시를, 나는 누가복음 10장을 다뤘다. 우리의 대화는 항상 나의 생각을 자극했고, 특히 그것이 우리 학생들에게 새로운 자극이 될 때는 더더욱 그러했다. 지난 20여 년 동안 이러한 대중과의 만남을 통해 나의 가르치는 일 속에서 "당신은 어떻게 읽는가?"(눅 10:26)라는 질문은 계속되었다.

다른 이들도 간략하게라도 언급할 필요가 있을 것 같다. 우연한 기회에 셰릴 커크-듀건(Cheryl Kirk-Duggan)과 나누었던 두 시간 동안의 대화는 나에게 이 연구를 계속하도록 강력하게 권고했다. 랜디 베일리(Randy Bailey)의 시의적절한 전화로 이루어진 대화는 고된 과정에 있던 우리에게 절실하게 필요했던 웃음을 가져다주었다. 심지어 우리가 "오래된" 해석을 통해 새롭게 생각할 수 있는 길을 제시해주었을 때도 말이다. 다른 부분을 흔쾌히 검토하고자 했던 마이클 풀러(Michael Fuller)의 의지는 항상 현명했다.

내가 현재 재직 중인 메시아 대학교의 다른 동료들에게도 감사를 표하고자 한다. 나는 성서, 종교, 철학과 동료들에게 감사한다. 특히 브라이언 스미스(Brian Smith) 학과장께서 다양한 성서적 어구, 개념, 방법론 등과 관련하여 많은 대화를 나누어주신 것과 부득이하게 회의에 불참해야 했을 때 너그러이 이해해주신 것 등에 대해 감사드린다. 드류 하트(Drew Hart)의 존재와 그가 지닌 에너지는 대단했으며, 우리가 나눈 대화는 나의 남은 연구 여정을 위해 필요한 에너지를 항상 공급해주었다.

메시아 대학교 관계자, 킴 핍스(Kim Phipps) 총장, 랜디 베신저(Randy Basinger), 피터 파워스(Peter Powers) 학장의 지속적인 지지와 도움에도 감사드린다. 2019년 가을에 허락받은 안식년은 이 책의 출간 프로젝트를 위한 많은 연구에 집중할 수 있도록 수개월의 중요한 시간을 제공해주었다. 랭커스터 신학교가 나에게 제공한 공간은 육체적으로나 정신적으로나 시의적절한 것이었다. 나는 이 일을 성사시켜주신 랭커스터 신학교의 전 부총장 겸 학장이신 데이비드 멜롯(David Mellott)에게 감사드린다. 한 학기 동안 캠퍼스에서 지내면서 나에게 큰 친절을 베풀어주신 분들, 특히 (전) 총장 캐롤 리치(Carol Lytch), 그렉 캐리(Greg Carey), 줄리 오브라이언(Julie O'Brien), 마이카 케네디 스티븐스(Myka Kennedy Stephens), 캐서린 윌리엄스(Catherine Williams)에게 감사를 표한다. 그리고 데이비드의 후임자인 바네사 러브레이스(Vanessa Lovelace)와 나눈 몇몇 의미 있는 대화에 대해서도 감사한다.

『현대를 위한 선한 사마리아인 비유: 선한 사마리아인 이야기를 입체적으로 읽기』(*The Good Samaritan: Luke 10 for the Life of the Church*)는 시리즈 편집자 스티븐 채프먼(Stephen Chapman)과 프로젝트 편집자 제니퍼 헤일 코엔스(Jennifer Hale Koenes)의 헌신적인 노력으로 훨씬 더 의미가 명료한 책이 되었다. 구체적이고 통찰력 있는 질문들에 대한 그들의 관심으로 인해 나는 이 프로젝트의 몇 가지 부분을 다시 생각(하고 종종 수정)하게 되었다. 남아 있는 혼란은 내 자신의 고집 때문이라는 것을 알아주길 바란다.

랭스턴 휴스의 목소리가 내 뇌리에 울려 퍼지듯이 그의 목소리가 당신의 뇌리에도 울려 퍼지기를 바란다.

그렇다면 내 글에는 색깔이 있을까? 그렇다면 내 글은 유색이 될 것인가?

그것은 내 자신이기에 하얀색은 아닐 것이다.[1] 나의 일부이기에 하얗지는 않을 것이다.

---

1   Hughes, "Theme for English B."

서문

이 얇은 책은 예수가 가르치신 비유 중 가장 기억에 남는 비유인 이른바 선한 사마리아인의 비유에 관한 것이다. 또한 이 책은 다양한 해석자가 이 1세기 유대인 선생의 지혜에 대한 가르침을 어떻게 해석해왔는지를 보여주는 해석의 본질에 관한 것이다. 그러나 이 책은 성서에 나타난 고대 세계의 비유를 이해하기 위한 올바른 방법을 가르치는 단계별 안내서는 아니다. 오히려 이 책은 이 비유에 대한 다양한 논의를 제공하고 독자들이 어떤 해석이 유효하고 어떤 해석이 유효하지 않은지 스스로 판단할 수 있게 해준다. 이 책의 내용은 역사, 문화, 언어학, 문맥, 재문맥화, 해석학, 윤리학 및 그 밖에 많은 것에 관심을 집중할 것이다.

이러한 범주들 가운데 많은 것이 해석자들이 예수의 비유를 다룰 때마다 (그들이 인정하든 인정하지 않든 간에) 전제하는 가정들의 배후에 존재한다. 이 비유들은 사람, 편견, 권력에 대한 당대의 가정이 담긴 이야기로서 우리와는 다른 시대와 장소에서 우리 시대로 전해져 내려온 가상의 이야기들이다. 하지만 이러한 가정들은 전승을 통해서도 우리에게 전해진다. 우리의 교회와 가정과 공동체들은 이야기들과 함께 전해지는 그에 대한 통찰도 함께 전해주었다. 이렇게 여러 세계가 충돌할 때는 해석의 힘과 가정이 작용한다. 현대의 해석자는 우리의 목표가 의미를 올바르게 이해하는 것인지 아니면 (비록 이 둘이 반드시 상호 배타적이진 않지만) 지구상에 우리의 짧은 생애 동안 우리가 힘써 일구어야 할 더 나은 세상을 마음속에 갈망하며 다른 공동체 내에 있는 대화 상대자들과 함께 이 여정을 즐기는 것인지를 결정해야 한다.

따라서 이 책의 제목을 고려하여 오직 누가복음 10장에만 기록된 예수의 위대한 비유를 다시 이야기하는 것에서 시작하는 것이 적절해 보인다.

어떤 율법 교사가 자신의 특별한 관심사인 영생에 관해 물어보기 위해―축하 분위기(눅 10:21-24) 속에 있는― 예수에게 접근한다. 독자들은 그것이 일종의 시험임을 알고 있다. 그럼에도 예수는 그 질문을 다음과 같이 토라에 관한 논의로 바꾼다. "네가 어떻게 읽느냐?"(눅 10:26) 이것은 두뇌가 뛰어난 두 명의 율법 해석자가 벌이는 게임이다. 예수는 "네 대답이 옳도다"(눅 10:28)라고 말씀하면서 어느 정도 상대의 실력을 인정한다. 이어서 이야기의 긴장감은 고조된다. 누가복음에 따르면, 율법 교사는 "자기를 옳게 보이려고" 했기 때문에 이 게임의 분위기는 다음과 같은 질문과 함께 진지하게 바뀐다. "내 이웃이 누구니이까?"(눅 10:29)

이웃을 사랑하는 것은 명확한 설명이 필요한데, 이는 정황, 환경, 관계, 법 등 다양한 요소가 사람이 타인과 소통하는 방식에 영향을 끼치기 때문이다. 이웃이 누구인지에 대한 질문은 윤리적으로 종교적으로 훌륭한 질문이었다(현재에도 마찬가지다). 예수는 그 질문에 비유로 답하신다.

이 비유는 비극으로 시작한다. 익명의 한 사람은 잔인하게 구타 당하고, 갖고 있던 것을 빼앗기며, 죽도록 방치된다. 익명의 세 사람이 그 길을 지나간다. 그들의 신원이 간략하게 밝혀진다. 즉 그들은 제사장, 레위인, 사마리아인이다. 처음 두 사람은 상처 입은 남자를 도우려고 하지 않는다. 세 번째 사람은 멈추어 그가 완전히 회복할 수 있도록 지원하며 도움을 준다. 그 사람의 "외상"(*traumata*[상처], 눅 10:34)은 장기적인 치료가 확실히 필요하다. 이 낯선 사람은 다른 사람들로부터 도움을 얻고자 부상당한 사람을 데리고 가서 그를 돌보는 비용 전액을 지불하겠다고 확실히 약속한다. 이 비유는 여기서 끝난다.

이 비유를 마친 후 예수는 율법 교사를 향해 "네 생각에는 이 세 사람 중에 누가 강도 만난 자의 이웃이 되겠느냐?"(눅 10:36)라는 궁극적인 질문을 던진다. 분명히 예수는 시험하기 위해 이 비유를 만들었다. 율법 교사는 "자비를 베푼 자니이다"(눅 10:37)라는 정답을 말함으로써 이 시험에 합격한다. 예수가 그에게 하신 마지막 말씀은 너도 이와 같이 하라는 도전이었다. 이 마지막 말씀은 본문 전체를 사랑의 대상("내 이웃이 누구니이까?")에 초점을 맞춘 토론을 사랑의 주체("이 셋 중 누가 이웃다운 행동을 했는가?")에 초점을 맞춘 토론으로 재구성한다.

이 비유는 짧은 이야기다. 그러나 이 비유는 이 이야기가 무엇을 의미하는지뿐만 아니라 예수의 비유—심지어 성서 자체—를 읽고 해석하는 것이 무엇을 의미하는지에 대해 지난 2천 년에 걸쳐 수많은 질문과 해설을 만들어냈다. 앞으로 이 책에서 독자들은 이 짧은 비유가 여러 시대와 배경에서 **어떻게** 기능했는지에 대한 몇 가지 예들을 발견할 것이다. 이러한 사례들이 우리 모두에게 우리의 독서 습관과 이웃을 대하는 우리의 태도를 더 주의 깊게 성찰하는 계기를 제공해줄 것이다.

1장

누가 내 이웃입니까?

교회의 삶을 위한 누가복음 10장

The Good
Samaritan

이 시리즈 안에 있는 책들의 부제는 이 책들이 "교회의 삶을 위한" 것
임을 선언한다. 이 시리즈의 부제를 (비록 간단하긴 하지만) 좀 더 자세
히 설명하는 것이 좋을 것 같다. 이러한 진술 자체는 하나의 신학적
주장을 제기한다. 신학은 하나님에 대해 생각하는 것이고 말하는 것
이며 쓰는 것이다. 이런 방식으로 표현하든 저런 방식으로 표현하든
모든 그리스도인은 신학적 주장을 한다. 어떤 사람은 "나는 단지 내
믿음을 삶으로 구현하기 위해 노력하고 있다"라고 말할지도 모른다.
여기서 "내 믿음"은 한 그리스도인이 삶으로 구현하겠다고 주장하는
내용의 신학적 본질이다. 따라서 이 시리즈 안에 있는 책들을 쓴 작
가들은 종교 공동체의 삶―사는 것, 생각하는 것, 믿는 것―을 향상
시키기를 희망한다.

　　이 논의에서 똑같이 중요한 것은 이 주장 안에 들어 있는 단일
"교회"다. 물론 예수의 기도(요 17장) 이후로 하나로 통일된 교회를 생
각하고 소망하는 것은 아주 흔한 일이 되었다. 그럼에도 우리가 가지
고 있는 가장 초기 문서(신약성서)에 나타나 있듯이 기독교 초기부터
항상 다양한 모습을 지닌 다수의 교회가 있었다. 따라서 나 역시 이
러한 교회 전통 중 **하나**를 말하는 것이며, 내 지역 공동체를 넘어서

더 많은 공동체가 유익을 얻기를 바라면서 이 책을 쓴다. 그럼에도 나의 지역 교회 공동체는 신학적 문제를 다룬 나의 글들에 영향을 끼친다.

프레더릭 더글러스의 아래로부터의 신학

나는 **아래로부터의** 신학을 대표하는 프레더릭 더글러스(Frederick Douglass)로 이 책을 시작한다. 즉 더글러스를 비롯하여 기독교 신앙의 하나님을 붙들고 있었던 노예들은 가장 힘들고 열악한 환경 속에서 자신들에게 행복감을 안겨준 그 하나님에 대해 생각하는 방식이 필요했다. 그들은 육체적으로 중요한 신학을 갖고 있었다. 어떤 사람들은 더글러스(와 그가 대표하는 흑인 노예들)를 신학자로 분류하지 않을지도 모른다.[1] 그 용어의 전통적인 의미에서 볼 때, 어쩌면 그는 신학자가 아닐 수도 있다. 그러나 그는 심오하고 뛰어난 사상가였고, 삶, 자유, 운동(movement)이 가져온 결과와, 하나님과 다른 사람들을 이해하고자 노력하면서 미국 남북전쟁 이전 시대에 자신 및 다른 사람들이 처해 있었던 곤경에 대해서도 종종 생각했다. 많은 사람이 인정하는 것처럼 더글러스는 초기 교회의 위대한 신학 논문 중 하나로 여겨지는 아우구스티누스의 『고백록』의 정신을 따라 자신의

---

1   J. Kameron Carter는 Douglass를 "초기-흑인 신학자, 해방된 자아를 가진 종교 사상가"로 분류한다(*Race*, 304).

이야기를 썼다.[2] 더글러스는 교회의 개념과 관련하여 말한 적이 있는데 거기서 그는 미국에 두 종류의 기독교가 있다고 규정했다. 그는 1845년의 회고록인 『미국인 노예 프레더릭 더글러스의 삶의 이야기: 자서전』(*Narrative of the Life of Frederick Douglass, an American Slave: Written by Himself*)의 부록에서 자신이 경험한 기독교에 대한 혹독한 비판이 반기독교적으로 간주되지 않도록 설명할 필요성을 느낀다.

앞서 소개한 나의 이야기를 읽고 나서, 나는 종교를 존중하는 어조와 태도로 말했음에도, 몇몇 경우 종교에 대한 내 생각을 잘 모르는 사람들이 내가 모든 종교를 반대하는 사람으로 오해하게 만들 소지가 있음을 발견했다.…내가 종교를 존중하는 말과 종교에 대항하는 말을 한 것은 전적으로 이 땅의 **노예를 허용하는 종교**에 해당하는 것이며 진정한 의미에서의 기독교에 대해 언급한 것은 아니다. 이는 내가 이 땅의 기독교와 그리스도의 기독교 사이에 말로 표현할 수 없는 매우 큰 차이가 있음을 인식하고 있기 때문이다. 이 차이가 너무 커서 하나를 선하고 순수하고 거룩한 것으로 받아들이기 위해서는 다른 하나를 나쁘고, 부패하고, 사악한 것으로 거부할 필요가 있다. 한쪽의 친구가 되는 것은 반드시 다른 한쪽의 적이 되는 것이다. 나는 그리스도의 순수하고 평화롭고 공정한 기독교를 사랑한다. 그렇기 때문에 나는 부패하고, 노예를 소유하며, 여성을 채찍질하고, 아기를 강탈하며, 편파적이고 위선적인 이 나라의 기독교를 싫어한다. 정말로 나는 가장 기

---

2   다음을 보라. Carter, *Race*, 286.

만적인 이 나라의 종교를 기독교라고 부를 수 있는 어떠한 근거도 발견하지 못했다. 우리 가운데는 목사들을 위한 노예 상인, 선교사들을 위해 여성들을 채찍질하는 자, 교회 신자들을 위해 아기를 강탈해오는 자들이 있다. 피가 엉겨 붙은 소가죽 채찍을 주중에 휘두르는 사람이 일요일에는 강단에 서고, 자신이 온유하고 겸손한 예수의 목사라고 자처한다. 매주 주말마다 내가 번 돈을 빼앗아 가는 사람은 일요일 아침 성서 공부에서 삶의 방식과 구원의 길을 제시하는 지도자로 나와 만난다. 매춘을 목적으로 내 여동생을 파는 사람은 경건한 순결의 옹호자로 앞서 나아간다. 성서를 읽는 것이 종교적 의무라고 주장하는 사람은 나를 만드신 하나님의 이름을 읽는 법을 배울 권리를 나에게서 부정한다. 결혼을 종교적으로 옹호하는 그 사람은 결혼의 수많은 성스러운 영향력을 빼앗아 가고, 그들을 집단적인 불결의 폐허 속에 방치한다. 가족관계의 신성함을 따뜻하게 옹호하는 자가 온 가족을 흩어지게 만들어서—남편들과 아내들, 부모와 자식들, 자매들과 형제들을 떼어놓고—오두막을 적막하게 만드는 자와 동일 인물이다. 우리는 도둑이 도둑질을 금하고, 간음한 사람이 간음을 금하는 설교를 하는 것을 보고 있다.…우리에게는 교회를 짓기 위해 팔려간 남자들, 복음을 위해 팔려간 여자들, **불쌍한 이교도**들의 성서책 구입을 위해 팔려간 아기들이 있다. 그들은 **모두 하나님의 영광과 영혼들의 유익을 위해 팔려간 것이다!** 노예 경매인의 종소리와 교회에 가는 시간을 알리는 종소리가 함께 울려 퍼지고, 가슴 아픈 노예의 비통한 울음소리는 경

건한 주인의 신앙심 깊은 고함 소리에 묻혀버린다.[3]

이 인용문이 복음서에 등장하는 성서 이야기를 신학적으로 성찰하기 위한 나의 출발점이다. 나는 모든 그리스도인이 공유하는 단 하나의 **기독교** 신학의 관점이 있다고 생각하지 않는다. 사실 **개신교** 종교개혁의 영향은 우리에게 다른 것을 가르쳐주었다. 기독교 신앙에는 다양한 모습이 있으며 그 모습을 표현하는 다양한 신학이 있다. 많은 그리스도인은 기독교 신앙이 **획일적**이라고 생각한다. 심지어 그중 대다수가 우리 가운데 존재하는 다양성을 인정하면서도 말이다. 실제로 다양한 그리스도인이 서로 다른 신앙고백을 가지고 있을 뿐만 아니라(예. 무엇을 성례로 간주하는가), 서로 다른 삶을 살아간다(예. 무엇을 "죄"로 간주하는가). 나의 첫 번째 가정은 **차이점**이다. 이는 기독교의 실천과 해석에는 차이점이 있음을 의미한다. 이러한 가정은 내가 정경 복음서를 해석하는 방식에도 직접적인 영향을 끼친다. 나는 그 복음서 기사들에서도 차이점을 발견했고 심지어 때때로 신학적인 차이점도 발견했다. 많은 성서 해석자는 이러한 가정들을 공유한다. 만약 초기 기독교 운동이 이러한 방식으로 시작되었다면, 아마도 현대 그리스도인들은 우리 가운데 존재하는 다양성을 더 많이 인정하는 것이 유익할 것이다. 결국 이러한 차이점에 대한 감사는 기독교 신앙에 대해 우리 각자가 개별적으로 하는 표현을 더욱 가치 있게 만들

---

3   Douglass, *Narrative of the Life of Frederick Douglass*, 118-19(강조는 원저자의 것이다).

수 있다. 나는 성만찬(또는 주의 만찬 또는 성찬)을 (비록 한 달에 한 번만 거행했지만) 성례로 여기는 교회에서 자라났다. 지금 나는 매주 성찬식을 하는 교회에 다니고 있다. 이러한 차이점에 대해 **신학적으로** 숙고하는 일은 신앙과 실천 및 지금 이 순간까지 이어지는 역사적 전통에 참여하는 흥미로운 성찰 훈련이 될 수 있다.

한편 더글러스가 제기하는 종류의 차이점은 인간의 존엄성과 관련된 것이다. 그의 논의는 교회의 실천이 일상의 삶에 직접 영향을 끼치는 근본적인 방법을 다룬다. 그것은 영혼의 삶과 육체의 삶 사이의 매우 깊은 관계를 표현한다. 사실 육체와 영혼을 딱 잘라 구분하는 신학은 교회가 제시하는 확고한 신학적 입장에 **내재된** 본질을 모호하게 만든다. 이러한 신학적 검증은 복잡하기는 하지만 다음과 같이 간단해진다. 신학은 그리스도를 따르는 사람들이 **자신들과 같지 않은 다른 사람들과 관계를 맺고** 살아가는 방식에 어떤 차이를 만들어내는가?

더글러스는 실례들을 중요하게 생각한다. 기독교를 "순수하고, 평화롭고, 공정한"것으로 정의하는 것만으로는 충분하지 않다. 왜냐하면 대다수(모든?) 그리스도인은 이런 식으로 자신들의 믿음을 스스로 규정하기 때문이다. 따라서 더글러스는 그러한 특징과 반대되는 것을 정의하기 위해 한 걸음 더 나아간다. 노예 소유, 여성을 채찍질하는 행위, 아기를 강탈하는 행위 등의 실례들은 구체적이고 강력하다. 이러한 관행을 일삼는 "기독교"는 잘못된 신학, 즉 하나님과 이 세상에서 일하시는 하나님의 사역에 대한 잘못된 사고방식에서 비롯된 것임이 틀림없다. 이러한 관행으로 인해 마음에 괴로움이 없고,

이러한 종류의 기독교를 실천하는 사람들은 그저 단순히 부적절한 행동을 하는 것이 아니다. 그들의 교육(과 신학 체계)은 이러한 문제에 대해 아무 말 없이 침묵을 지키고 있다. 더 심각한 것은 다수의 노예 소유 신학자들이 친노예 제도 성서를 옹호했을 때처럼 이러한 실천은 실제로 그들을 이쪽 방향으로 이끈다는 점이다. 더글러스가 인정하듯이 일부 사람들 사이에서 성서를 읽는 영적 행위를 독려하면서 동시에 문맹을 독려하는 일은 불가능하다. 결혼을 지지하면서 다른 사람들이 결혼이라는 연합에서 얻는 유익을 부정할 수는 없다. 이러한 신학적 주장들과 그들이 (현실의 삶에서) 그 주장들을 지지하는 방식 사이에는 괴리가 있다. 노예 소유를 인정하는 신학 체계의 이러한 실체가 없는 모습은 더글러스의 다음의 비유에 가장 잘 나타나 있다. "가슴 아픈 노예의 비통한 울음소리는 경건한 주인의 신앙심 넘치는 고함 속에 묻혀버린다." 더글러스가 자신의 이야기에서 일찍이 인식하고 있었던 것은 흑인의 인간 존엄성을 폄하하는 신학적 가르침이다.[4] 더글러스의 전기 작가 데이비드 블라이트(David Blight)는 더글러스를 성서의 예언자 예레미야처럼 묘사한다. "더글러스는 히브리 예언서들을 사용했을 뿐만 아니라 그들과 하나가 되었다."[5]

어떤 사람들은 자신들의 윤리(어떻게 사는가)와 자신들의 신학(어떻게 생각하는가/믿는가)을 보다 명확하게 구별된 범주 안에 두는 것을 선호할 수도 있다. 하지만 더글러스는 그 둘은 떼려야 뗄 수 없는 불

---

4   과거에 노예였던 이들이 성서를 어떻게 해석했는지에 대한 상세한 논의는 다음을 보라. Powery and Sadler, *Genesis of Liberation*.

5   Blight, *Frederick Douglass*, 228. 또한 다음을 보라. 157-58, 187, 219.

가분의 것으로 생각했다. 나는 이 점에 대해서는 더글러스의 생각을 따른다. 만약 당신이 한 신앙 공동체가 얼마나 "좋은" 신학을 가졌는지 알고 싶다면, 그들이 어떻게 그것을 삶으로 구현하는지 보기를 바란다. 만약 그들의 생각과 행동 사이에 직접적인 연관성이 없다면, 예를 들어 지역 교회가 자신들의 일하는 방식을 좋아하지 않는 사람들을 배제한다면, 그들이 "우호적인" 교회라는 것을 암시하는 모든 표현에 의문을 제기해야 한다.[6] 그들이 주장하는 신학에는 무언가 잘못된 부분이 있다. 이러한 접근법은 예수의 선한 사마리아인 비유를 내가 어떻게 해석할 것인가에 있어 매우 중요하다.

선한 사마리아인의 이야기는 기독교 역사상 가장 잘 알려진 예수의 비유 중 하나이며 모든 시대에 적실한 의미를 갖고 있다. 예수를 따르는 사람들은 자비가 믿음에 필연적으로 수반되는 행위라는 점을 상기할 필요가 있다. 신자는 자비를 실천한다. 예수의 이야기는 누가복음 10장에 기록된 바와 같이 "원수"를 이 이야기의 핵심 인물로 설정하여 이 점을 극적으로 강조한다. 이야기 작가가 핵심을 과장하여 표현할 때 비로소 우리가 그 진리를 들을 수 있다는 것은 부인할 수 없는 사실이다.

이 이야기를 새롭게 듣기 위해서 해석자들은 이 이야기가 단지

---

6   Carter는 현대주의적인 사고의 젠더 함정에 갇혀 있는 정체성에 초점을 맞추기 때문에 자신의 상황에 대한 Douglass의 분석이 신학적으로 부족하다고 본다. 말하자면 Douglass는 자신의 "남자다움"을 "자력으로 성취한 남성"으로서 강조할 때에만 "자유롭게" 된다고 보았다는 것이다. Carter는 인종이 젠더를 모호하게 만드는 것을 허용하지 않으면서 교차 비평을 유용하게 제공한다(Race, 287, 289, 293).

자비를 강조하는 것만이 아니라 그 이상의 것에 관한 이야기임을 인식해야 한다. 성 아우구스티누스는 이 몇 구절에 담긴 구원의 가르침을 전하기 위해 이 비유를 풍유화했다. 마틴 루터 킹 주니어는 예수의 핵심 모티프 중 하나―이웃은 자비를 베풀어야 한다―를 지지한 후, 그 비유 자체를 넘어서서 그 위험한 길에 더 이상 강도가 존재하지 않을 세상을 상상하고 싶은 바람을 표현했다. 이 유명한 비유에 대한 나의 특별한 관심은 예수가 처음에 보인 반응의 해석학적 본질에 초점을 맞추고 있다. 율법 교사의 첫 질문에 대하여 예수는 "네가 어떻게 읽느냐?"라는 말로 반응한다. 실로 성서를 읽는 방식은 한 개인이 삶에 대해 생각하는 방식을 정의하고 결정한다. 해석학(어떻게 읽는가)과 윤리(어떻게 행동하는가)는 좀처럼 떼려야 뗄 수 없는 관계다. 예수가 (유대인) 청중들과 다른 한 사람을 이야기의 중심에 놓고 목전에 있는 청중들―과 다음 세대들―에게 "가서 너도 이와 같이 하라"고 요구할 때 그는 자신이 토라를 어떻게 해석하는지를 보여준다. 현대의 신앙 공동체는 어떻게 이 이야기를 읽고 그에 따라 반응해야 하는가?

토니 모리슨의 『자비』와 선한 사마리아인

토니 모리슨은 자신의 아홉 번째 소설인 『자비』(A Mercy)에서 공동체가 겪은 변화무쌍하고 덧없는 시대를 표현한다. 노벨상을 수상한 그녀의 책은 다양한 집단의 사람들과 함께 사는 것이 우리에게 주는 도전 및 광범위한 사회적 제약이 인간의 선택과 자유를 얼마나 제한하는지를 보여준다.

『자비』는 16살의 플로렌스(Florens)가 노예인 어머니와 헤어져 살게 되면서 그녀에게 가져다준 혼란을 이야기하는 것으로 시작되며, 이 혼란은 이 책의 마지막 장까지 독자들에게 설명되지 않는다. 플로렌스는 제이콥 바크(Jacob Vaark)의 보살핌을 받게 되는데―그녀는 그를 "나리"(Sir)라고 부른다―지주인 그는 자신이 빌려준 돈을 돌려받는 대신 할 수 없이 플로렌스를 담보로 삼아 그녀를 자신의 집으로 데려온다(제이콥은 인간을 노예로 속박하는 것을 혐오하기 때문에 이 상거래를 고아 하나를 구해줄 기회로 이해한다). 제이콥이 죽은 삼촌에게서 물려받은 120에이커에 달하는 농장의 집에 도착했을 때, 만일 자신의 딸이 죽지 않았더라면 거의 비슷한 나이였을 플로렌스를 자신의 아내 레베카가 따뜻하게 받아들이기를 바란다. 그의 생각은 빗나갔다. 플로렌스를 향한 레베카의 태도는 제이콥이 기대했던 것보다 훨씬 더 무심했다. 그러나 몇 년 전 제이콥이 장로교 신자로부터 구매했던 아메리카 원주민 하인 리나는 플로렌스를 보살피고 돕는다. 이 그룹에 합류한 사람은 조난 사고 때문에 트라우마를 얻게 된 지적 장애인이자 인종적으로 확실치 않은 소로우(Sorrow)라고 불리는 사람과 동성애자의 성향을 가진 두 명의 백인 일용직 노동자 윌러드(Willard)와 스컬리(Scully)다. 모리슨은 다양한 인물에 대한 내면적 성찰을 통해 전개되는 이 열두 장으로 구성된 이야기에서 이 "가족"이 등장하는 배경을 1600년대 후반 버지니아로 설정했는데, 이 시기는 독립 국가로서의 지위를 갖기 이전의 "미국"과 "인종"이 뒤

섞여 있었던 시기였다.

3장에서 제이콥의 죽음은 모든 것을 뒤바꾸어놓는다. 그 시기에 많은 사람에게 해를 끼친 천연두는 제이콥이 추가적이고 전문적인 도움이 필요했던 큰 집을 건축한 직후 그의 목숨을 앗아간다. 레베카는 질병과 싸우면서 살아남았지만, 그녀는 어느 누구도 제이콥이 새로 지은 큰 건물로 이사하는 것을 허락하지 않는다. 그 집에서 살지 못하게 하는 것은 작고 다양한 공동체가 서서히 죽어가면서 살아남은 사람들 사이에서도 인간적인 소통이 감소하는 것을 상징한다. 모리슨은 자신의 작품을 되돌아보며 "나는 이 집단이 미국 개인주의의 최초의 사례가 되기를 원했다"고 말했지만, 이 집단은 오래가지 못했다. 왜냐하면 인종, 제도, 부족, 종교 등 외부에서 그들을 하나로 묶어줄 수 있는 것이 아무것도 없었기 때문이다.[7]

마지막 장에서 독자들은 마침내 모리슨이 어떻게 이 책의 제목을 정했는지 알게 된다. 플로렌스의 어머니는 자신의 딸을 "살리기" 위해 전략적인 결정을 내린 그 운명적인 날에 무슨 일이 일어났는지를 설명한다. 그녀는 처음 농장에 왔을 때부터 그녀를 성적으로 착취했던 한 사람의 노예 재산이었다. 그녀의 "주인"은 플로렌스의 남동생의 아버지다. 그녀는 자신의 엄마가 남동생을 더 사랑한다고 생각했다. 그녀의 엄마는 딸이 10대 어린 소녀로 성장하는 것을 보고, 어떤 운명이 플로렌스를 기다리고 있을지를 알았다. 그녀는 주인 오르테가(Ortega)가 딸의 움직임을 (분명히 사악한 의도를 가지고) 응시하는

----

7   "Toni Morrison Discusses 'A Mercy.'"

눈길을 알아차렸다. 따라서 플로렌스의 어머니—소설에서 이름을 밝히지 않는다—는 플로렌스를 지키기 위한 다른 주거 공간을 확보하기 위한 자신의 노력을 설명한다. 그녀의 주인은 제이콥 바크에게 빚을 지고 있었다. 그녀가 일하고 있는 메릴랜드 농장에 제이콥이 방문했을 때, 그녀는 그가 자신의 주인과 얼마나 다른지를 알아차렸다. 그는 그녀가 식탁을 차리고, 음식을 대접하며, 식사 후에 설거지할 때 특별한 (성적인?) 관심을 갖고 그녀를 쳐다보지 않았다. 제이콥은 그녀를 전혀 의식하지 않는 것 같았다. 오르테가가 그들을 인간 담보로 사용하려 한다는 것을 알아차렸을 때, 그녀는 플로렌스가 제이콥의 관심을 받도록 계획했다. 제이콥이 자신의 딸을 기꺼이 데려가고자 하는 의지는 그녀의 마음속에서 "자비"가 되었다. 어머니가 자신의 딸을 파는 일에 참여하는(또는 참여할 수밖에 없는) 것은 그녀—와 그녀의 "소유주"—가 속해 있는 구조적 체계 전체에 윤리적인 질문을 제기한다.

반면에 플로렌스는 결코 이 사실을 깨닫지 못한다.[8] 이 사실은 독자 혼자서 짊어져야 할 짐이다.

예수의 비유를 읽기 위해 우리는 『자비』로부터 무엇을 얻을 수

8　이 사건은 제한적인 자유 행위에 대한 판단일 수 있다. "자유로운" 사람들은 주어진 상황에서, 자신들이 처한 시간과 공간에서 최고의 선택을 하지만, 그것이 나중에 최선의 미래로 이어지지 않을지도 모른다는 것을 발견한다. 더 적은 자유를 누리는 사람은 선택의 여지가 더 적으며 자신의 상황이 허용하는 한계에 따라 (비판받아야 한다면) 비판받아야 한다.

있는가?[9] 모리슨의 소설—사실 그녀의 10권의 전 작품[10]—은 우리가 공유하는 역사를 읽고 그것을 서로 이해하는 방식에 관한 것이다.

다음의 경험은 당신의 경험이 아닐 수도 있지만, 그것은 나의 경험이었다. 오랜 세월에 걸쳐 다양한 공동체들(교회 또는 다른 공동체들)이 형성되었고, 그 후 때로는 비극으로 인해, 때로는 이동하기를 원하는 (북미) 사람들의 "자연스러운" 욕망으로 인해, 때로는 (일반적으로) 백인들이 교외로 탈출하는 것으로 인해 공동체는 흩어지고 산산조각이 났다.[11] 한 집단 구성원 간의 관계가 반드시 임시 공동체가 사라지는 것으로 끝나는 것은 아니다. 비록 때로는 그렇게 되기도 하지만 말이다. 그러나 공동체에 활력과 집단적 에너지를 공급하는 것들은 소멸되고, 따라서 집단 구성원들은 각자의 길을 간다.

물론 언제나 이러한 집단의 변방에 있으면서 결코 어느 집단에 제대로 소속되거나 편안함을 느끼지 못하는 구성원들이 있다. 모리슨은 내적 갈등을 겪고 있는 "보잘것없는" 신분을 지닌 사람들을 표현하는 데 천부적 재능을 갖고 있다. 세상에 관하여 말하고 설명하며 주어진 상황에 대한 그들의 감정을 표현하는 것은 "나리"와 "마님"이

---

9   몇 가지 잠재적인 이득이 있다. (1) 많은 목소리가 다양한 관찰을 제공하는 소설의 구조, (2) 종교적 갈등의 역할, (3) 자유를 향한 지속적인 여행. 위의 글에서 나는 위에서 나열한 처음 두 항목에 나의 성찰을 집중한다.

10   Morrison의 소설 중에서 가장 영향력 있는 것은 *The Bluest Eye*(1970), *Song of Solomon*(1977), *Beloved*(1987), *A Mercy*(2008)이다. *Playing in the Dark*(1992)에 나타난 그녀의 이론적인 작업이 가장 기초적이다.

11   "백인들의 탈출"은 미국에서 자체적으로 위키피디아 페이지가 생길 만큼 매우 흔한 일이다. 다음을 보라. Wikipedia, s.v. "White Flight," 최종 수정 2021. 5. 25. https://en.wikipedia.org/wiki/White_flight.

라는 등장인물들만이 아니다.[12] 또한 모리슨은 민주적인 서구 사회의 "위대한" 소설들에서 종종 간과되는 목소리에 세계의 관심을 집중시킨다. 소위 단역 인물이라고 할 수 있는 이러한 인물들은 심지어 삶의 상황들이 자신들의 행동들을 대부분 결정하는 것처럼 보일 때에도 스스로 생각하고, 말하며, 성장하고 발전해나가는 사람들로서 모리슨의 소설에서 많은 주목을 받는다. 모리슨이 글을 쓰는 자신의 삶을 묘사한 것처럼 글쓰기는 자유를 찾아 떠나는 여정에 관한 것이다. 그녀는 자신이 만들어낸 인물들을 통해 한 나라의 법이 그들에게 허용하는 것보다 더 많은 인간의 자유를 그들이 어떻게 갈망하는지를 상상한다.

모리슨이 『자비』라는 소설의 구조를 설계한 것—그녀는 이 부분이 가장 어려웠다고 말한다[13]—은 사건을 해석하는 하나의 방식이다. 그녀는 다양한 목소리와 관점을 동원한 서술 방법—때로는 읽기에 어려운—을 제공하는데, 이는 여러 각도에서 세상을 보는 데 도움을 주는 길잡이가 된다. 그녀는 특히 여성 인물들의 목소리를 통해 세계와 종교 기관을 해석한다. 플로렌스가 두 장마다 한 번씩 내레이션을 하는 구조 때문에 플로렌스는 이야기의 주인공이 된다. 이 책의 제목은 결국 **그녀의** 삶과 미래에 영향을 끼친 사건을 겨냥한 것이다.

또한 『자비』는 종교적인 사고가 사람들을 다르게 형성해나가는 방식에 관한 대화를 시작한다. 종교와 신앙심이 깊은 사람들에 대한

12　플로렌스(주인공)는 제이콥과 레베카 바크를 이렇게 부른다.
13　"Toni Morrison Discusses 'A Mercy.'"

복잡한 표현들도 고대의 예수의 비유를 깊이 생각하는 데 유익한 유사점을 제공하는 것으로 볼 수 있다.

『자비』의 구조는 관점을 제시하는 성격을 띤 종교적 신념과 경험을 허용한다. 마라 윌라드(Mara Willard)가 인정하듯이 "다양한 목소리와 관점을 동시에 들려주는 모리슨의 폴리포니(polyphonic) 내러티브 구조는 독자들에게 종교적 다원주의를 가르치고 배타적인 종교적 권위를 옹호하는 주장에 대항한다."[14] 더욱이 이른바 신세계라는 배경은 종교적 신념과 함께 생겨나는 능숙함과 갈등을 상상적으로 탐구하기에 완벽한 설정이다. 신앙심이 깊은 많은 사람은 친절한 행동을 하지만—성직자는 플로렌스에게 읽는 법을 가르치고, (침례교?) 분리주의자들은 제이콥이 그의 두 번째 집을 짓는 데 도움을 주며, 장로교 교인들은 리나가 살던 마을이 파괴된 후 그녀를 받아들이고 자신들의 거처에서 지내게 한다—이와 동시에 사람들이 직면하고 있는 종교적 갈등으로부터 야기되는 잘못된 행동들도 발생한다. 타인을 향한 바크 일가의 친절은 그들이 지역 종교 공동체와 단절되면서부터 시작된다. 이 책 전반에 걸쳐 "종교적인" 사람이 될수록 다른 사람, 이방인, 버림받은 사람, 아메리카 원주민(리나), 아프리카인(플로렌스), 장애인(소로우)에게 공감하는 능력은 떨어지는 것으로 보인다. 그러나 바크 일가는 비록 모두가 다 똑같이 그런 것은 아니지만 그들을 모두 가족으로 맞이한다.[15] 그러나 제이콥이 죽으면서 이러한 친절의

---

14 Willard, "Interrogating *A Mercy*," 480.
15 종교와 그 실천자들에 대한 이 미묘한 비판은 예수가 자비를 베푸는 자로 "사마리아인"을 선택한 것에 대한 현대의 문학적인 유비로 기능할 수 있다.

정신은 끝난다. 레베카는 자신의 질병과 세 아이의 죽음에서는 회복된 것처럼 보이지만, 그녀가 사랑하는 사람이 죽은 후에는 전과 같이 행동할 수 없게 된다. 레베카가 영혼에 대한 종교의 초점을 회복하지만 타인의 몸에 대한 불신을 잘 포착한 플로렌스는 그 당시의 상황을 다음과 같이 묘사한다. "그녀가 예배당에서 돌아올 때마다 그녀의 눈은 마치 영혼이 없는 사람처럼 보였다."[16] 윌라드가 지적한 바와 같이, 모리슨의 레베카는 교회에 대한 전통적인 헌신이 결여되어 있음에도 불구하고, 17세기 개혁주의 그리스도인이라면 누구나 할 만한 일들을 하고 그녀의 고통을 하나님의 심판으로 보며 구원을 얻기 위해 기독교로 다시 돌아간다.[17]

일부 비평가들은 모리슨이 『자비』와 그녀의 다른 작품에서 신앙심이 깊은 종교적인 사람들을 묘사한 것을 혹독하게 비판한다.[18] 그러나 모리슨은 자신에 대한 놀랄 만한 비판에도 불구하고, "그리스도인 선조들이 남긴 뿌리 깊고 강렬한 이미지들이 이 소설에 어떻게 영향을 끼쳤는지"를 분명하게 보여준다.[19] 리나는 바크 일가가 (종교?)

---

16   Morrison, *A Mercy*, 159.

17   Willard, "Interrogating *A Mercy*," 473. 이 이야기에서 익명의 아프리카 대장장이가 레베카가 살 것이라고 발표한 후 그녀는 즉시 무릎을 꿇고 기도한다.

18   따라서 Willard: "Morrison이 잔인함과 슬픔에 관하여 종교와 연관짓는 여러 생생한 사례들은 확실히 로마 가톨릭교회, 성공회 및 기독교 비순응주의의 이 세상에 대한 저자의 판단을 암시하는 것으로 읽힐 수 있다. Morrison은 노예 상인, 마녀 사냥꾼, 성적 착취 성직자, 고통을 통해 신의 뜻을 전달하는 복수심에 불타는 하나님의 신학 등 전 세계 그리스도인들의 폭력과 편협함에 독자들의 시선을 꾸준히 고정시킨다. 이것은 작가가 다른 곳에서 작업한 것과 일치한다"("Interrogating *A Mercy*, 474). 또한 다음을 보라. Stave, "More Sinned against Than Sinning.'"

19   Willard, "Interrogating *A Mercy*," 476.

공동체에 대한 헌신이 결여된 것을 비판하지만, 제이콥은 세 명의 어린 처녀를 데려온 자신의 행동을 고아들을 구하는 행위로 이해하며, 또한 제이콥은 설령 다른 종교적인 사람들(예. 로마 가톨릭교회의 신자들)이 자신의 생각을 함께 공유하지 않더라도, 인간을 노예로 삼는 행위에 대한 자신의 증오심을 종교심으로 이해한다. 많은 평론가에게 여전히 골칫거리로 남아 있는 것은 바로 『자비』의 마지막 부분에서 공동체가 깨어진다는 점이다.[20] 이 이야기는 여러 가지 느슨한 결말로 끝맺는다. 플로렌스는 어머니가 왜 자신을 팔아버린 일에 참여했는지 (독자들은 알 수 있지만) 끝까지 그 이유를 결코 알지 못하며, 한때 친구였던 리나와 레베카는 서로 거의 대화를 하지 않는다. 그리고 레베카는 플로렌스를 팔려고 내놓는다. 이것은 모리슨의 또 다른 소설 『빌러비드』(*Beloved*)와는 확연히 다르다.[21]

모리슨은 자신의 책들에 미국 흑인 영가가 대변하는 불완전한 감정이 담겨 있기를 원했다. 그녀의 말에 따르면, "나는 내 책들이 그런 책이기를 원한다. 그것은 내가 무언가가 아직 남아 있고 무언가가 더 있다는 느낌을 표현하고 싶기 때문이다. 지금은 모든 것을 다 가질 수 없다는 느낌 말이다."[22] 그녀는 『자비』라는 소설로 이 목적을 달성한다. 예수의 비유도 이러한 영가(靈歌)와 비슷할 수 있다. 우리는 나중에 이 개념을 계속 다룰 것이다. 독자들, 사상가들, 신자들이 이러한 영가들이 허용하는 불가피한 간극을 자연스럽게 받아들이지

----

20   Stave, "More Sinned against Than Sinning,'" 137.
21   또한 다음을 보라. Stave, "More Sinned against Than Sinning,'" 137.
22   다음에서 발췌함. Willard, "Interrogating *A Mercy*," 471-72.

못한다면, 그들은 어쩌면 모리슨의 소설과 예수의 비유들을 이해하는 데 어려움을 겪게 될 것이다.[23]

한밤중의 사마리아인

"왜 그랬어요?" 나는 사울에게 물었다. "왜 그 사람이 여기서 묵을 수 있도록 받아들이기로 했어요? 그가 여기 있으면 우리가 하는 일이 엉망진창이 될 수도 있음을 몰라서 그래요? 우리는 사업을 하고 있어요.[24] 이제 당신은 그를 보살피는 일에 몰두하겠죠, 아니면 혹시 내가 그를 보살피기를 바라는 게 아닌지 의심스럽군요. 만일 내가 그를 돌보느라 바쁘면 다른 손님들을 위한 식사 준비는 누가 하나요?"

이것은 내 남편이 그 낯선 사마리아인과 짧은 대화를 나누고 돌아왔을 때 내가 처음 보인 반응이었다. 이상하게도 우리는 그 사마리아인과 부상당한 그의 친구가 하룻밤을 묵도록 허락하게 되었다. 어찌 보면, 그들이 도착했을 때는 너무 늦은 저녁이었고 나귀 위에 있는 남자의 상태가 좋지 않아 보였기 때문에 우리에겐 선택의 여지가 없었다. 비록 멀찍이 서 있었지만, 나는 허술하게 싸맨 붕대 사이로

----

23   Shirley Stave는 Morrison의 등장인물들이 비판하는 전통적인 기독교를 변증하는 사람에 더 가깝다. 다른 사람들(예. Willard)과 달리 Stave는 하늘에 있는 그림의 떡을 기다리기보다는 지상의 구원 행위에 호소하는 Morrison의 기독교 버전에서 아무런 진정한 매력(또는 복잡함)을 찾지 못한다.

24   내가 학부생들을 가르치는 데 사용했지만 공식 출판물에서 사용하려고 시도해보지 않은 다수의 가상의 성찰을 작성한 후, 나는 이야기들을 가지고 유익하게 활용하는 가상의 성찰이 담긴 Kathleen O'Connor의 저서인 *Jeremiah: Painand Promise*를 우연히 발견하게 된 것을 기쁘게 생각한다.

그 남자의 상처에서 흐르고 있는 피를 볼 수 있었다. 우리가 그들을 하룻밤 묵을 수 있게 허락하지 않는다면 우리는 과연 어떤 부류의 유대인이 되겠는가!

사울이 그 사마리아인을 만나기 위해 일찍 일어났을 때, 나는 그가 하룻밤 숙박 비용을 받고 작별 인사를 하기 위한 것으로 생각했다. 그러나 대화를 나눈 후에 그 사마리아인은 자신과 함께 왔던 **동반자**와 자신의 짐승을 두고 혼자서 떠났다. 사울이 무슨 일이 있었는지 나에게 설명할 때까지 나는 혼란스러웠다. 나는 "왜 승낙을 한 거예요?"라는 반응을 보이지 않을 수 없었다.

처음에 사울은 내가 우려하는 바를 진정시키려고 노력했다. "걱정하지 마. 그 사마리아인은 이삼일 안에 돌아올 거니까."

나는 다시 반응했다. "그렇게 될 거라는 걸 어떻게 믿어요, 안 그래요? 당신은 대부분의 사람이 어떻다는 것을 잘 알고 있어요. 이 사람은 한밤중에 온 낯선 **사마리아인**이란 말이에요!"

그러자 사울은 비용이 발생하면 우리에게 모두 변상하겠다고 그 사람이 한 약속을 나에게 말해주었다.

"정말요?!" 나는 목소리를 높여 말했다. "이 외국인이 한 약속을 받아들였단 말이에요?"

내가 돌아서서 거실에서 뛰쳐나가려고 할 때 나는 사울이 나를 향해 "가난한 자를 구제하는 자는 궁핍하지 아니하려니와 못 본 체하는 자에게는 저주가 크리라"[25]라고 말하는 것을 들을 수 있었다.

----

25   잠 28:27.

"어리석은 짓 하지 말아요!" 나는 맞서서 소리를 질렀다. "당신은 솔로몬 왕이 아니에요!"

선한 사마리아인과 현대의 비극

니켈 광산의 아미시 공동체

2006년 10월 2일 찰스 칼 로버츠 4세(Charles Carl Roberts IV)는 방 하나로 이루어진 학교 건물에 들어가 다섯 명의 어린 소녀들의 목숨을 빼앗았고, 다섯 명의 다른 소녀들에게 부상을 입힌 후 총을 자신의 머리에 들이대고 쏜 후 스스로 목숨을 끊었다. 콜럼바인(1999년)부터 파크랜드(2018년)에 이르기까지 미국은 학교 총기 난사 사건 소식을 듣는 데 익숙해졌지만, 이번 펜실베이니아 중부 총기 난사 사건은 목표가 된 집단이 니켈 광산(랭커스터)의 아미시 공동체라는 점 때문에 다른 사건들과는 매우 달랐다.

　학교 총기 난사 사건이 끔찍할 정도로 일상화된 나라에서,[26] 많은 사람이 그러한 비극과는 무관하다고 생각했던 이 덜 알려진 공동체에 대한 국가적 관심 때문에 이 이야기는 언론의 특별한 관심을 받았다. 그러나 그들도 그같은 비극과 무관하지 않았다. 한 아미시 지

26　CNN의 데이터베이스는 지난 10년간 180건의 학교 총격 사건을 나열한다. 다음을 보라. Walker, "10 Years." 게다가 수백 개의 사격 훈련이 전국의 K-12 학교에서 이루어지고 있다.

도자는 "이것은 우리의 9/11이었다"고 인정했다.[27]

이 이야기가 다른 유사한 비극과 다른 점 중 하나는 아미시 공동체의 반응이었다. 아미시 공동체 전체는 여섯 명의 사망자와 여러 명의 부상자에 대한 책임 의식을 느꼈다. 그들은 자신들의 관행대로 어린 생명의 비극적인 죽음이 가져온 상실의 무게를 함께 나누기 위해 가장 타격을 입은 가족들에게 자신들의 전적인 지원 네트워크를 제공했다.

일반 대중들에게 훨씬 더 놀라웠던 것은 범인의 가족에 대한 아미시의 즉각적인 반응이었다. 그 범인의 가족은 아미시 공동체의 일원은 아니지만 아미시의 "이웃"이었다. 사실 범인은 아미시 농장들을 자주 드나들며 우유를 수거해가는 트럭 운전사였다. 참사가 벌어진 지 겨우 몇 시간 후 아미시 공동체의 구성원들은 살인자의 가족들—배우자, 세 자녀 및 다른 사람들—과 접촉하기 시작했고, 또한 자신들에게 인명 손실이 있다는 사실도 공유했다. 도널드 크레이빌(Donald Kraybill), 스티븐 놀트(Steven Nolt), 데이비드 위버–저처(David Weaver-Zercher)는 "아미시 피해자들과 달리 로버츠 가족은 무고한 아이들과 가족들에게 커다란 고통을 가한 사람이 다름 아닌 가족 중 한 사람이라는 수치를 감수해야 했다"라고 말했다.[28] 아미시 공동체는 매일 살인자의 가족들과 음식을 나누었고, 말과 행동을 통해 총기 살해범 개인의 행동 때문에 그 가족들이 비난받아서는 안 된다는 점을

---

27   다음에서 인용함. Kraybill, Nolt, and Weaver-Zercher, *Amish Grace*, 17. 다수의 세부
      사항이 이 책에서 온 것이다.
28   Kraybill, Nolt, and Weaver-Zercher, *Amish Grace*, 43.

인정했다. 몇 년이 지난 지금도 그들은 서로 연락을 취하고 있다.[29] 이러한 연대 행위는 아미시 공동체의 삶에 관하여 세 명의 전문가가 쓴 『아미시 공동체의 은혜: 어떻게 용서가 비극을 초월했는가』(*Amish Grace: How Forgiveness Transcended Tragedy*)의 핵심이다. 책 제목에도 불구하고 저자들은 아미시 공동체의 사람들이 "아미시 공동체의 은혜"에 대해 이야기하는 것을 불편해한다는 점을 인정하는데, 그 이유는 그들 중 다수가 "은혜는 오직 하나님만이 줄 수 있는 선물"이라고 믿기 때문이다.[30]

이 책에 관한 인터뷰에서 세 명의 작가 중 한 명은 미국의 대중들이 사건이 신속하게 종결된 것에 대해 우려 섞인 관심을 표하고 있다는 점을 인정하며 다음과 같이 말했다. "나는 아미시 공동체가 베푼 용서로 인해 사실 신속하고 피상적으로 종결되어서는 안 될 무자비한 폭력 사건이 '종결'되는 결과를 낳음으로써 이 사건을 지켜본 사람들이 이 폭력 사건에 대해 당혹감을 갖게 된 것 같다고 생각한다. 그리고 언론은 그들의 소비자들에게 '행복한' 결말을 제공하는 것에 더할 나위 없이 기뻐했다. 나는 아미시 공동체의 용서라는 반응을 이끌어낸 폭력 사건이 빠르게 종결되기보다는 용서뿐만이 아니라 폭력에 대해서도 더 깊이 생각하는 기회가 되기를 바랐다."[31]

---

29   Itkowitz, "Her Son Shot Their Daughters."
30   Kraybill, Nolt, and Weaver-Zercher, *Amish Grace*, xiii.
31   "Amish America Q-and-A."

임마누엘 아프리카 감리교 감독교회에서 발생한 비극

그로부터 몇 년 뒤인 2015년 6월 17일 또 다른 무자비한 사건이 발생했다. 21세의 백인이 교회 안으로 들어가 성서 공부가 진행 중인 것을 발견했다. 그는 성서 공부에 참여한 사람들과 거의 한 시간 동안 함께 앉아서 그들이 그날 저녁 공부하던 성서 본문(씨 뿌리는 자의 비유)의 의미를 이해하기 위하여 믿음과 삶에 관해 그들이 성찰하는 것들을 함께 들었다. 딜런 루프(Dylann Roof)는 결국 수요일 저녁 임마누엘 아프리카 감리교 감독교회에 들어갔을 때, 자신이 의도적으로 계획한 일을 해야 할 시간이 되었다고 판단했다. 그는 45구경 글록 권총을 꺼내 그들이 저녁 예배의 마지막 기도를 하는 동안 아주 가까운 거리에서 목표물에 총을 쏴서 아홉 명을 죽였다. 루프는 노인(수지 잭슨[Susie Jackson] 87살)부터 젊은이(티완자 샌더스[Tywanza Sanders] 26살)에 이르기까지 무차별적으로 죽였다.[32] 그는 단순히 아프리카계 미국인들을 죽이고 싶었는데, 그의 말을 빌리면 그는 "인종 전쟁"을 시작한 것이다.[33] 몇 주 후 루프는 신문 기사에서 "나는 내가 죽인 무고한 사람들을 위해 눈물 한 방울 흘리지 않았다"고 고백했다.[34]

---

32 Sack and Blinder, "Heart-Rending Testimony." 또한 다음을 보라. Wikipedia, s.v. "Charleston Church Shooting," last modified May 19, 2021. https://en.wikipedia. org/wiki/Charleston_church_shooting.

33 다음에서 인용함. Barron, "Forgiving Dylann Roof."

34 다음에서 인용함. Barron, "Forgiving Dylann Roof." Barron에게 "용서는 빚을 탕감해주는 것이다." 그렇다면 가해자는 용서를 **받아야만** 할까? 예수의 가르침에 대한 이해에 비추어 Barron은 "예수는 은혜를 갚을 수 없거나 갚지 않을 사람들에게 바로 이 관대한 행동을 명하신다"고 응답할 것 같다.

은혜는 악한 자에게나 죄 없는 자에게나 똑같이 풍성하게 주어진다. 물론 이러한 것을 글로 쓰고 추상적으로 믿는 것과 이것의 직접적인 영향을 받고서도—즉 피해를 입거나 사랑하는 사람을 상실함으로써 자신의 삶의 환경이 완전히 바뀌어도—여전히 기꺼이 다른 사람의 악행을 용서하려는 **의지를 보이는 것**은 매우 다른 일인 것이다. 왜냐하면 사랑과 용서는 인간의 의지에 의한 행위이기 때문이다. 네이딘 콜리어(Nadine Collier)는 그날 밤 자신의 어머니 에델 리랜스(Ethel Lee Lance)를 죽인 루프에게 "당신을 용서해"라고 말했다. "당신은 나에게서 매우 소중한 것을 빼앗아갔어. 나는 어머니와 다시는 말할 수 없어. 나는 그녀를 다시는 안아줄 수도 없어. 하지만 나는 당신을 용서해. 그리고 (하나님께서) 당신의 영혼에 자비를 베푸시기를 기도해."[35] 총격 사건의 사망자 중 한 사람의 자매는 법정에서 "우리의 마음에는 미움이 공존할 공간이 없기 때문에 용서해야 합니다"라고 말했다.[36] 또 다른 말로 표현하자면 "증오의 산(acid)은 그 그릇을 파괴한다."[37] 이러한 용서의 말—또는 아미시 공동체에서 목격된 용서의 행위—은 이러한 폭력적인 비극에 의해 자신의 삶에 가장 큰 타격을 입은 사람들이 자신이 입은 피해를 **잊는다**는 것을 암시하지 않는다. 어떻게 그들이 그것을 잊을 수 있겠는가? 진실은 그것보다 훨씬 더 복잡하다. 이들은 용서 없이는 삶 속에서 인간의 마음과

---

35   Nahorniak, "Families to Roof."

36   다음에서 인용함. Barron, "Forgiving Dylann Roof."

37   아미시 농장의 한 일꾼이 고백하듯이. 다음에서 인용함. Kraybill, Nolt, and Weaver Zercher, *Amish Grace*, 125.

몸과 영혼이 건강한 방식으로 지속될 수 없음을 인식하고 있는 것이다.[38]

　　용서의 이야기가 폭력 이야기를 너무나 빨리 대체해버린 것은 걱정스러운(그리고 매우 미국적인) 일이다. 나는 마음속으로 악보다 선을 깊이 생각하고 강조하는 것이 더 나은—더 인간적이고 더 치료에 도움이 되는—방법일 수 있다고 생각한다. 그렇다. 그것이 바로 아미시의 길, 임마누엘 신자들의 길, 예수의 길이라고 생각한다. 나를 괴롭히고 심지어 두렵게 만드는 것은 비극이 **어떻게** 발생했는지, 개인이 겪는 정신적인 불안, 우리 문화의 총기 사용 문제, 우리가 이러한 폭력의 원인과 싸우기 위해 국가적으로 (정치적으로) 그리고 지역적으로 (교회 차원에서) 어떠한 일들을 더 해야 하는지에 대해 더 깊이 있는 비판적 성찰을 하는 대신 우리는 너무 성급하게 이 비극이 지나가기를 원한다는 위버-저처의 견해에 내 자신이 얼마나 동의하는가 하는 점이다. 폭력은 단순히 일어나지 않는다. 그것은 마음속 깊은 곳에 있는 무언가가 잘못되었기 때문에 일어난다. 친절한 행동 속에 표현된 공동체의 용서 행위는 우리의 관심을 끄는 것이 마땅하다. 그러나 그것은 우리가 하나의 사회로서 어떻게 이 지경에 이르렀는지에 대해 깊은 관심을 갖는 일을 방해해서는 안 된다. 그뿐만 아니라 우리가 이 이야기들을 어떻게 전달하느냐는 매우 중요하다!

38　　Toussaint, Worthington, and Williams, *Forgiveness and Health*.

진실 및 화해 위원회

데스몬드 투투(Desmond Tutu) 주교는 남아프리카 공화국의 아파르트 헤이트가 종식된 후 자신이 진실과 화해 위원회(1996)에 참여한 것을 내용으로 한 책을 썼는데, 그 책의 제목은 『용서 없이는 미래가 없다』(*No Future without Forgiveness*)이다. 투투는 과거를 부정하는 것은 긍정적인 미래를 만드는 길이 아니라고 말한다. 남아프리카 공화국의 아파르트헤이트는 1948년 국민당 정부가 시행한 정치 정책으로 다음과 같은 것들을 포함하고 있다.

- 오직 백인만 투표를 할 수 있었고, 백인 이외의 사람들은 1970년에 투표권을 잃었으며, 아시아인들은 **절대로** 투표할 수 없었다.
- 여러 인종—공식적으로 흑인, 백인, 유색인종(혼혈인종), 인도인으로 분류된 인종—은 주거 시설과 학교를 포함한 삶의 모든 측면에서 서로 분리되었다.
- 350만 명의 비백인 남아프리카 공화국 사람들은 자신이 거주했던 집에서 쫓겨나 인근 거주 지역에 강제로 격리되었다. 이들 중 많은 사람이 여전히 합법적으로 이전에 자신이 소유했던 부동산을 다시 찾으려고 노력하고 있다.
- 정부는 백인 시민들을 위해 고도로 숙련된 전문직을 따로 남겨두었다.
- 다른 인종 간의 성관계는 금지되었다.

1994년 아파르트헤이트는 넬슨 만델라(Nelson Mandela)가 남아프리카 공화국의 대통령으로 선출되면서 폐지되었다.

만델라가 남아프리카에서 민주적으로 선출된 최초의 흑인 대통령이 된 후 맨 처음 그가 실행에 옮긴 것은 기독교 교계에서 존경받는 지도자 투투의 지도하에 진실과 화해 위원회를 구성하는 것이었다. 이 위원회는 "고문, 살인, 실종, 납치를 포함하여 인도적인 사회에서는 상상할 수 없는 인권 침해를 증언한 피해자들로부터 22,000여 건의 진술을 받았다"고 밝혔다. 증언을 듣는 것 외에도 "위원회는⋯ 아파르트헤이트 기간 동안 저지른 수천 건의 범죄에 대해 1,500건의 사면을 승인했다."[39]

특히 이 위원회의 생각과 그들이 일을 처리하는 과정은 나에게 관심을 불러일으켰다. 이 위원회가 가지고 있는 기본 철학에서 중요한 것은 진실 없이는 화해가 불가능하다는 인식이었다. 또한 그 위원회는 사회적으로 공론화된 진실을 정직하게 고백하는 행동이 수반되어야 한다고 생각한다. 물론 용서 그 자체가 화해와 같은 것은 아니지만 화해를 향한 첫걸음이다. 남아프리카의 경우 대주교는 용서(또는 정치적 사면)가 화해에 극히 중요한 행위라고 굳게 믿었다.

미국의 경우 남아프리카 공화국과 같은 공식적인 위원회를 발족할 수 없기 때문에 일종의 부분적 기억상실증이 미국의 인종 문제에 영향을 끼치게 되었다. 이러한 종류의 기억상실증은 이 나라를 집

---

39 Tutu, "Truth and Reconciliation Commission." 이 위원회에 대한 주요 비판 중 하나는 심지어 Tutu도 인정하듯이 아파르트헤이트 제도하에 백인 시민들에게 부여된 "합법적인" 수당에 비추어 경제적 양극화를 해결하는 데 실패했다는 것이다.

단으로 괴롭히는 사회적·인종적 차별 및 다양한 일상적 상호 작용에서 생기는 개인적 오해를 불러일으켰으며, "흑인의 생명은 소중하다"(Black Lives Matter, BLM) 운동과 프로 운동선수들의 공개적 항의를 필요로 하는 오늘날의 현실에 이르게 했다. 그러나 투투가 주도한 화해의 노력이 보여준 것처럼 용서 없는 미래는 없으며 서로에게 행한 잘못에 대한 정직한 고백이 없이는 용서도 없다.

현대의 비극과 선한 사마리아인

우리는 이러한 비극들과 용서의 행위에서 무엇을 얻을 수 있을까? 이러한 이야기들은 선한 사마리아인의 이야기와 얼마나 비슷하고 또 얼마나 다른가? 이 이야기들은 성서에 나오는 선한 사마리아인의 이야기를 어떻게 **복잡하게** 만들 수 있으며, 또한 성서의 이야기는 우리가 현대 사회에서 공동체의 용서 행위를 바라보고 그것을 공개적으로 논의하는 방식을 어떻게 **복잡하게** 만들 수 있을까? 마지막으로, 모리슨의 이야기『자비』는 그중 어떤 것과 관련이 있을까?

　비록 직접적으로 인정하지는 않았지만, 그리스도인 공동체가 자신들의 비극적인 상황에 대해 보인 반응의 배후에는 선한 사마리아인의 비유의 정신이 깃들어 있다.[40] 물론 이 두 공동체의 경우에 있

40　심지어 내가 아미시인들을 예수의 말씀에 대한 현대적 사례로 사용하려고 하는 가운데서도 Weaver-Zercher가 "아미시인으로 길들여지기"라고 부르는 것을 피하려는 노력은 적절하다. Weaver-Zercher가 지적하듯이 "아미시인들은 문화적 저항이

어서 광범위한 비교회적 지역 사회 공동체가 어떻게 위로와 도움의 손길을 뻗었는지도 기억해야 한다.[41] 더 광범위한 지역 사회 공동체의 적극적인 지원을 인정하면서 한 아미시인 남성은 "우리는 모두 이번 주에 아미시였다"고 고백했다.[42]

아미시인들 사이에서는 학교 건물을 관광객들이 자주 찾는 펜실베이니아 중부의 관광 명소로 만드는 것을 걱정하는 타당한 우려가 있었다. 게다가 아미시인들은 "또래의 다섯 명이 죽고 다섯 명이 부상을 당했던 그 방에 앉아 있을 때, 날마다, 계절마다 아이들이 그 시간의 공포를 떠올리게 될 것을 걱정했다."[43] 총기 난사 사건이 일어난 지 열흘 만에 학교 건물을 파괴하겠다는 아미시의 반응은 무고한 사람들이 잔인하게 학살당하는 "여리고"의 길을 파괴해 버리겠다는 마틴 루터 킹 목사의 설교에 대한 적절한 비유일까?[44]

많은 현대 그리스도인은 선한 사마리아인과 예수를 동일시하는 누가복음 10장의 해석을 선호한다. 반스앤 노블 서점에 앉아서 누가복음 10장에 대해 생각하는 동안, 나는 옆 테이블에서 이렇게 해석

라는 도전적인 길을 선택한 21세기 미국인들로 보이기보다는 다른 시대의 삶의 방식을 유지하고 지나간 시대의 가상의 가치를 나타내는 사람들로 보인다. 이것이 내가 아미시인으로 길들여지기라고 부르는 것이다. 내가 보기에 아미시인들은 그것보다 훨씬 더 급진적이다." 다음을 보라. "Amish American Q-and-A."

Kraybill, Nolt, and Weaver-Zercher, *Amish Grace*, 29-42.
42   Kraybill, Nolt, and Weaver-Zercher, *Amish Grace*, 31.
43   Kraybill, Nolt, and Weaver-Zercher, *Amish Grace*, 40.
44   Kraybill, Nolt, and Weaver-Zercher, *Amish Grace*, 40-41. 참조. King, *Where Do We Go*, 198-99. 국가나 사유 재산의 파괴가 무고한 생명의 손실과 동일시되어서는 안 된다.

하는 것을 들었다. 현대 독자들이 왜 이런 해석을 선호하는지 이해할 만하다. 예수는 우리를 돌보고, 우리에게 붕대를 감아주시며, 우리가 즉각적인 보살핌을 받도록 도우시고, 우리를 안전한 곳으로(아마도 교회의 보살핌을 받도록) 옮기시는 분으로 보는 것은 영적인 교훈을 주기까지 한다. 이러한 해석적 관점은 기독교 전통에서 오래되고 풍부한 역사를 지니고 있다.[45]

그러나 "우리"가 포함되도록 이 이야기를 바꾸는 현대의 개인주의적인 관점은 예수의 이야기에서 가장 중요한 요소일 수 있는 부분—그의 청중이 강하게 거부할 주인공을 상정한 그의 선택—을 제대로 이해하거나 설명하지 못한다. 이 요소는 이야기 속에 묘사된 친절의 행위만큼이나 이 이야기에서 매우 중요해 보인다. 실제로 율법 교사는 예수의 마지막 질문에 다음과 같이 답하면서 이 이야기를 끝맺는다. "자비를 베푼 자니이다"(눅 10:37). 율법 교사는 마음속으로 이 비유에 나타난 아이러니가 무엇인지 분명히 인식하고 있다. 즉 가던 길을 멈추고 도움을 줄 가능성이 가장 낮은 사람이 도움을 주었고, 따라서 그가 진정한 이웃으로 분류된다.

선한 사마리아인의 비유는 모리슨의 소설과 비슷한 역사를 가지고 있다. 이 이야기에 관한 매우 다양한 관점이 존재하며, 따라서 해석자 자신의 문화적 시공간에 대해 많은 것을 드러내며 예수의 비유에 대해 독특한 관점을 표현하는 해석자들도 많다. 예를 들어 얼마

---

45 클레멘스와 오리게네스를 포함하여(다음에서 인용함. Gowler, *Parables after Jesus*, 34-35).

나 많은 선한 사마리아인 법이 미국에 존재하는지 주목하기 바란다. 미국은 위기에 처한 낯선 사람에게 도움을 주는 행동을 하도록 개인에게 요구하기 위해서는 법이 필요한 나라다. 대부분의 사람이 도움이 필요한 낯선 사람을 돕기를 거부하는 것은 아니지만―개인주의 사회 내에서 비록 일부는 그럴 수도 있지만―그들의 친절한 행동이 잘못될 경우 소송에 휘말리는 것을 방지하기 위해 "선한 사마리아인"을 보호하는 법이 필요하다. 이런 종류의 법이 생겨난 이유는 우리가 속해 있는 사회가 소송을 일삼는 사회이기 때문이지, 이 비유 때문이 아니다. (오랫동안 자주 들어온 성서 비유를 새롭게 듣는 것은 어려운 일인데) 이 이야기를 새롭게 듣기 위해서는 해석자들이 이 이야기가 자비 그 이상의 것에 관한 것임을 인식해야 한다. 우리는 제2장에서 다양한 정황에서 이 비유를 사용하는 다양한 사람의 견해를 듣고 다양한 관점을 다루면서 우리의 상황이 우리가 이 이야기를 다루는 방식에 얼마나 큰 영향을 끼치는지를 이해하게 될 것이다.

그런 의미에서 예수의 비유는 단순히 한 인간, 즉 한 낯선 사람이 다른 한 사람을 돕는 이야기가 아니다. 이것은 예수가 이 세상에서 바라고 꿈꾸는 공동체에 대한 이야기다. 예수의 비유에 등장하는 인물들은 다른 집단―지배 집단에 속하지 않은 사람들―을 대표한다. 예수 당대에 팔레스타인의 집단주의적 사회에서 그들의 문화는 한 개인에게 거의 초점을 맞추지 않았다. 그것은 이 이야기에서도 분명히 사실이다. 예수 시대의 문화, 특히 그가 속해 있던 유대인 공동체의 문화는 대부분의 북미 사람들이 속해 있는 일반적인 개인주의 환경보다는 우리 시대의 아미시 공동체에 훨씬 더 가깝다. 따라서 이러한 1세기의 문화적 정황에 비추어보면 이 비유는 사람들이 모인 집단과 후대를 위해 다른 집단에 대한 자신들의 인식을 형성하는 신화에 관한 이야기일 수 있다.

　　이 비유의 교훈은 교회에 어떤 함의를 지니고 있을까? 제2장에서 논의될 몇몇 대표자들—성 아우구스티누스, 하워드 서먼(Howard Thurman), 솔렌티나메 공동체(the Solentiname community)—은 자신들이 속해 있던 교회의 상황에 비추어 이 이야기를 해석했다. 따라서 우리도 그렇게 해야 한다. 심지어 다양한 신학과 실천과 헌신을 가지고 있는 교회들이 이 이야기의 각각 다른 요소를 자신들이 본받아야 할 핵심으로 강조할 때에도 우리는 놀라지 말아야 한다. 이 교회 공동체 중 일부는 이 이야기가 예수를 따르는 사람들에게만 영향을 끼칠 것으로 생각했고, 다른 공동체들은 이 이야기가 지역 교회가 소명을 삶으로 구현해내는 더 큰 사회에 커다란 영향력을 끼칠 것으로 생각했다. 제2장에서 논의될 대표자 중에서 해리엇 제이콥스(Harriet Jacobs)는 더 큰 사회의 문제에 비추어 이 비유를 가장 명확하게 해석한 사람이다. 제이콥스는 자유라는 것이 무엇을 의미하는지와 누가 이 기본적인 인권을 가질 자격이 있는지에 대해 토론을 벌이는 나라에서 예수의 비유를 해석했다. 그렇다면 이 비유는 오늘날의 교회에서 무엇을 의미할까? 이 비유(와 그것에 대한 해석)는 예수의 특정한 추종자들이 바라고 원했던 것을 드러내 보여준 것만큼이나 하나의 국가로서, 그 국가 안에 속한 여러 집단으로서, 그 여러 집단 안에 속한 개인으로서 우리 모두에 대해서도 많은 것을 드러내 보여줄 수 있다.

사마리아인이 여관 주인에게 한 마지막 말 속에서 이 이야기는 확실한 결말을 제공하지 않는다. 부상당한 사람이 다시 건강을 회복하도록 치료하고 돌보는 데 시간과 비용은 얼마나 들까? 만약 그 사람이 건강 상태를 완전하게 회복한다면, 사마리아인은 다시 돌아와서 결국 자신이 이전에 약속한 것을 갚을 수 있을까? 그는 여행하고 있었을까, 만약 그렇다면 그는 어디로 갔을까? 무슨 목적으로 갔을까?

예수의 비유에서 뚜렷한 결말이 없다는 점은 대체로 잘 드러나지 않는다. 왜냐하면 비유가 말하고자 하는 요점이 이미 제시되었기 때문이다. 이 비유의 경우에는 누가 이웃인가라는 점 말이다. 여전히 뚜렷하게 드러나지 않은 점은 서로에 대한 인간적 헌신에 관한 것이다. 이 헌신은 주석가들이나 그리스도인들이 모두 한결같이 다루지 않는 부분이다. 왜냐하면―사마리아인의 여정과 비슷한―각자의 여정도 이제 다시 시작해야 하기 때문이다. 그뿐만 아니라 그러한 여정의 재개는 우리의 온전한 관심을 필요로 한다. 따라서 이제 그 짐은 여관 주인에게 지워진다. 간단히 말하면 이제 사마리아인의 자비로운 행동은 공동체 안에 있는 다른 이들이 함께 공유하고 분담해야 할 짐이 된다. 아미시 공동체와 임마누엘 공동체는 이 모든 책임을 너무나 잘 알고 있다. 공동체의 헌신은 한 개인이 인생을 바꿀 만큼 중대한 선택을 할 때 다른 사람들의 기대를 필요로 한다. 한 사람 또는 한 집단이 다른 사람을 돌볼 때, 한 사람 또는 한 집단이 다른 사람을 용서할 때, 한 사람 또는 한 집단이 어떤 자비로운 행동을 할 때에는 첫 번째 행위보다 훨씬 더 큰 책임이 더 광범위한 공동체에 주어진다.

　　일부 해석들이 이 이야기에서 예수의 주인공인 사마리아인의 민족적 배경을 경시하는 것은 놀라운 일이다. 그렇게 경시하는 이유 중 하나는 우리 자신을 그 이야기 안에 배치함으로써 우리 중 하나가 선한 행동을 한 그 사람이 되게 하려는 열망이 우리 마음속에 있기 때문이다. 결국 누구나 그 사마리아인이 된다. 이것은 단순히 민족적 범주를 무시하는 현대 북미 사람들의 경향일 수도 있다. 비록 이것이 이 이야기의 결정적인 요소이지만 말이다. 많은 백인 성서 해석자들은 자신들의 해석에서 자신들의 편견을 인정하기보다는 일종의 "객관적인" 관점을 주장하곤 한다. 미국의 백인 문학에서 "검은 몸"(흑인)에 대한 반성의 글이 부재하다는 것에 관한 모리슨의 생각은 하나의 유용한 유비가 될 수 있다. 모리슨이 지적하듯이 현대 자유주의자들은 "인종을 무시하는 습관"을 "우아하고 심지어 관대한 자유주의적인 태도로 이해하며 이를 높이 평가한다. [인종을] 포착하는 것은 이미 신뢰를 잃은 차이를 인정하는 것이다. 침묵을 통해 그것이 드러나지 않게 억제하는 것은 검은 몸(black body)이 지배적인 문화 체제(cultural body)에 그림자 없는 참여를 허용하는 것이다."[46] 그러나 모리슨은 이러한 (반성의) 부재 현상을 인식하고 자신의 창의적인 소설에서 이러한 공백을 메우며 더 복잡하고 흥미로운 "미국" 이야기를 전개해나간다. 이와 마찬가지로 이 사마리아인의 민족적 정체성을 인정하는 것은 현시대를 향하여 더 적절하고 더 급진적인 메시지를 전

46　　Morrison, *Playing in the Dark*, 9-10.

달할, 더 복잡하고 민족적 색채가 강한 성서의 이야기에 새로운 통찰을 제공해줄 수 있다.

성서는 바벨탑 이야기로부터 아브람이 우르 땅을 떠나 가나안으로 이주하기까지의 이야기, 이스라엘이 어려움을 무릅쓰고 이집트를 떠난 이야기로부터 도전적인 가나안 입성에 이르기까지의 이야기, 비이스라엘인의 지혜 사상에 의존한 지혜 전승으로부터 모압의 영웅(룻)의 이름을 딴 책이 보존되는 이야기에 이르기까지 다양한 이야기를 포함하고 있다.[47] 이 비유대인에 관한 예수의 비유는 성서 전통 안에서 서로 간접적으로 연결되어 있는 다수의 접촉점을 지니고 있다. 우리는 예수의 의도적인 인물 선정을 회피해서는 안 된다.

예수의 이야기 속 인물들은 이미 신화적 역사를 공유하고 있다. 예수는 자신의 청중들이 그들과 가족들 및 그들이 속한 마을들이 살아 있는 신화로 바꾼 민족 간의 갈등에 대해 서로 공감하는 정서를 갖고 있다고 가정한다. 이러한 가정은 이야기의 구조가 이야기에 흥미를 더해서 청중을 자극하여 예수의 이야기가 제 역할을 발휘하게 한다.

----

47   많은 현대 해석자가 이스라엘인들이 이 이야기를 보존한 것보다 비이스라엘인들의 성격에 초점을 맞출 것이다. 하지만 그들이 이 이야기를 보존하지 않았다면 우리는 애초에 이 이야기를 가질 수 없었을 것이다.

나는 언제까지나 아합을 사랑할 것이다

나는 부모님이 허락하지 않으셔도 언제까지나 아합을 사랑할 것이다. 내 생각으로는 아합이 유대인이지만 우리 가족은 그렇지 않다고 고집한다. 나는 그의 어머니가 유대인이기 때문에 그가 유대인이라고 주장한다. 우리 가족은 아버지가 유대인 혈통을 갖고 있어야만 유대인이 될 수 있다고 주장한다.

우리 가족은 "어떻게 그의 어머니는 사마리아인하고 결혼할 수 있었을까?"라며 반발했다. 우리 가족은 한 사람이 방에서 뛰쳐나갈 때까지 다람쥐 쳇바퀴 돌듯 부질없는 이야기를 주고받았다. 나는 부모님이 내가 아합과 결혼하는 것을 결코 허락하지 않을 것임을 알고 있지만, 나는 절대로 다른 사람을 사랑하지 않을 것이다.

나는 어느 날 시장에 갔다가 랍비가 비유를 말하는 것을 우연히 들었다. 오, 그 이야기는 내 주변에 있던 모든 사람을 놀라게 했다. 나는 그가 이야기를 끝내자마자 바로 그곳을 떠났다. 왜냐하면 나는 여기저기를 이동하면서 가르치는 이 가난해 보이는 선생에게 군중들이 무슨 행동을 하거나 무슨 말을 할지 보거나 듣고 싶지 않았기 때문이다.

랍비는 심한 부상을 당한 남자에 대해 말했다. 나는 그가 두들겨 맞았거나 아니면 그와 비슷한 상황이었을 것으로 생각한다. 나는 이야기의 시작 부분을 잘 이해하지 못했다. 이야기는 분명히 랍비가 지어낸 것이었다.

그 이야기에서 한 제사장이 지나갔고 그다음에 부상을 당한 남자 옆을 지나간 두 번째 사람이 있었다. 누구였는지 잘 모르겠다. 아마도 율법 교사인가? 그러다가 마침내, 한 사마리아인이 그 길에 세 번째로 지나갔는데 그것이 나의 흥미를 끌었다. 이 사마리아인은 멈춰 서서 그 남자가 도움이 필요하다는 것을 알아차리고, 그를 나귀에 태우며, 몇 킬로미터 떨어진 인근 지역의 여관 주인에게 데려갔다.

자, 지금부터 잘 들어보길 바란다! 이 이야기에서 사마리아인은 여관 주인에게 약간의 돈을 주었고, 일주일쯤 후에 돌아와서 자신이 더 내야 할 다른 비용들을 갚겠다고 말했다. 이런 일을 한 것이 사마리아인이다. 사마리아인은 강도와 같은 유대인들, 즉 나 같은 유대인들에 의해 수차례 피해를 입었다. 하지만 이 이야기에서―**이 랍비**의 이야기에서―사마리아인은 주인공이었다. 세상에나! 이 갈릴리 선생님이 이 이야기를 한 후에 사람들이 그에게 보인 혼란스러운 반응을 당신은 들었어야 했다. 나는 그가 말한 이야기 때문에 폭동이 일어나기 전에 서둘러 거기서 나와야 했다.

집으로 돌아오는 길에 나는 이 랍비가 어느 안식일에 내가 다니는 회당을 방문해서 그곳에서 가르치기를 얼마나 간절히 바랐는지 모른다. 그가 이런 방식으로 이야기를 전하는 것이 그에게 일반적인 일인지는 모르겠지만, 유대인들이 그리스인이든, 로마인이든, 야만인이든, 사마리아인이든, 그들 주변의 다른 사람들과 어떻게 소통하고 교류해야 하는지에 대해 그가 이야기하는 것을 더 많이 듣고 싶다.

이 이야기를 듣고 나는 내가 아합을 얼마나 사랑하는지 다시 상기했다.

2장

기독교 전통의 선한 사마리아인

당신이 보는 것은
당신이 어디에 서 있느냐에 달려 있다*

* 나는 "당신이 보는 것은 당신이 어디에 서 있느냐에 달려 있다"라는 상식적인 말을 Elizabeth Schüssler Fiorenza가 진행한 성서학 연구의 맥락에서 처음 들은 것으로 기억한다. Albert Einstein과 C. S. Lewis가 다른 만큼 다른 이들도 이 말을 했다.

아우구스티누스와 선한 사마리아인:
특정 인종에 속하지 않는 사마리아인으로서의 그리스도

아우구스티누스는 우리가 "현대적"이라고 말할 수 있는 초기 교
회의 몇 안 되는 사상가 중 한 명이다.

피터 브라운, 『성 아우구스티누스 시대의 종교와 사회』

아우구스티누스와 장소

기원후 5세기(397-430) 북아프리카 지역의 주교였던 히포의 아우구
스티누스(354년 출생)는 당대의 위대한 작가, 교회 지도자, 신학자 중
한 명이었다. 성 아우구스티누스는 서구 기독교에서 가장 기억되고
있는 영향력 있는 신학자 중 한 명이 되었다. 우리의 목적과 관련하
여 가장 중요한 것은 그가 또한 성서의 열성적인 해석자이기도 했다
는 사실이다. 이는 부분적으로 그가 인생의 후반기에 훌륭한 삶을 살
기 위한 전략들을 성서 이야기 안에서 발견했기 때문인데, 그 전략들
은 그가 지속적으로 연구해왔던 동시대의 철학과 대비되는 것이었

다. 오늘날 아우구스티누스가 어떠한 평가를 받든지 간에 그가 성서 본문을 해설했던 이유는 그가 남들보다 더 나은 교육의 혜택을 받은 것에 비추어볼 때, 많은 신자(대부분 문맹인)가 오직 그의 가르침을 통해서만 성서—와 이를 통해 하나님의 음성—를 배울 것으로 생각했기 때문이다. 아우구스티누스는 성서가 사고와 신실한 행위를 유발하는 데 기여한다고 확신했다.

만일 아우구스티누스의 삶과 생각 및 그가 살았던 세계와 교회에 대한 그의 영향력을 온전히 이해하기를 원한다면 독자들은 다른 책을 읽어야 할 것이다.[1] 나의 관심은 누가복음 10장의 비유에 대한 아우구스티누스의 해석을 간략하게 다루는 데 집중되어 있다. 그렇게 함으로써 우리는 오랜 세월의 시험을 견뎌내고 그리스도를 사마리아인으로 읽는 해석 방법을 후대 신자들의 생각에 강하게 각인시킨 사마리아인의 이야기의 근본적인 구조를 배우게 될 것이다.

아우구스티누스는 가족의 도움과 지원을 받아 카르타고에서 교육을 받은 후 마침내 밀라노와 로마에서 교수직을 맡게 되었다. 그의 지위는 그의 설교를 자주 듣고 공동체의 생활에 성실히 참여했던 농업에 종사했던 많은 이웃과는 구별되었다. 아우구스티누스의 시대에는 부활절과 크리스마스와 같은 특별한 절기 동안에 아프리카 교

---

1   하나의 좋은 출발점은 다음의 고전적인 개론서일 것이다. Brown, *Augustine of Hippo*. 아우구스티누스의 사상에 대해 더 접근하기 쉬운 개론서는 비록 주로 그의 『고백록』(*Confessions*)에만 초점을 맞추는 경향이 있긴 하지만 Cooper, *Augustine for Armchair Theologians*다. 또한 다음을 보라. Stark, *Feminist Interpretations of Augustine*.

회의 출석률이 높았다.[2] 그의 교구민들이 갖고 있던 신앙에 대한 관심은 종종 그들이 처한 경제적 상황이 주는 도전과 관련된 많은 사회적·심리적 우려를 완화하려는 시도였다. 탁월한 아우구스티누스 전기 작가 피터 브라운은 "우리가 기근에 대한 섬뜩한 두려움을 책을 통해서 다시 살아보고 체험하지 않는 한 그리스-로마 세계의 도시들의 삶을 결코 이해하지 못할 것"이라고 명시하고 있다.[3] 예수가 1세기 제자들에게 기도하라고 가르쳤던 것처럼 아우구스티누스의 북아프리카 환경에서 살았던 많은 신자도 동시대의 현실에 관심을 갖고서 "오늘날 우리에게 일용할 양식을 주옵시고"라고 기도하곤 했다. 이러한 가혹한 경제적 상황에도 불구하고 아우구스티누스가 해석한 사마리아인의 이야기에서 "강도를 만난" 사람은 놀랍게도 그의 시대의 경제적 도전에 부담을 느낀 사람들을 대변하지 않았다. 아우구스티누스의 해석이 얼마나 그 시대 사람들을 대변하는지 그 범위를 알아내려면 이 장의 연구보다 훨씬 더 비판적인 연구가 필요할 것이다.

아우구스티누스와 사마리아인

북아프리카 주교인 아우구스티누스는 해석자의 해석 방법보다는 해석자가 바라는 것에 더 큰 관심을 기울였다. 다시 말하면, 비록 아우구스티누스는 새로움을 추구하는 경향을 보였지만, 구체적인 세부

---

2   Chadwick, *Augustine of Hippo*, 71. 『아우구스티누스』(새물결 역간); Brown, *Religion and Society*, 17. 또한 다음을 보라. Burrus and Keller, "Confessing Monica."

3   Brown, *Religion and Society*, 15.

내용보다는 해석의 결과에 훨씬 더 관심을 기울였다. 해석자는 성서를 읽음으로써 무엇을 얻기를 기대해야 하는가? "성서에서 저자가 의도한 것과 다른 의미를 받아들이는 사람은 길을 잃게 되는데, 이는 성서에 있는 거짓을 통해서 길을 잃는 것이 아니다. 그럼에도…그의 잘못된 해석이 하나님의 계명의 궁극적 목표인 사랑을 강화하는 경향이 있다면, 그가 길을 잃는 것은 어떤 사람이 실수로 주요 도로에서 벗어났지만, 그가 들판을 가로질러 주요 도로가 인도하는 장소와 동일한 장소에 도달하게 되는 것과 매우 흡사하다."[4] 혹은 "이것을 기본 원칙으로 따르라. 당신은 당신의 해석이 사랑의 나라로 인도될 때까지 읽고 있는 본문을 몇 번이고 되풀이해서 숙고하고 오랫동안 부지런히 검토해야 한다. 만약 그 본문이 이미 문자적 의미에서 사실로 보인다면, 비유적 의미를 조사할 필요가 없다."[5] 아우구스티누스가 누가복음 10장의 비유를 해석하는 다양한 방법을 제시한 것은 놀라운 일이 아니다. 그뿐만 아니라 설령 그가 문자적 해석 방법을 통해 사랑을 발견할 수 있었다 하더라도, 만약 그가 자신의 청자들에게 더 많은 사랑을 "추출"해낼 수 있었다면 그는 다른 방법들을 자주 사용했을 것이다. 아마도 이러한 방법 중 하나가 아우구스티누스의 "들판을 가로지르는" 시도일 것이다. 하지만 독자들이 어떤 것이 더 많은 사랑을 제공하는지 결정할 수 있도록 풍유적 해석과 문자적 해석 두 가지를 모두 아래에 제시했다.

----

4   Augustine, *On Christian Doctrine* 1.36.41.
5   Augustine, *On Christian Doctrine* 2.15.23.

풍유적 해석 방법

사마리아인의 비유에 대한 아우구스티누스의 풍유적 해석은 오늘날 선생들이 학생들을 가르치기 위해 사용하는 방법 가운데 가장 인기 있는 예 중 하나다. 다음 구절은 기원후 400년경에 출판된 아우구스티누스의 『복음서에 관한 질문』(Questions on the Gospels)(2.19)에서 발췌한 것이다.

> **한 사람이 예루살렘에서 여리고로 내려가고 있었다.** 그는 인류를 대표하는 아담으로 이해된다. **예루살렘**은 평화의 도시이며 아담은 그곳에서 축복을 잃어버렸다. **여리고**는 "달"로 번역되며 우리의 죽음을 의미하는데, 왜냐하면 그것은 처음 떠서 점점 차오르고 기울어가며 지기 때문이다. 그 강도들은 사탄과 그의 부하들이며 그들은 그에게서 부도덕함을 **벗겨서** 알몸이 되게 만들었고, **심하게 때리고** 그로 하여금 죄를 짓도록 함으로써 그를 **반쯤 죽게** 만들었다. 이는 그 사람이 하나님을 이해하고 알 수 있는 부분에서는 살아 있었고, 그가 죄로 인해 쇠약해지고 짓눌려 있던 부분에서는 죽었기 때문이다.[6] 그리고 이러한 이유로 그는 반쯤 살아 있다고 말한다. 그러나 제사장과 그를 보고 지나쳐버린 레위 사람은 구약성서에 등장하는 제사장과 성직자를 의미하는데, 그들은 구원에 도움이 될 수 없다. **사마리아인**은 "수호자"(guardian)로 번역되며, 이러한 이유로 사마리아인은 주님을 의미한다. 상처를 싸매는 것은 죄를 억제하는 것이다. 기름은 평화의 화해

---

6   이 비극 이후에도 인간은 하나님을 부분적으로 알고 있었다.

를 위해 주어진 용서를 의미하기 때문에 좋은 희망을 주는 위안이다. 포도주는 열정적인 정신으로 일하라는 권면이다. 짐을 운반하는 그의 짐승은 그의 육체를 의미하는데, 그는 황송하게도 이 육체를 입고 우리에게 오시기로 계획하셨다. 짐을 나르는 그 짐승 위에 실린다는 것은 그리스도의 성육신을 믿는 것을 의미한다. 마구간은 여행자들이 영원한 모국으로 돌아오는 여정에서 그들에게 새 힘을 불어넣는 교회다. 그다음 날은 주님의 부활 이후를 의미한다. 두 데나리온은 사도들이 다른 사람들에게 복음을 전하기 위해 성령을 통해 받은 사랑의 두 계명 또는 현재와 미래의 삶에 대한 약속이다.…따라서 여관 주인은 그 사도[바울]이다. 추가 비용은 그가 한 조언…또는 복음의 새로움 속에서 누구에게도 짐이 되지 않도록 자기 손으로 일하기까지 했다는 사실이다.[7]

현대 독자들에게는 이 접근법이 창의적으로 보일 수도 있지만—1세기 정황에서 "포도주는" 의학적인 가치를 지닌 진통제라기보다는 "열정을 가지고 일하라는 권면"이다[8]—풍유는 상당히 안정적인 해석 전통 안에서 행해지는 하나의 일반적인 문화적 관습이었다. 아우구

----

7   Augustine's *Questions on the Gospels* (2.19). 다음에서 인용함. Gowler, *Parables after Jesus*, 43. 나는 인용된 구절에 성별을 특정하는 표현들을 그대로 두었는데, 부분적으로는 아우구스티누스의 사상에 담긴 성별의 복잡성 때문이었다. 다음을 보라. Stark, "Augustine on Women."

8   또는 우리 시대에 가벼운 식사와 친한 친구들과 함께하는 조용한 저녁을 상징한다. 아우구스티누스는 어머니(모니카)가 어린 나이에 포도주를 좋아했다는 이야기를 전한다(*Confessions* 9).

스티누스 이전의 많은 해석자(예. 이레나이우스, 오리게네스, 암브로시우스)[9]는 상처 입은 몸에 대한 예수의 본래 이야기를 인간의 영적 상태에 관한 이야기, 즉 인간이 길을 잃고 "죄에 억눌려" "반쯤 죽어" 있는 상태에서 하나님의 구원을 필요로 하는 이야기로 보았다. 그들에게 구원의 선물은 그리스도의 도움 없이는 불가능한 것인데, 그리스도는 사마리아인의 모습으로 나타날 뿐만 아니라 짐을 나르는 짐승의 모습으로도 나타난다.[10] 사마리아인이 여관 주인에게 가장 먼저 지불한 두 데나리온처럼 누가 보더라도 하찮은 원래 이야기의 작은 요소들조차도 이러한 대안적 현실에서 예수의 위대한 "두 계명"(하나님과 이웃에 대한 사랑)에 대한 가르침과 같은 비유적 의미를 갖는다.[11] 사실 풍유는 그것을 사용하는 사람이 한 이야기의 여러 가지 요소를 또 다른 이야기, 또 다른 현실, 즉 아우구스티누스와 그의 세대가 공유한 현실의 여러 가지 요소와 동일시할 수 있게 해주는 해석 방법이었다.

하지만 모든 등식이 전승 안에서 똑같이 성립된 것은 아니었다. 두 데나리온은 해석적 선택을 제공했다.[12] 오리게네스의 경우 두 데나리온의 "둘"은 "아버지와 아들"을 의미한다.[13] 여관 주인은 기독교 풍유법 전통에서 풍유를 사용하는 작가들에게 다양한 합리적인 가

---

9   다음을 보라. Gowler, *Parables after Jesus*, 42.
10   오리게네스는 사마리아인이 그리스도라는 생각을 익명의 장로에게 돌린다. 다음을 보라. Gowler, *Parables after Jesus*, 34.
11   "사랑"은 설령 사마리아인의 행동에 암시되어 있더라도 눅 10장의 비유에서 명시적으로 나타나지 않는다.
12   첫 번째 선택―사랑의 두 계명에 대한 언급―은 이 이야기의 더 큰 문학적 구조와 관련이 있다. 참조. 눅 10:27.
13   다음에서 인용함. Gowler, *Parables after Jesus*, 34.

능성을 제시했다. 예를 들면 그는 교회의 수장(오리게네스), 성령(이레나이우스), 천사(클레멘스) 등을 의미한다.[14] 아우구스티누스가 여관 주인을 바울이라고 말한 것은 이 본문의 해석 전통에 대한 자신의 가장 독특한 공헌 중 하나였을 것이다.[15] 아우구스티누스가 바울을 여관의 관리인으로 보기를 선호하는 이유는 윌리엄 함리스(William Harmless)가 지적했듯이 "바울 서신은 아우구스티누스의 성서 주해의 근간이 되었기 때문이다.…바울 서신은 그에게 있어 성서를 읽는 창문이자 성서를 읽는 렌즈였으며, 그는 주해에 관한 문제를 해결하기 위해서뿐만 아니라 적어도 그것을 설명하기 위해 자주 바울을 언급했다.[16]

풍유적 해석 방법이 지닌 이러한 유연성은 이야기의 다른 요소들과 관련하여 아우구스티누스의 동시대인들에게도 똑같이 적용되었을 것이다. 설령 이야기의 전반적인 주제가 다른 이야기, 곧 하나님의 구원 계획 이야기라는 공통적 이해가 저변에 깔려 있었다 하더라도 말이다. 왜냐하면 모두가 "들판을 가로질러 그 길이 인도하는 동일한 장소"에 도달할 것이기 때문이다. 아우구스티누스에게 있어서, 예수의 비유는 짧게 요약된 보편적인 구원에 관한 이야기다. 아마도 그럴 것이다. 하지만 그것이 단지 1세기 유대교 선생에게는 그렇지 않았을 뿐이다. 아우구스티누스는 영적 구원에 대한 자신의 외적 이야기를 탐구하느라 그 본문의 핵심에서 어긋나는 해석을 해야

---

14   다음을 보라. Gowler, *Parables after Jesus*, 34.
15   Patrick Clark는 그것이 아우구스티누스의 가장 상상력이 풍부한 공헌이었다고 제안한다. "Reversing the Ethical Perspective," 304.
16   Harmless, *Augustine in His Own Words*, 160.

했다.

우리가 아우구스티누스의 두 번째 접근법을 살펴보기 전에, 이러한 해석에서 여관이 상징하는 것과 관련하여 교회가 지닌 핵심적인 역할에 주목하라.[17] 누가의 예수는 1세기 유대인의 삶 속에서 **교회**(*ekklēsia*)의 역할에 대해 최소한의 개념만 가지고 있겠지만(누가복음에서는 교회라는 단어가 아예 나오지 않는다), 그는 분명히 하나님의 백성이 모이는 공동체의 중요성과 그의 비유가 명백하게 설명하는 것처럼 "이웃"의 필요성을 이해하고 있다. 아우구스티누스에게 있어서 교회는 개인의 구원을 이루기 위한 가시적인 장소였고,[18] 이것은 아우구스티누스의 개인적인 경험에서 분명한 사실이었다.[19] 아우구스티누스 역시 자신의 삶을 여리고로 여행을 떠나는 "아담"의 모습으로 이해했다.

몇 달 동안 암브로시우스의 설교를 들은 후, 아우구스티누스는 성서 본문을 해석하는 재능을 얻게 되었다.[20] 사제직에 임명된 후, 그는 성서를 공부하기 위해 1년 동안 안식년을 요청해서 받아냈다. 그는 안식년이 없이는 교회를 섬길 수 없었다고 주장했다.[21] 이 기간에 아우구스티누스는 성서를 해석하기 위한 몇 가지 방법을 개발했다. 그는 자신의 회중들에게 의미를 분명히 전달하기 위해 풍유법 이외

----

17   아우구스티누스에게 있어 성서의 말씀은 문자적 의미와 비유적 의미가 담긴 표시다.

18   Cooper, *Augustine for Armchair Theologians*, 218.

19   그의 *Confessions*을 보라.

20   Cooper, *Augustine for Armchair Theologians*, 94.

21   Cooper, *Augustine for Armchair Theologians*, 176.

의 해석 방법들을 사용했다. 한 학자의 말을 빌리자면 아우구스티누스는 "성서의 말씀을 자신의 말로 삼아서 성서를 **전했다**."[22]

문자적·도덕적 본보기 접근법

대부분의 현대 독자들은 성서 본문에 대한 아우구스티누스의 두 번째 접근법에서 더 편안함을 느낄 것이다. 아우구스티누스는 이 본문을 자신의 『기독교 교리에 관하여』(On Christian Doctrine)에서 논의한다. 이 책은 기독교 신앙을 가르치는 방법에 대한 그의 기술을 설명하는 책으로 성서 해석을 위한 기본적 수단을 포함하고 있다.[23] 아우구스티누스는 우리가 친절한 행동을 베풀어야 할 대상인 이웃의 개념에 천사가 포함되느냐 하는 문제와 씨름하는 단락에서 예수의 사마리아인 이야기를 다시 들려준다. 아우구스티누스의 세계에서는 신자들이 천사들에게 어떻게 반응해야 하는지가 중차대한 문제였다. 그 시대는 우리 시대보다 더 미신적인 시대였다.[24] 여하튼 간략하게 답하자면 대답은 "그렇다"이다. 천사들 역시 이웃이다.[25]

    기원후 400년경에 쓰인 이 논의의 더 큰 맥락은 놀랄 것 없이 사랑이라는 주제였다.[26] 아우구스티누스는 누가복음 10장을 간략하게

---

22   Harmless, *Augustine in His Own Words*, 156(강조는 원저자의 것임).

23   Chadwick, *Augustine of Hippo*, 82.

24   Chadwick, *Augustine of Hippo*, 88.

25   "이웃을 사랑하라는 명령은 거룩한 천사들도 포용하는 것임이 분명하다." 이는 그들이 인간을 이롭게 하기 위해 많은 이웃다운 행동을 했기 때문이다(Augustine, *On Christian Doctrine* 1.30.33).

26   *Parables after Jesus*에서 David Gowler는 사랑에 대한 아우구스티누스의 강조가 비유에 대한 아우구스티누스의 해석에서 두드러지는 점이라고 주장한다(pp. 41, 44).

재조명하면서(아래에서 강조된 부분) 보다 더 보편적인 요점, 즉 "이 사람을 불쌍히 여기는 사람 외에는 아무도 이 사람의 이웃이 아니었다"라고 주장하기 위해 제사장, 레위인 또는 사마리아인에 대한 구체적인 언급을 피했다. 비록 그렇긴 하지만 이웃에 대한 그의 관점은 그것보다 더 복잡하다.

이와 관련하여 천사에 관한 질문이 추가로 제기된다.···그러나 이 두 계명 안에 천사에 대한 사랑도 포함되어 있는지를 묻는 것은 비합리적이지 않다.···**우리 주님이 그 두 계명을 주시면서 그 두 계명이 율법과 예언자의 강령이라고 말한 바로 그 사람이 주님께 "내 이웃이 누구니이까?"라고 물었을 때 주님은 이 비유를 말씀하셨다. 그는 그에게 예루살렘에서 여리고로 내려가다가 강도들을 만나 그들에게 맞아 크게 다쳤고 옷이 다 벗겨져 반쯤 죽은 상태가 된 어떤 사람에 대해 말했다. 예수는 강도 만난 그를 불쌍히 여기고 그를 구제하고 돌보기 위해 앞에 나선 사람 외에는 아무도 이 사람의 이웃이 아니라는 것을 보여주었다. 그리고 그 질문을 한 사람은 자기 자신이 그다음에 그 질문을 받았을 때 이 사실을 인정했다. "가서 너도 이와 같이 하라"라고 그에게 말씀하신 우리 주님은 그가 우리의 이웃이고, 그가 필요로 할 때 돕는 것이 우리의 의무이며, 그가 도움이 필요하면 돕는 것이 우리의 의무라는 것을 우리에게 가르쳐주셨다. 따라서 우리를 도와야 할 책임이 있는 자가 바로 우리의 이웃이라는 결론이 뒤따른다.** 그리고 다시 말하지만, 우리 주님이 우리의 원수들에게까지 자신의 통치를 확대하실 때 자비를 베풀어야 할 책임을 거부하는 것을 그 누구에게도 허락하지 않았음을 보지 못한 자가 누구인가? "나는 너희에게 이르노니 너희 원수를 사랑하며 너희를 박해하는 자를 위하여 기도하라"[마5:44].[27]

『복음서에 관한 질문』(Questions on the Gospels)에서 그가 해석한 것과는 달리, 아우구스티누스는 여기서 이 본문을 풍유화하지 않았다. 오히려 그는 예수의 이야기가 모든 추종자에게 미치는 윤리적 함의를 인정했다. "그가 우리의 이웃이며, 그가 필요로 할 때 돕는 것이 우리의 의무임을 우리에게 가르쳐주셨다." 또한 아우구스티누스는 사마리아인, 레위인, 제사장에 대해 언급하지 않음으로써 1세기 예수의 이야기가 보여주는 문화적·민족적 긴장이 드러나는 것을 피했고, 따라서 사마리아인들과 갈등을 빚은 역사를 기억하라는 동료 유대인들을 향한 예수의 도전 역시 무시한 것이 될 수 있다. 그럼에도 아우구스티누스는 마태복음 5:44의 예수의 말을 인용하면서 이 비유와 "원수"에 대한 자기 생각을 서로 연결할 때 나타나는 등장인물들의 역할의 중요성을 다음과 같이 암묵적으로 인정했다. "우리 주님이 우리의 원수들에게까지 그 통치를 확대하실 때 자비를 베풀어야 할 책임을 거부하는 것을 누구에게도 허락하지 않았음을 보지 못한 자가 누구인가?" 하지만 그는 본래 이야기 안에서 사마리아인이 잠재적인 원수임을 인정하기보다는 오히려 원수에 대한 예수의 가르침을 향해 이를테면 자신의 주해 안테나를 켰다.[28] 아우구스티누스가 예수의

----

27 Augustine, *On Christian Doctrine* 1.30.31.
28 아우구스티누스는 적을 사랑하라는 기독교의 가르침에 대해 "도시의 군사력을 약화시키고 외부의 적에 대한 가장 강력한 방어력을 빼앗는 경향이 있었다"고 주장

청중에게 잠재적인 원수가 되는 사마리아인을 생략한 것은 그가 반추하고 싶은 또 다른 요점을 강화할 수 있다.

아우구스티누스는 앞서 언급한 자신의 풍유적 해석과는 다른 방식으로 본래의 이야기를 비문맥화(decontextualizing)함으로써 그들의 세계에 존재하는 이웃과 원수를 일반적인 방식으로 평가하도록 자신의 독자들을 초대하는 독법(reading)을 장려한다. 명백한 풍유만이 이 목표를 달성할 수 있는 유일한 해석적 선택은 아니었다. 비록 여기서는 그 해석적 접근법의 일부 결론들이 여전히 아우구스티누스의 이해의 배후에 있었음에도 불구하고 말이다. 아우구스티누스는 앞서 인용된 몇 문장 뒤에서 풍유적 해석을 시도하면서 예수와 사마리아인이 동일 인물이라고 생각했다. "우리 주 예수 그리스도는 길가에 반쯤 죽은 채로 누워 있는 그에게 도움을 가져다준 사마리아인이라는 인물을 통해 자신을 가리키고 있기 때문이다."[29] 예수의 비유에 등장하는 이 "주인공"의 민족적 정체성을 무시한다면 다음과 같은 결론을 도출하기 쉽다. 예를 들어 어떻게 구주가 "원수"가 될 수 있는가? 그러나 아우구스티누스는 단순히 하나님이 하신 일을 따라야 하는 사람들인 예수의 추종자들을 위해 본문이 지닌 도덕적 요구

- - - - - - - - - - - - - - -

했다(Fortin, introduction, x). "아우구스티누스의 친한 친구 중 일부는 수년간 신앙에서 가르침을 받은 후에도 세례를 거부했던" 것처럼 이것은 작지 않은 상상력이 필요한 해석이었다(Fortin, introduction, *Augustine* x). 이와 같은 이유가 아우구스티누스의 *The City of God*의 출간을 촉발했다.

29 *On Christian Doctrine* 1.30.33. 풍유적 해석(앞에서 언급한)으로부터 아우구스티누스는 다음과 같은 설명을 제공한다. "사마리아인은 '수호자'를 의미하며, 따라서 주님 자신은 그 이름으로 상징된다."

를 고수하고 있다. "그[하나님]는 그분의 선함으로 인해 우리를 불쌍히 여겨주시지만, 우리는 그분으로 인해 서로를 불쌍히 여긴다. 즉 우리가 그분을 온전히 즐거워할 수 있도록 그분은 우리를 불쌍히 여기시고, 우리는 우리가 그분을 온전히 즐거워할 수 있도록 서로를 불쌍히 여긴다."[30]

결국 성서를 해석하는 목적은 하나님을 더 깊이 사랑하고 이웃을 더 신실하게 아끼고 사랑하기 위한 것이다.[31] 아우구스티누스에게 있어서 사랑은 하나님께서 인류에게 주신 은혜의 선물이며 그들이 서로 더 평화롭게 살 수 있는 방법을 찾도록 그들을 돕기 위해 허락하신 것이다. 그의 열정적인 사고를 이러한 방향으로 움직이게 한 이야기 가운데 하나는 예수의 위대한 비유, 즉 위대한 유대인 선생 자신을 비유적으로 묘사한 이야기였다. 실제로 아우구스티누스는 또한 자기 자신을 이웃들을 가르치고 자신의 교구민들의 영혼을 돌보기 위해 기름과 포도주를 붓는 또 다른 유형의 사마리아인으로 생각했을 수도 있다. 그러나 아우구스티누스는 그리스도가 사마리아인이었다는 풍유적 해석 전통에 동의했기 때문에 한 가지 방법은 여관/교회를 위한 여관 주인/바울의 행동이라는 상징적 대상에서 자기

----

30 Augustine, *On Christian Doctrine* 1.30.33. 이웃을 정의할 때 아우구스티누스는 다음과 같이 그 범위를 좁힌다. "그러나 당신이 모두에게 선을 행할 수는 없기 때문에 당신은 시간, 장소, 상황에 따라 당신과 더 밀접한 관계에 있는 사람들에게 특별한 배려를 해야 한다"(*On Christian Doctrine* 1.28.29).

31 "따라서 성서나 성서의 일부를 이해한다고 생각하지만, 하나님과 우리 이웃에 대한 이중적 사랑을 행하지 않는 해석을 자신에게 적용하는 사람은 아직 자신이 해야 할 것을 이해하지 못한 사람이다"(Augustine, *On Christian Doctrine* 1.36.40).

자신의 사역을 발견하는 것이었다. 그리고 그는 그것을 해냈다![32]

아우구스티누스의 보편적 호소

예수의 비유에 대한 아우구스티누스의 창의적 독법을 옹호하는 이들이 아직 오늘날에도 남아 있는데—그것을 폄하하는 사람들이 많이 있지만—그들은 현대 그리스도인들에게도 유익을 주는 관점을 아우구스티누스의 성서 접근법에서 발견한다.[33] 나는 풍유법이 다른 시대에서 사용한 다른 문화적 방법론임을 솔직히 인정하기 때문에 일부 현대 성서학자들처럼 아우구스티누스의 과도한 접근법에 반대하지 않는다.[34] 각 시대에는 성서 본문에 대한 저마다의 관심사와 접근법이 있다. 따라서 나는 우리가 어떤 이들은 아우구스티누스의 해석에서 가치 있는 것을 발견할 수 있음을 인정하고, 동시에 성서 이야기와 경험을 통해 소통하는 과정에서 제기되는 일부 문제들과 씨름할 것을 제안한다.

　　몇몇 해석자들은 아우구스티누스의 접근법이 다양한 측면에서 매력적이라고 생각한다. (1) **기독론적** 의도는 더 보편적인 호소를 가

32　이러한 연관성은 Clark, "Reversing the Ethical Perspective," 304에 암시되어 있다.

33　많은 옹호자가 전통적인 성서학계 밖에 있다.

34　John Dominic Crossan에게 아우구스티누스의 이 두 해석은 모두 "잘못"되었다. 왜냐하면 이 해석들은 예수와 누가의 "본래" 의도를 잘못 표현하기 때문이다. 아우구스티누스의 그 어떤 해석도 예수의 본래 관심사나 심지어 비유의 본래 기능("도전 비유"로서)을 제대로 파악하지 못한다. 아우구스티누스에 대한 Crossan의 해석에서 이웃은 도움을 준 사람이자 지원을 한 사람이다(*Power of the Parable*, 52).

능케 한다. (2) 사려 깊고 신중한 해석자는 다양한 해석을 할 수 있다.
(3) 사랑은 모든 해석학적 노력의 목표다.

첫째, 그리스도가 사마리아인이라면, 그리스도를 따르는 사람
들은 그의 선례를 따라서 "가서 너도 이와 같이 하라"는 말씀에 순
종해야 한다. 이것은 그 말씀과 관련하여 개별적인 특성보다는 보편
적인 특성을 지닌다. 또한 아우구스티누스에 따르면, 예수는 1세기
에 이 비유가 이렇게 해석되기를 원했다.[35] 이것이 그에게는 부차적
인 (엄밀히 말해 풍유적인) 해석이 아니다. 아우구스티누스는 다음과 같
이 말한다. "만약 그 해석이 감추어져 있다면, 반드시 우리는 성서의
문맥을 배제하지 않고 건전한 신앙에 부합하는 해석을 선택해야 한
다."[36] 아우구스티누스에게 "성서의 문맥"은 사마리아인이 "보호자"
를 나타낸다는 것을 의미했으며, 성서의 증언에 따르면 그리스도 자
신 외에 누가 우리의 보호자란 말인가? 성서를 조금 더 문자적으로
읽는 우리 중 일부는 어떤 성서 본문과 관련하여 아우구스티누스가
이해한 "문맥적" 성격에 동의하지 않을 수 있다. 왜냐하면 이 본문에
는 예수가 **의도적으로** 자신을 사마리아인과 연관 짓는다고 암시하
는 증거가 사실상 없기 때문이다. 물론 아우구스티누스는 성서의 증
언 전체를 모든 본문을 위한 "문맥"으로 고려했다. 현대 성서학계는
이 문제를 살짝 다른 방식으로 전개한다.

아우구스티누스의 보편적 해석을 지지하는 또 다른 학자는 패

---

35   Teske, "Good Samaritan," 353.
36   Augustine, *De Genesi ad litteram*, Teske, "Good Samaritan," 355에서 인용함.

트릭 클라크(Patrick Clark)인데, 그는 이것을 다음과 같이 설명한다. "민족적 또는 사회적 특징은 더 이상 이웃 관계를 구체적으로 말해주는 충분한 요인이 되지 못하고 있고, 그저 이웃 관계를 반영하고 형성할 수 있는 잠재력으로만 남아 있다. 이러한 변화는 이 비유에 등장하는 인물들을 재분류할 뿐만 아니라 궁극적으로 '가서 이와 같이 하라'는 도덕적 명령에 비추어 인물 분류 범주 자체를 폐기한다."[37] 보편성에 호소하려는 아우구스티누스의 시도는 많은 이들에게 매력적이었다. 예수는 "전통적인" 비유 사용 방식에 따라 제삼자를 (레위인과 제사장과 대조를 이루는) 일반 이스라엘인으로 선택하여 클라크가 제안한 것에 도달할 수도 있었다. 그의 청중은 그것을 기대했을 것이며, 그것은 어느 유대인이나 삶으로 구현할 수 있는 더 보편적인 교훈이었을 것이다. 하지만 1세기의 유대 선생은 사마리아인을 상상했다. 이 선택은 매우 중요하다.

더 나아가 이 이야기의 문맥이 말해주듯이 예수는 여기서 사마리아인이 선을 행하는 것을 상상했을지 모르지만, 자신과 사마리아인이 하나가 되는 것을 분명하게 상상하지는 않았다. 사실 예수와 관련해서 사마리아인이 **완전히 다른 사람**일 때 이 이야기가 더 효과를 발휘했을 수 있다. 그래야만 예수와 율법사는 이웃에 대한 문제와 관련하여 서로 같은 입장에 있을 수 있기 때문이다. 이 두 율법 해석자 간의 차이점은 그들이 이웃을 어떻게 생각하느냐에 있다. 예수 이야기의 개별적인 특성이라고 할 수 있는 그의 상상력은 타자에 대한 그

---

37   Clark, "Reversing the Ethical Perspective," 303.

의 청중의 기억을 사로잡기 위해 개별적이고 지역적이며 역사적인 인물을 강조했다. 그뿐만 아니라 그의 청중이 동족으로서 자신의 역사와 이웃과의 역사를 어떻게 다르게 상상할 수 있느냐가 그들이 토라를 얼마나 잘 삶으로 구현할 수 있는지를 결정한다. 이 선택은 매우 중요하다.

둘째, 아우구스티누스는 단 하나의 의미만을 지지하지 않았다. 그는 성령의 영감으로 된 신비스러운 글 모음집에서 많은 진리(진실)를 발견할 수 있다고 믿었다.[38] 위에서 언급했듯이 대안적 해석은 "성서의 문맥"에 의해 지지를 받거나 "건전한 신앙"과 일치되어야 하지만, 문맥에 대한 아우구스티누스의 이해가 성서 본문에 대한 현대적 해석과 어떻게 다른지는 설명이 필요하다. 롤란드 테스크와 달리 클라크는 "본문에서 보편적인 교리 주장을 더 잘 표현하는 의미를 찾아내기 위해" 교부들이 사마리아인의 이야기에 나오는 인물들의―예수의 창의적인 작품에서 가장 핵심인 듯 보이는―민족적 정체성을 간과한 잘못을 인정한다."[39] 다양한 의미가 같은 본문에서 나올 수도 있지만, 이를 달성하기 위해 때로는 이러한 서사적 "인종 청소"를 포함하여 원 본문에 "폭력"을 가해야 할 때도 종종 있다. 우리의 세계적인 환경에서 이 지역적인(개별적인) 요소는 여전히 중요하다.

----

38   Teske가 말하듯이 아우구스티누스는 "언제나 그렇진 않더라도 적어도 종종 성서의 한 구절에 대한 많은 진실한 해석이 있음을 분명히 인식한다"("Good Samaritan," 355).

39   Clark, "Reversing the Ethical Perspective," 301.

셋째, 그 무엇보다도 해석은 독자들로 하여금 더 깊이 사랑하도록 이끌어야 한다. 궁극적으로 인간의 사랑은 하나님을 향해야 한다. 아우구스티누스에 의하면 육체로 이 행동을 표현하는 한 가지 방법은 자신의 이웃을 사랑하는 것이다.[40] 테스크는 아우구스티누스의 접근법에 대한 자신의 변호를 다음과 같이 표현한다. 아우구스티누스의 해석학적 목표에서 가장 중요한 것은 해석이 "타락한 우리 인류를 향한 그리스도의 사랑스러운 자비"를 드러내야 하며 "우리를 향한 그의 사랑은 우리가 어떻게 서로 사랑해야 하는지를 보여주는 표준과 모델을 제시"해야 한다는 점이다.[41] 클라크는 구체적으로 이 비유와 관련하여 "아우구스티누스의 주해는 사회적 분열에 대한 이 비유의 도덕적 도전과 조화를 이룰 뿐만 아니라" 아우구스티누스의 해석은 "이 비유의 실제적 서술을 가장 잘 설명하는 윤리적 패러다임의 자연스러운 신학적 결과를 보여준다"고 주장한다.[42] 아우구스티누스의 해석이 비유의 핵심을 "가장 잘 설명"한다는 것은 논쟁의 여지가 있다. 아우구스티누스의 관점에 특혜를 주려는 클라크의 시도는 사마리아인과 유대인 사이에 맺어왔던 관계의 역사와 기억을 분명히 떠올리는 예수의 민족적 범주들을 약화시킨다. 하지만 클라크는 아우구스티누스의 전략이 지닌 잠재적인 문제들을 인식하고 있

---

40   Gowler에 의하면 아우구스티누스는 사랑의 연관성을 사마리아인 이야기에 대한 오리게네스의 해석에 투영하여 읽었을 것이다. 비록 후자에게 있어 두 데나리온은 성부와 성자를 가리키지만 말이다. 아우구스티누스에게 이 두 동전은 두 개의 사랑 계명을 가리킨다(*Parables after Jesus*, 34).

41   Teske, "Good Samaritan," 357.

42   Clark, "Reversing the Ethical Perspective," 301.

다. "아우구스티누스의 전통적인 풍유적 해석은 과연 윤리적으로 퇴보한 것인가?"[43] 비록 나는 다른 답변을 제안할 것이지만, 클라크의 질문은 나의 우려를 잘 포착한다.

이 이야기를 예수의 분명한 의도 대신 하나님과 인간의 만남으로 탈바꿈시킴으로써 우리는 인간과 인간의 만남이 지닌 민족적 측면이 지닌 구체성을 훨씬 더 쉽게 간과할 수 있다. 하나의 해석학적 전제로 "사랑"은 민족적인 차원을 포함하거나 무시할 수 있다. 일부 독자들은 보편성을 더 매력적으로 느낀다. "모든 사람의 생명은 중요하다." 다른 독자들에게 민족적 측면을 구별하는 일은 한 사회의 역사 안에서 인정받고 있는 구체성이 사라진 것을 의미한다. "흑인의 생명도 소중하다." 이 후자의 고백은 사랑을 무시하지는 않지만, 그것은 안타깝게도 사랑 또한 문맥이 있음을 공개적으로 시인한다. 즉 모든 사람은 똑같은 방식으로 사랑받지 못했다. 한 개인의 관점이 이 표현의 본질을 포괄적으로 볼지 배타적으로 볼지를 결정한다. 이른바 "모든 사람의 생명은 소중하다"라는 보편적인 진술은 적어도 사회의 밑바닥에 있는 사람의 관점에서는 전혀 포괄적이지 않을 수 있다. "흑인의 생명 역시 소중하다는 인식이 생길 때까지는 모든 사람의 생명이 소중하다고 말할 수 없다."

결과적으로 우리는 아우구스티누스의 해석학적 관행을 관찰함으로써 큰 유익을 얻을 수 있다. 우리는 아우구스티누스의 창의성을 강조해야 한다. 비록 그것이 아우구스티누스만의 것이 아니라 그 시

---

43   Clark, "Reversing the Ethical Perspective," 304-5.

대 전체의 것이긴 했지만 말이다. 다소 다른 방식이긴 하지만 예수도 다른 종류의 세계를 상상하기 위해 이 비유의 창조적인 자원을 활용했다. 아우구스티누스의 시대에는 성서 자체가 이성 안에서 창조적인 해석을 허용하고 심지어 장려한다는 광범위한 믿음이 존재했다(이성 = 믿음의 규칙). 우리는 또한 방법론을 무시하고서라도 아우구스티누스의 유연성을 강조해야 한다. 만약 성서 본문에 대한 한 가지 접근법이 한 본문의 잠재적 의미를 모두 찾아내지 못한다면 다른 방법을 통해서도 추가적인 의미를 찾아낼 수 있다. 이 북아프리카 주교는 자신의 더 큰 목적을 위해 필요한 것을 얻으려고 여러 방법론 사이를 오고 갔다. 마지막으로 아우구스티누스의 관점에서 모든 해석의 더 큰 목표는 하나님을 사랑하고 이웃을 사랑하라는 이 이중적 계명에 힘입은 사랑의 힘이다. 그럼에도 그의 창의성은 한계가 있었다. 오늘날 우리는 풍부한 풍유적 전통이 다른 이들에게 유의미하게 전달될 수 있는 시대에 살고 있지 않다. 아우구스티누스의 유연성은 잠재력을 지니고 있다. 하지만 현대 사회의 여러 학문(multidisciplinary)이 내놓은 결과들이 서로 충돌할 때 우리는 그것에 어떻게 반응해야 할까? 하나의 목표로 사랑을 강조하는 일은 아름답지만, 이 사랑에 대한 구체적인 예를 들기 시작하면 이러한 사랑에도 문제점이 발견된다. 아우구스티누스는 (필요할 경우 무력으로) 강제적으로 도나투스파들을 로마 가톨릭교회로 다시 들어오게 하는 일을 지지하면서 이를 사랑의 행위로 분류했다.[44] 주인공의 **민족성**이 이 드라마를 주도

----

44   Brown, *Religion and Society*, 278.

하는 주인공들에 대한 집단의 생각에 도전을 줄 때, 이것은 집단 안에 뿌리내린 (신앙의) "규칙"에 어떤 영향을 끼칠까?

하워드 서먼과 선한 사마리아인: 인도적인 이야기

이제 다른 시대의 해석가인 하워드 서먼(Howard Thurman)으로 넘어가 보자. 그에게 민족적 표지는 예수의 이야기와 그 자신의 이야기의 핵심이다. 그는 예수 자신 — 또는 누가가 그린 예수 — 이 하나님 나라가 **어떠해야 하는지**를 상상하는 방식을 보여주고, 만약 하나님이 인간 대 인간의 만남에 함께하신다면 그것이 그의 사회적·신학적 상상 속에서 무엇을 의미하는지에 대해 논의한다.

서먼과 그의 정황

목사, 작가, 교수, 신비주의자였던 하워드 서먼은 "흑인 민권 운동의 목회자 리더"로 막후에서 활동하기도 했다.[45] 서먼은 20세기 중반에 북아메리카에서 가장 영향력 있는 목사 중 한 명으로 인정받았다. 1953년 「라이프」(*Life*)는 그를 가장 영향력 있는 종교 지도자 12인 중 한 명으로 선정했다. 「에보니」(*Ebony*)는 그를 아프리카계 미국인 역

---

45   Fluker and Tumber, *Strange Freedom*, 13.

사에서 가장 중요한 50인에 포함시켰다.[46] 그는 샌프란시스코에서 계획된 목적과 의도를 갖고서 인종과 종파를 초월한 만민 펠로우십 교회(Church for the Fellowship of All Peoples)를 공동 설립하고 공동 목회 했는데, 이는 아마도 틀림없이 이러한 유형의 교회들 가운데 최초로 설립된 교회일 것이다.

다시 언급할 가치가 충분히 많은 흥미로운 이야기들이 있지만, 나는 단 두 가지만을 간단히 언급하고자 한다. 왜냐하면 그 이야기들 은 우리가 사마리아인 비유에 대한 서면의 해석과 씨름할 수 있도록 돕기 때문이다. 이 두 이야기는 모두 1979년에 출간된 서면의 자서 전 『머리와 마음으로』(*With Head and Heart*)에 나온 것이다.

서면은 로체스터 신학교(현재는 미국 뉴욕 북부에 있는 콜게이트 로 체스터 크로저 신학교)에서 수학하던 시절 자신을 가르치던 스승 중 한 명인 크로스 박사와 함께 나누었던 생각에 깊은 충격을 받았다. 크로 스 교수는 서면에게 당대의 사회적 관심사에 에너지를 낭비하지 말 고 더 뿌리 깊은 문제에 집중하라고 조언했다. 서면은 이 교수가 한 말을 다음과 같이 기억한다. "하지만 모든 사회적인 문제는 본질적으 로 일시적이고 아무리 인종 문제가 강하게 다가온다고 하더라도 그 문제를 해결하는 데 자네의 창조적인 에너지를 쏟는 것은 끔찍하게 도 자네의 인생을 낭비하는 일임을 상기시켜주고 싶네. 시대를 초월 하는 인간의 정신 문제에 몰입하길 바라네." 또한 서면은 그 교수가

----

46   참조. Bennett, "Howard Thurman." Thurman은 모어하우스(Morehouse)에서 철학 과 종교를 가르쳤고, 스펠만 칼리지(Spelman College)에서는 성서를 문학으로 가 르쳤고 영적 조언자로 섬겼다. 다음을 보라. Thurman, *With Head and Heart*, 78.

다음과 같이 말했다고 썼다. "아마도 나는 백인으로서 자네의 처지가 어떤지 알 수 없기 때문에 자네에게 이렇게 말할 자격이 없을지도 모르네." 그 교수의 조언은 서먼에게 강한 충격을 가했다. 어린 서먼은 겉으로는 그 교수에게 곧바로 답변하지 않았지만 속으로 다음과 같이 생각했다. "이분은…한 남자와 자신의 검은 피부가 '시대를 초월하는 인간의 정신 문제'에 **함께** 맞서야 한다는 점을 모르시는구나."[47] 서먼은 오늘날 우리가 "분야를 초월하는"(intersectional) 사상가라고 지칭할 수 있는 사상가였다.[48]

1935년부터 1936년까지 서먼은 "우정의 순례"(friendship pilgrimage)를 위해 인도로 여행을 떠났고, 여러 고무적인 사건들이 발생했는데 그중에는 간디(Gandhi)를 만난 사건이 있었다. 그가 순례하는 동안에 만났던 인도의 지도자들은 어김없이 그에게 도전을 제기했고, 심지어 그를 "지구상의 모든 어두운 피부를 가진 사람들의 배신자"라고까지도 말했다.[49] 그는 "기독교는 인종 차별 앞에서 무력하지 않은가?"라는 비난에 가까운 질문이 가져다주는 고통을 감수했

---

47 Thurman, *With Head and Heart*, 60(강조는 원저자의 것임).

48 "분야를 초월하는"이란 표현은 어떤 사람이나 집단이 하나 이상의 사회 정체성(예. 인종, 계급, 성, 종교, 장애)을 가질 수 있음을 인정하는 것이다. 이것은 또 다른 사회 정체성과 겹치며, 차별을 유도하는 요인들의 결합으로 이어질 수 있다. 변호사이자 교수인 Kimberlé Crenshaw는 1980년대 후반에 법률 모임에서 처음으로 이 용어를 사용했다. 다음을 보라. Crenshaw, "Mapping the Margins." 더 최근에는 그녀가 행한 테드 강연 "The Urgency of Intersectionality"을 보라.

49 Thurman, *With Head and Heart*, 114. 그는 자신의 자서전 한 장 전체를 이 여행에 할애했다(10-36).

다.[50] 서먼은 그 질문에 "기독교"와 "예수의 종교"를 신중하게 구별해야 한다고 답변했다. 이 두 가지는 그의 경험과 그의 생각에서 양립할 수 없었고, 이런 그의 생각은 그 두 가지가 서로 다르다는 점을 인정하는 아프리카계 미국인들의 오랜 예언적 전통에서 비롯된 것이었다.[51]

1949년에 출간된 서먼의 예수에 관한 책인 『예수와 상속받지 못한 자들』(*Jesus and the Disinherited*)은 부분적으로 크로스 박사와 저자를 심문한 익명의 인도인들에 대한 그의 답변이었다. 그뿐만 아니라 서먼은 이러한 문제들에 답하는 방식으로 복음서의 예수를 해석했다. 간단히 말하자면, 서먼이 예수가 유대인임을 강조한 것은 그로 하여금 상속권을 빼앗긴 이 세상의 모든 사람과 예수를 서로 연관시키고 이로써 예수와 그의 가르침 및 그의 행위를 소외된 자들의 관점에서 해석할 수 있게 해주었다.[52]

예수와 상속받지 못한 자들 및 예수의 사마리아인

서먼은 성 아우구스티누스와 비슷한 방식으로 사마리아인 비유의 가장 중요한 주제가 사랑이라는 맥락에서 그 비유를 논했다. 아우구스티누스와 마찬가지로 서먼 역시 두 가지 명령—즉 하나님을 사랑하고 이웃을 사랑하는 명령—을 예수의 핵심적인 가르침이자 "억압

---

50   Thurman, *With Head and Heart*, 125.
51   Frederick Douglass의 "이 땅의 기독교와 그리스도의 기독교 간의" 차이에 대한 논평은 1장을 보라.
52   Thurman, *With Head and Heart*, 118.

받는 자들을 위한 생존 기술"로 이해했다.[53] 그러나 (적어도 문학적인 측면에서) 서먼은 1세기 정황과 예수와 그의 민족 집단 간의 긴밀한 연관성에 비추어 예수가 설파한 사랑의 개념에 관한 결론을 도출하는 데 아우구스티누스보다 더 큰 관심을 보였다.[54] 예를 들어 예수는 (서먼의 생각에 따르면) 비유대인들이 유대인들 사이에서 함께 섞여 살고 일하는 혼합된 정황에서 자신의 사랑의 개념을 펼쳐나가야 했다. 서먼이 인도를 방문한 이후 그에게 제기된 가장 근본적인 질문은 기독교 신앙과 미국의 정황 간의 관계에 관한 것이었다. "기독교는 인종차별 앞에서 무력하지 않은가?"[55]

서먼은 사랑에 대한 분석에 관심을 돌리기 전에 예수가 살던 1세기 정황에 대한 신중한 설명을 시작하면서 두려움, 기만, 증오라는 각각의 주제를 다루는 데 전체 장을 할애한다. 제5장의 첫 문장은 "예수의 종교는 사랑의 윤리를 가장 중요한 것이 되도록 만든다"로 시작한다.[56] 서먼이 이해한 바에 따르면, 이 핵심적인 "사랑의 윤리"는 하나님을 사랑하고 이웃을 사랑하라는 "이스라엘의 영원한 말씀 속에 담겨 있다."[57] 이것은 예수의 공동체, 즉 이스라엘에 대한 근본적인 가르침이다. 그가 이 책의 첫 장에서 사려 깊게 설명한 것처럼 예수가 유대인이라는 점에 관심을 두는 것은 이 1세기 선생을 올

---

53 Thurman, *Jesus and the Disinherited*, 29.
54 아우구스티누스의 동시대 유대인과 유대인 관습에 대한 보다 긍정적인 견해에 대해서는 다음을 보라. Fredriksen, *Augustine and the Jews*.
55 Thurman, *With Head and Heart*, 125.
56 Thurman, *Jesus and the Disinherited*, 89.
57 Thurman, *Jesus and the Disinherited*, 89.

바르게 이해하는 데 필수적이다.[58] 1940-1950년대 서먼의 세계에서 예수의 고대 민족적·종교적 배경을 강조하는 것은 생각보다 흔치 않은 일이었다. 역사적 예수에 대한 학문적 탐구에서 예수의 유대인다움의 재발견은 대략 1970년대 초반부터 시작된 "제3의 탐구"의 특징으로 간주되었다. 예수의 유대인 정체성에 대한 강조는 서먼 시대의 대중적인 교회 배경에서는 일반적이지 않은 것이었다.

미국의 신비주의자 서먼에게[59] 선한 사마리아인의 비유는 예수의 사랑의 윤리에 대한 일차적이고 결정적인 지지를 제공했다. 예수는 사랑의 온전한 의미를 설파하기 위해 유대인 공동체에 "원수" 집단이었던 사마리아인들의 존재에 비추어 자신의 사랑 윤리를 전개해나가야 했다. 서먼에 따르면, 이 상상력이 풍부한 이야기는 예수의 문화적·신학적 사고의 한 가지 분명한 예를 제공한다.[60]

이 이야기 자체와 관련하여 예수는 사마리아인이 한 것처럼 한 사람이 "계급, 인종, 조건의 장벽 너머에 있는 인간의 필요에 직접적으로 반응할 때 일어나는 일을 묘사했다."[61] 예수는 이 상상력 있는 이야기를 통해 율법 교사에게 "이웃"의 정의를 제시했다. 서먼의 좀 더 직선적인 설명에 따르면, "이웃다움은 비공간적인 것이고 질적인

---

58   Thurman, *Jesus and the Disinherited*, 11-35.
59   Thurman에게는 (사람 내면의 깊은 열망에 관심을 두는) "신비주의자"와 사회 변화를 추구하는 사람은 서로 양립할 수 없었다. "신비주의자는 선을 이루기 위한 노력에서 자신을 둘러싸고 있는 인간의 욕구, 특히 개인이 통제할 수 없는 상황의 희생자인 피해자들의 인간적 욕구에 반응해야 한다는 것을 알기 때문에 사회관계를 다룰 수밖에 없다"(Thurman, *Deep Is the Hunger*, 44).
60   Thurman, *Jesus and the Disinherited*, 90.
61   Thurman, *Jesus and the Disinherited*, 90.

것이다."[62]

서면에게 사마리아인을 주인공으로 만드는 도전은 예수 시대의 공동체적 관습에서는 특별한 것이었다. "이것은 예수가 자신의 공동체 안에서 그리 쉽게 할 수 있는 일이 아니었다."[63] 이웃을 사랑하려면 그는 "자신의 적이 된 이스라엘 집 안에 있는 사람들"의 무리를 사랑하고, 사마리아인과 로마인을 포함한 "이스라엘 세대 너머에 있는 사람들"을 사랑해야 했다.[64]

예수의 상상력 풍부한 이야기에서 사마리아인이라는 중요한 존재를 오해하거나 잘못 전달하는 것은—많은 선한 사마리아인 법이 그러하듯이—본래의 이야기를 잘못 전달하는 것이다. (비록 우리는 아우구스티누스가 무지하다고 말할 수는 없지만, 많은 사람이 아우구스티누스도 이러한 실수를 범했다는 점을 비판한다.)[65] 서면에게 있어 이 "원수"라는 인물은 매우 중요했다. 서면의 이러한 생각은 복음서에서 발견할 수 없는 심리적인 차원을 그가 다룰 수 있게 해주었다. 그는 역사적으로 생각하고자 노력하면서 세 가지 범주를 사용하여 예수의 정황에서 원수를 정의한다.

1. "개인적인 원수": 한 개인이 속한 일차 집단 내의 누군가로부

---

62   Thurman, *Jesus and the Disinherited*, 89.

63   Thurman, *Jesus and the Disinherited*, 89.

64   Thurman, *Jesus and the Disinherited*, 90.

65   위에서 이 점에 대한 Patrick Clark의 아우구스티누스 변론을 보라. 또한 다음을 보라. Fredriksen, *Augustine and the Jews*.

터 받는 개인적인 공격[66]

2. "두 번째 유형의 원수": "한 집단이 수치심과 굴욕감을 느끼지
   않고 살기 어렵게 만드는" 행동을 일삼는 사람들(예. "영혼이 없
   는" 세리)[67]

3. "세 번째 유형": 로마[68]

복음서 전승은 세리와 죄인을 연관 지어 생각한다(마 2:16-17). 죄인
이라는 용어는 토라를 명시적으로 위반하는 것을 의미한다. 한 개인
이 이 집단과 어울리면 1세기 시골 마을의 삶에서 중요한 영향력을
행사하는 그룹에서 배제 될 수 있다.[69] 이 책의 관점에서 볼 때 더 결
정적인 것은 서먼이 사마리아인을 세 번째 유형으로 분류한다는 점
이다. 예수와 그의 가족 및 그의 유대인 친구들의 관점에서 볼 때, 비
록 로마가 더 많은 정치 권력을 가지고 있고, 따라서 그들의 안녕과
복지에 더 큰 잠재적 위험이었을지라도, 사마리아인과 로마인들은
같은 그룹에 속해 있었다. 서먼에 의하면 사마리아인들이 속한 범주
를 이해하면 왜 제자들이 예수와 자신들을 거부한 사마리아인들의
마을에 불을 지르고자 했는지를 이해할 수 있다(눅 9:51-55).

또한 서먼은 "원수"에 대한 예수의 이해와 그 결과 예수가 말한

----

66   Thurman, *Jesus and the Disinherited*, 91-92. 1세기 유대교가 그랬던 것처럼 집단주
      의적인 사회는 "개인적" 잘못을 이처럼 냉혹하게 예시하지 않았을 수도 있다.

67   Thurman, *Jesus and the Disinherited*, 93.

68   Thurman, *Jesus and the Disinherited*, 95-96.

69   다음을 보라. Carey, *Sinners*; Powery, "Tax Collector."

"이웃"이 무엇을 의미하는지를 이해하는 데 두 번째 이야기가 매우 중요하다고 생각했다. 그는 유대인이 아닌 사람이 중요한 역할을 했던 또 다른 예수의 만남, 즉 마가복음 7장과 마태복음 15장에 나오는 수로보니게 여인의 이야기를 누가복음 10장의 이야기와 연결시키는 과정에서 그의 풍부한 상상력을 사용했다.[70] 예수와 그녀의 대화는 유용하지만 복음서 내러티브가 말하려는 방식은 이것이 아니다. 서면의 상상에서 예수는 민족 간의 갈등을 염두에 두고 다음과 같이 속으로 생각했다. "다른 민족에 속한 이 여성이 무슨 권리로 나에게 이러한 주장하는가? 도대체 이게 무슨 조롱이란 말인가? 내 동족에게 오해받을 만큼 이 상황은 지금 나를 충분히 굴욕적으로 만들고 있지 않은가? 그리고 (이 사건의 본질로 미루어볼 때) 지금 이 여인은 자신의 요구를 너무나 당당하게 나에게 말하고 있다."[71] 서면의 예수는—당시 차별받는 사회 안에서 인종과 종파를 초월한 회중을 대상으로 공동 목회하고 있었던 서면처럼—자신의 주변의 민족(인종)적인 상황을 자주 반영했다.

서면에 따르면 예수가 당대의 민족(인종)적 갈등을 다루는 방식은 20세기 중반 미국 사회에 사는 아프리카계 미국인 자신을 포함하여 어느 시대에나 사용될 수 있는 "억압당하는 사람들을 위한 생존 기술"을 제공했다. 서면은 브라운 대(對) 토피카 교육위원회 재판 (Brown v. Board of Education, 1954년)보다 5년 전에 『예수와 상속받지

----

70   이 이야기는 누가복음에 없다.
71   Thurman, *Jesus and the Disinherited*, 91.

못한 자들』을 출간했다. 사마리아인 비유가 지닌 유용성은 그것이 인간 집단 간의 갈등에 대한 예수의 성찰을 보여준다는 점인데, 이 비유에서 예수는 자신의 주변에 존재하는 비유대인들과 자신의 관계를 깊이 생각함으로써 "이웃"에 대한 자신의 견해를 펼쳐나가야 했었다. 근본적으로 이 비유는 (아우구스티누스의 주장대로) 위대한 구원의 내러티브가 아니었다. 서먼에 따르면 미국 사회 내의 민족적 갈등을 충분히 제거할 만한 것으로 여겨졌던 구원에 대한 전통적인 견해는 특히 그 시대의 권력 구조 밖에 있는 사람들에게는 불충분했다. "나는 구원에 대한 기독교 교리의 신학적·형이상학적 해석을 무시하지 않는다. 그러나 모든 곳의 소외된 사람들은 이런 유형의 구원이 자신들의 상황을 위로라고는 조금도 찾아볼 수 없는 절망으로 바꾼 중요한 문제들을 다룰 것이라는 희망을 버린 지 오래다. 근본적인 사실은 이 유대인 선생이자 사상가의 정신에서 탄생한 기독교가 억압받는 자들의 생존 기술로 보인다는 점이다."[72] 서먼은 『예수와 상속받지 못한 자들』을 쓰기 몇 년 전부터 이미 이런 생각을 하고 있었다. 교파를 초월한 교회의 공동 목회자로서 그는 **예수에 관한** 종교보다는 **예수의** 종교를 끊임없이 장려했다. 게리 도리엔(Gary Dorrien)의 평가는 그리 빗나가지 않을 것이다. "서먼은 공식적인 신학에 별로 관심이 없었고 정통한 신학에는 아예 관심이 없었다."[73]

----

72   Thurman, *Jesus and the Disinherited*, 29. Thurman은 그의 신학적 여정 초기에 이 결론에 도달했다(*With Head and Heart*, 115-17).

73   Dorrien, *Making of American Liberal Theology*, 562. 또한 Vincent Harding의 평가를 보라. "Thurman은 미국 기독교의 핵심 정통 교리를 넘어 나사렛 예수에게로 나아

『예수와 상속받지 못한 자들』에서 서먼은 누가복음 10장의 비유에 대한 상세한 요약은 제공하지 않는다. 그가 이 이야기를 재해석 (retelling)한 것을 찾기 위해 우리는 그의 책이 나온 지 몇 년 후에 샌프란시스코에 있는 그의 회중에게 한 설교에 주목하고자 한다.

이 비유에 대한 1951년 설교

서먼의 많은 1950년대 설교는 인종 차별적인 미국에 사는 아프리카계 미국인을 포함하여 모든 시대의 희망을 잃은 사람들에게 예수의 가르침, 행동, 삶의 유용성에 대해 그가 『예수와 상속받지 못한 자들』에서 밝힌 논지를 풀어나가고 있었다. 서먼이 1951년 10월 7일에 했던 선한 사마리아인 이야기에 대한 설교는 예수가 생각한 사마리아인의 역할에 대한 서먼의 이해 및 이 이야기가 서먼의 신학적 성찰과 인간화 작업에 끼치는 함의를 더 자세히 설명했다.

누가복음 본문에 대한 일단의 주제 설교에서 서먼은 예수의 "단순한 이야기"를 자신의 이야기로 개작해서 제공했는데, 그는 그 과정에서 내면을 다룬 유익한 해설을 제공했다.

한 사람이 길을 걷고 있었습니다. 예루살렘에서 여리고까지 가는 길로 매우 위험한 길이었지요. 도중에 그는 강도들을 만났고 그 강도들은 강도들이 할 수 있는 모든 짓을 그에게 했습니다. 그들은 그가 가지고 있었던 것을 빼앗았고, 그는 그들이 한 짓을 썩 좋게 여기지 않았습니

가는(또는 그와 관계를 맺는) 접근법을 발전시켰다"(*Jesus and the Disinherited*, v).

다. 그가 분명히 그들에게 저항하자 그들은 그를 때려서 큰 부상을 입혔습니다. 그들은 그의 물품을 빼앗고 옷을 벗겼으며 병들게 했고 상처를 입혔습니다. 그리고 그의 존재나 상태를 전혀 인지하지 못한 한 제사장이 그 길에 나타났습니다. 주목할 만한 구절은 그가 그를 피해서 지나가버렸다는 문구입니다. 이 표현에 대해 많은 해석이 있었습니다. 이것은 멋진 표현입니다. 그 후 다른 한 사람이 그 길에 나타났는데, [그 남자는] 어떤 의미에서는 제사장을 돕는 보좌관과 같은 사람입니다. 또한 그는 당대의 문화적 영향을 받은 전체 위계 질서를 나타냈으며, 그는 길가에 버려진 불쌍한 사람에게 전혀 관심을 기울이지 않고 그를 피해서 지나갔습니다. 이어서 세 번째로 사마리아인이 나타났습니다. 그는 예수의 이야기를 듣고 있던 많은 사람의 사고에는…자신들과 전혀 다른 곳에 사는 사람입니다. 그는 그곳에 살고 있었지만, 거의 없는 것이나 다름이 없었습니다. 이 사마리아인은 강도 만난 사람의 상처에 기름과 포도주를 붓고, 그를 씻은 다음에 그를 자신의 나귀에 태우고서는, 그가 확실히 보호받을 수 있는 작은 안식처인 여관으로 데려갔습니다. 그리고 그는 여관 주인에게 말했습니다. "자, 이제 이 사람을 돌보아주시오. 내가 지금 당신에게 주는 돈 이외에 발생한 모든 비용은 내가 돌아와서 갚겠소." 그리고 예수께서는 이 곤경에 처한 사람과 친구가 된 사람이 이웃다운 태도를 보인 사람이라고 말씀하셨습니다.[74]

---

74   Thurman, "Good Samaritan," 49.

이야기의 전반적인 전개 방향에 대해 잘 아는 사람들은 여기서 새로운 정보를 거의 찾을 수 없을 것이다. 이 이야기에 대한 KJV(서면이 읽었을 성서[75]) 번역의 자세한 내용을 기억하는 사람들은 미묘한 차이를 발견할 수 있는데, 이것은 서면의 비유에 대한 접근 방식을 이해하는 데 핵심적 역할을 하는 것으로 보인다. 그는 "둘 혹은 세 가지의 관찰점"을 가지고 이 비유를 살펴보기 전에 이 이야기에 대한 자신의 일반적인 평가를 먼저 제시한다. "이 이야기에 따르면, 내 이웃은 누구인가? 누구든지[76] 나의 도움이 필요할 때 내가 그 필요와 요구에 응답하는 사람인가?"[77]

그러나 서면이 "단순한 이야기"라고 부르는 이 비유에 대한 그의 해석은 이러한 단순한 결론을 넘어선다.[78] 사실 서면은 인간의 필요와 요구는 결코 끝이 없기 때문에 자비는 오직 필요에만 반응해야 한다는 생각에 도전한다![79]

따라서 서면에게 있어 이 이야기의 핵심은 "예수는 우리가 우리 자신을 그 사람과 연결하기를 고집하시는 것 같다"는 것이다.[80] 그런 의미에서 그것을 명시적으로 인정하지 않으면서, 서면은 우리는 "우

---

75   Thurman은 더 최근 번역에도 관심을 보였지만(*With Head and Heart*, 66-67), 흠정역에 대한 의존도는 그가 그 본문을 읽고 설교를 시작할 때마다 분명하게 드러난다.

76   나는 여기서 더 인간적인 언어를 사용하기를 소망하는 Thurman의 정신에 따라 포괄적인 언어를 사용한다.

77   Thurman, "Good Samaritan," 51.

78   Thurman, "Good Samaritan," 49.

79   Thurman, "Good Samaritan," 54-55.

80   Thurman, "Good Samaritan," 54.

리 자신을 그 사람과 연결"해야만 한다는 점을 더 완전히 드러내기 위해 이 이야기의 세부 내용을 재설정한다. 다르게 표현하자면 다수의 교묘한 수정과 더불어 되풀이되는 서먼의 이야기는 이 이야기의 등장인물들을 인간다운 존재로 만든다. 예를 들어,

> 서먼은 익명의 희생자에게 동력을 불어넣어준다. "그는 그들이 한 짓을 썩 좋게 여기지 않았다. 그가 분명히 그들에게 저항하자 그들은 그를 때려서 큰 부상을 입혔다." 희생자는 서먼의 개작 이야기에서 더 중요한 인물이 되었다.[81]

> 강도들은 원래 그 남자가 저항하기 전까지는 강도질만 할 작정이었다. 그런데 그 남자가 저항했기 때문에 그들은 그를 다치게 했다. 서먼이 암시하는 바는 처음부터 강도들은 그를 상처입히려는 의도를 갖고 있지 않았다는 점이다.

> 서먼의 설명에 따르면 제사장은 피해자를 제대로 주목하지 않았다. 그는 "그의 존재나 상태를 전혀 인지하지 못했다." 이것은 그가 그를 보았지만, 그를 **정말로** 보지 못했다는 점을 나지막하게 암시할 수도 있다. 따라서 제사장은 후대의 많은 해석에서 종종 묘사되는 방식으로 비난받아서는 안 된다.

---

81   눅 10:30의 그리스어 텍스트에서 "피해자"가 그 길로 "내려갔다"는 동사와 강도들을 "만났다"는 동사의 주어다.

"제사장의 보좌관" 또한 길가에 있던 사람에게 "아무런 관심도 보이지 않고" 그냥 옆을 지나갔다. 다시 한번 그는 제사장과 비슷하게 묘사된다.

비유에서 벗어나 서먼이 율법 교사가 예수를 "시험"하려 했다는 내용(눅 10:25)과 더 중요하게는 율법 교사가 "자기를 옳게 보이[려]"(눅 10:29) 했다는 점을 생략했기 때문에 그 역시 서먼의 인간화 작업의 혜택을 받는다. 누가의 묘사에도 불구하고 서먼은 그를 진실한 사람으로 묘사한다.[82]

서먼은 이 이야기 속에 등장하는 어떤 인물도 나쁜 의도를 가진 악의적인 인물로 묘사하지 않는다. 비록 일부는 정말로 잘못된 행동을 했지만, 각각의 사람들은 진실하게 묘사된다. 이야기를 어떻게 하느냐가 중요하다. 언어는 중요하다. 말로 표현된 언어는 (의도적으로든 아니든) 일부 청자를 포함하거나 배제할 수 있다. 서먼에게는 심지어 성서의 이야기를 재해석하는 데에도 인간다운 존재로 만드는 행위가 필요했다.[83] 이것은 특히 서먼의 다민족으로 구성된 종파를 초월한 교회의 정황에서는 특히 그렇다. 서먼은 제사장이나 레위인의 유대

----

[82] 아마도 더 놀라운 것은 Thurman의 율법 교사가 누가복음의 이야기에서처럼 그의 첫 번째 질문에 최종적 **답변을 주지 않았다**는 점이다. 오히려 예수가 급소를 찌르는 말을 던진다. "예수는 가난한 자와 친구가 된 사람이 이웃다운 모습을 보여준 사람이라고 말씀하셨다"("Good Samaritan," 51).

[83] 이 이야기의 전반적인 어조는 남아 있지만, 독특한 뉘앙스가 눈에 띈다.

교 관습이나 그들이 대표하는 것에 대해 부정적인 평가를 거의 하지 않았다. 결국 서먼의 예수는 1세기 유대인의 삶에 깊이 뿌리 내린 사람이었다. "유대인의 기적은 예수의 기적만큼이나 놀랍다."[84]

1951년 10월 7일 설교하기 일주일 전 용서에 대한 설교에서 서먼은 바리새인들에 대한 복음서의 "비판적 태도"에 대해 다음과 같은 말을 했는데, 이것은 오늘날 성서학자들 사이에서는 흔히 볼 수 있지만 20세기 중반의 미국 사회에서는 흔하지 않은 것이었다. "바리새인들에 대한 신약의 대부분의 언급은 이스라엘에서 바리새인 운동의 정신을…인정하지 않는 바리새인에 대한 비판적 태도를 반영합니다. 그것은 또 다른 유형의 태도, 일종의 편견을 반영하며, 물론 이것은 새로운 것도 아니고 급진적인 것도 아닙니다. 그것은 바리새인이나 사두개인, 이스라엘 또는 예수의 생애를 연구한 사람들에게는 오래전부터 친숙한 것입니다."[85] 비록 덜 명시적이기는 하지만, 서먼이 사마리아인 이야기를 약간 수정한 것에서도 같은 태도를 발견할 수 있다.

현대를 살아가는 서먼에게 있어 이 이야기가 던지는 도전 중 하나는 두 사람 간의 개인적인 대화에서 나온다. "개인의 원수를 용서하는 것보다 민족의 원수를 용서하는 것이 훨씬 [더 쉽다]." 왜냐하면 "당신의 사적인 삶과 욕망과 동료애로 이루어진 모든 풍성한 의

---

84 Thurman, *Jesus and the Disinherited*, 15.
85 Thurman, "Forgiveness," 40. Thurman은 나중에 자신의 자서전에서 Louis Finkelstein의 1938년 고전 *The Pharisees*가 자신의 사고에 끼친 영향에 대해 논의한다. 다음을 보라. Thurman, *With Head and Heart*, 149.

미가 당신이 맺는 관계의 모체에 들어 있고" "당신은 당신의 관계와 연관된 모든 사항을 용서해야만 하기 때문이다."[86] 이것이 사랑의 진정한 의미다. "나는 나의 가장 중요한 것에서 당신에게 가장 중요한 것으로 이어지는 만남에 참여하고 있다."[87]

예수가 자신의 이야기에서 사마리아인에게 적극적인 주인공 역할을 부여함으로써 "타자"를 인간적으로 만든 것처럼 서먼은 우리가 제사장이나 레위인이나 율법 교사의 행동을 부정적으로 생각하도록 만드는 특징들을 강조하지 않음으로써 타자를 인간적으로 만들었다. 우리는 우리 자신의 고결함과 존재 가치를 유지하기 위해서 타자의 인간성을 인정해야 한다.

설교가 끝날 무렵 서먼은 신도들에게 "그것을 해보는 것이 어떨까요?"라고 도전한다. 그뿐만 아니라 서먼은 가능성의 세계를 상상한다. "이 세상이 언젠가 우호적인 하늘 아래서 우호적인 [사람들]에게 살기 좋은 곳이 되는 것을 꿈꾸는 것은 합리적인 일입니다. 한번 실험해봅시다."[88] 가상의 세계에서 인간의 소통을 상상한 예수의 비유는 서먼의 꿈이 구체화되는 방식에 있어서는 무엇보다 가장 중요한 부분이 되었다. 설령 그가 "예수의 종교"의 관점에서 복음서 이야기를 갱신하고자 시도했다 하더라도 말이다. 서먼의 전기 작가인 루터 스미스(Luther Smith)도 인정하듯이 "서먼의 설교는 우리가 바로

---

86   Thurman, "Good Samaritan," 55.

87   Thurman, "Good Samaritan," 55.

88   Thurman, "Good Samaritan," 56.

이 자리에서 그 비유들을 삶으로 구현하고 있다고 주장한다."[89]

『예수와 상속받지 못한 자들』, 마틴 루터 킹과 사마리아인

서먼의 가르침과 삶의 영향력은 광범위했다(그리고 지금도 계속 그렇다). 마틴 루터 킹 주니어는 서먼의 『예수와 상속받지 못한 자들』을 가방에 담아 예수의 비유들(즉 성서)과 함께 들고 다녔다고 전해진다.[90] 만약 사실이라면, 킹이 예수와 예수의 이야기들을 해석한 방식은 이 위대한 신비주의 예언자에 의해 형성되었을지도 모른다. 게리 도리엔에 따르면, 이 의존성은 명백하다. 킹의 "설교는 서먼의 통찰력에 의존했다. 미국의 진보적인 기독교에 그것보다 더 위대한 유산은 없다."[91]

　또한 킹은 사마리아인의 이야기에 관해 설교하는 것을 좋아했다. 그것은 그의 설교와 연설에서 여러 차례 등장했다. 이 책의 목적과 관련하여 가장 중요한 것은 킹이 예수의 이야기가 지닌 도덕성을 상기시키기 위해 어떻게 자신의 창조적 에너지를 사용하여 비유 자체를 넘어섰는가 하는 점이다. 1967년에 킹이 미국이 베트남 전쟁에 참전한 일에 도전했던 것처럼 그는 대중 연설에서도 성서의 이미지를 통해 신학적으로 비판했다. "우리는 인생길에서 선한 사마리아인

89　Smith, *Sermons on the Parables* 서문, xiii.
90　Thurman은 King이 *Jesus and the Disinherited*를 "그의 서류 가방"에 넣고 다녔다는 증언을 Lerone Bennett의 책(*What Manner of Man*)에서 보았다고 시인한다. 다음을 보라. Thurman, *With Head and Heart*, 255.
91　Dorrien, *Making of American Liberal Theology*, 566.

의 역할을 하도록 부르심을 받았지만, 그것은 일차적인 행위에 불과한 것이다. 언젠가는 여리고 길 전체가 변화되어 남성과 여성이 인생의 여정에서 폭행당하고 강탈당하지 않도록 해야 한다. 진정한 긍휼은 거지에게 동전을 던지는 것 이상을 의미한다. 그것은 거지를 양산하는 체계에 개혁이 필요하다고 이해한다.[92] 도움이 필요한 사람들에게 도움을 주는 일은 중요하지만, 킹은 서먼이 언급한 여리고로 내려가는 "위험한" 길에 대해 진지하게 생각하면서 청중들을 근본적으로 다른 방향으로 이끈다. 군국주의, 계속되는 인종 차별, 악화되는 빈곤 등의 위기에 대처하고 있는 미국의 정황에 비추어 킹은 여리고 길에서 일어나는 비극이 더 이상 발생하지 않도록 "여리고로 가는 길"이 완전히 변화될 가능성을 상상했다. 그는 오늘날의 "여리고들"이 지닌 문제를 해결할 수 있는 세계 질서를 상상했다. 비록 서먼이 킹보다 오래 살았지만, 예수에 대한 킹의 견해는 서먼의 『예수와 상속받지 못한 자들』에 크게 의존했다고 볼 수 있다.[93]

---

92   King, *Where Do We from Here*, 198.
93   Fluker and Tumber는 *Jesus and the Disinherited*가 다른 곳에도 영향을 끼쳤다는 점을 강조한다. "간디의 사상"과 펠로우십 교회에서의 Thurman의 사역은 "그의 가장 유명한 책인 *Jesus and the Disinherited*의 출간을 통해 많은 청중을 얻었고", 이 책은 또한 1950년대 시민의 평등권 투쟁 지도자들에게 깊은 영향을 끼쳤다(Fluker and Tumber, *Strange Freedom*, 6).

요약

서면에 따르면, 이 비유의 유용성은 예수의 이야기를 종족 집단 사이의 갈등에 관한 이야기로, 자신과 동족들이 경험한 것과는 다른 인간관계를 예수가 상상하려고 시도한 이야기로 보는 것이었다. 서면은 예수가 당시 시대적 정황에서 비유대인들 사이에서 경험한 것을 통해 사고함으로써 이웃에 대한 견해를 발전시켰다고 설명했다. 이 "사실"은 서면이 사마리아인의 이야기를 사용하는 데 영향을 끼쳤다.

서면의 예수에게 있어서 개인적인 만남이 중요했기 때문에 개인들은 다양한 정황에서 다양한 사람과 평화롭게 상호작용하는 삶에 기꺼이 전념해야 한다. 이 관점에서 중요한 것은 성서 전승의 이야기를 재해석하는 서면의 능력이었다. 앞서 언급했듯이 어떻게 이야기를 전하는지가 중요하다! 표현하는 언어가 중요하다. 서면에게 이것은 신앙 이야기를 전하는 방식이 인간화의 (언어적) 행위 또한 필요로 한다는 점을 의미했다.

누가복음 10장의 비유와 솔렌티나메 공동체

우리의 비전과 하나님의 비전은 마치 하나님께서 우리 눈 속에 계시는 것처럼 하나가 되었다.

에르네스토 카르데날, 『사랑 안에 거하라』

가난은 우리의 실상에 가장 가까운 반면, 부는 위장된 것이다.

에르네스토 카르데날, 『사랑 안에 거하라』

솔렌티나메와 그 공동체의 프로젝트에 대한 소개

니카라과의 솔렌티나메 공동체는 1970년대에 이해하기 쉽고 생동
감 넘치는 대중적인 공동 성서 공부 교재를 제작했다. 시인이자 사제
였던 에르네스토 카르데날은 솔렌티나메 제도의 38개 섬 중 가장 큰
지역에 사는 약 1,000명의 사람들로 구성된 90가정의 목회자로 섬겼
다.[94] 이러한 가정들이 있었음에도 불구하고 미사에 참석하는 사람은
거의 없었다. 카르데날은 그 이유를 다음과 같이 설명했다. "많은 사
람이 배를 갖고 있지 않았으며, 다른 사람들은 성인(聖人)들에 대한
습관화된 신앙심을 잃어버렸기 때문이다. 다른 이들은 반공산주의
선전의 영향을 받아 미사에 참석하지 않았으며, 아마도 두려움 때문
에도 그랬을 것이다."[95] 부분적으로 이러한 장애물들 때문에, 카르데
날은 다른 사람들과 함께 정기적인 성서 토론 외에도 시 작문과 예술
활동에 참여하는 "명상(contemplative) 공동체"를 만들었다.[96] 육체적
으로, 영적으로 또는 정치적으로 방해받지 않고 이러한 대화를 위해

---

94   Cardenal, *Gospel in Solentiname*, 3:viii.
95   Cardenal, *Gospel in Solentiname*, 3:ix.
96   다른 두 명의 시인—William Agudelo와 Carlos Alberto—은 부분적으로 Thomas
      Merton에게 영감을 받아 1966년에 이 공동체 설립에 도움을 주었다. 다음을 보
      라. Gullette, *Nicaraguan Peasant Poetry*, 5; Reed, "Bible, Religious Storytelling, and
      Revolution," 236; Gowler, *Parables after Jesus*, 233.

모인 사람들은 기록된 역사의 일부가 되었다.

이러한 토론에서 생겨난 "해설"(commentary) 프로젝트는 개별적으로 발전했다. 이 모임은 미사가 끝나면 설교 대신 카르데날이 "대화"라고 부르는 것을 시작했는데, 이는 이 그룹이 성서를 함께 생각하면서 토론하는 것을 말한다.[97] 이 대화의 풍부함 덕분에 카르데날은 후대를 위해 이 대화들을 기록으로 남기게 되었다.

이러한 성서 토론은 대부분 식사 자리에서 이루어졌다. 이것은 일부 토론에서 분명히 드러난다. 마치 마리아와 마르다가 서로 다른 일을 선택했지만 예수는 마리아가 선택한 일을 "더 나은 것"으로 확언하는 누가복음 10:38-42에 나오는 이야기처럼 말이다. 이 니카라과 공동체는 그날 공동 식사를 준비하고 있던 올리비아가 저녁 식사가 준비되었다고 알렸을 때 바로 이 구절에 대해 토론하고 있었다. 그녀는 "음식이 우리가 하나님 나라에 관심을 기울이는 것을 막아서는 안 된다"라고 덧붙였다.[98]

공동체의 일부 구성원들이 글을 읽지 못했기 때문에 성서 공부의 형식은 다음과 같이 진행된다. "매주 일요일 우리는 글을 읽을 수 있는 사람들에게 복음서의 사본을 먼저 나누어주곤 했습니다." 그 본

---

97   Cardenal, *Gospel in Solentiname*, 3:vii.

98   Cardenal, *Gospel in Solentiname*, 3:109. 토론 전체에서 이 녹취록은 여기에 가담한 사람 대다수를 첫 번째 이름으로만 언급한다. Olivia의 논평이 여기서 (Cardenal이 인정하듯이) 이러한 많은 연구에 드러난 그녀의 신학적 정교함을 훼손시켜서는 안 된다. 예를 들어 마리아/마르다 이야기를 상고하면서 Olivia는 마르다가 "오늘날의 모든 그리스도를 생각하지 않고 그리스도에 대해 생각하고 있었습니다"고 말한다 (Cardenal, *Gospel of Solentiname*, 3:108).

문은 모든 사람을 위해 큰소리로 낭독되었다. "그 후 우리는 그것을 한 구절씩 토론했습니다."[99] 카르데날은 이러한 형식으로 토론을 지도했다.[100] 좋든 나쁘든 한 구절씩 차례로 토론하는 형식은 참가자들이 자신들이 가장 중요하다고 생각하는 방향을 따르도록 허용하는 대신, 특정한 방식으로 토론하도록 인도한다. 이것이 반드시 토론을 위한 노력의 창조적 활동을 방해하지는 않는다.

카르데날에 따르면, 그들의 해방신학적 관점은 그들의 성서에 부합했다. 왜냐하면 복음은 가난한 사람들—즉 솔렌티나메 사람들—을 위해 기록되었기 때문이며, 동일하게 중요한 것은 성서가 "그들과 같은 사람들에 의해" 기록되었다는 점이다.[101] 이러한 맥락에서 카르데날은 또 다른 묵상을 통해 가난이 삼위 하나님에 대한 자기 견해의 핵심임을 발견했다. "가난은 또한 삼위일체의 미덕이기도 합니다. 왜냐하면 하나님의 삶은 공동체주의적(communitarian)이고 공산주의적(communistic)이며 세 위격은 각각 다른 이들에게 전적으로 자신을 내어주기 때문입니다."[102] 그렇기 때문에 경제적으로 가난한 이 공동체의 관찰은 고대 저자들이 말하려고 했던 것에 더 가까워 보였을 것이다. 전반적으로 이 공동체는 두 정황을 서로 혼합했다. 그럼에도

----

99   Cardenal, *Gospel of Solentiname*, 3:vii-viii.

100   Reed에 의하면 Cardenal의 토론 지도는 이 기록된 이야기에 진정성을 더해주었다. 다음을 보라. "Bible, Religious Storytelling, and Revolution," 232.

101   Cardenal, *Gospel of Solentiname*, 3:vii. Reed에 의하면 "솔렌티나메의 성서 공부는 1970년에 Cardenal이 쿠바를 방문한 이후 정치적으로 전환되었으며, 그곳에서 그는 다른 남미 국가들의 '급진적인 그리스도인들'을 만났다("Bible, Religious Storytelling, and Revolution," 235).

102   Cardenal, *Abide in Love*, 95-96.

그들은 때때로 두 개의 다른 배경, 즉 1세기 환경과 20세기 환경 사이의 거리를 인식했다. 똑같이 중요한 것은 장 피에르 리드(Jean-Pierre Reed)의 분석에서 알 수 있듯이 종교적 스토리텔링이 참가자들로 하여금 자신들의 정치적 지형과 이에 따른 자신들의 사회적 위치를 더 큰 정치적 정황과 세계와 연관 지어 어떻게 이해했는가 하는 점이었다.[103] 공동 성서 공부는 그들이 현재의 정치적 상황을 해석하고 그 안에서 그들이 처해 있는 실질적 위치를 발견하도록 격려했다. 성서 공부 자체가 급진적인 운동이 된 것이다.[104] 예를 들어, 표면적으로는 마리아와 마르다의 이야기가 해방주의적인 해석에 썩 적합하게 보이지 않지만, 그럼에도 윌리엄(William)은 이 이야기에서 정치적 해석을 발견한다. "한 사람은 혁명가였고 다른 사람은 아니었다는 방식으로 그것을 요약할 수는 없을까요?"[105] 리드가 내린 결론처럼 이러한 정황에서 "점점 더 많은 니카라과 그리스도인들이 성서를 통해 자신들의 인간 존엄성을 지킬 수 있는 정당성을 찾아 나갔다."[106]

마지막으로 많은 기여자의 참여에도 불구하고 비록 긴장감으로 가득한 동일한 정치적 정황 속에서 사는 모든 사람이 신앙에 비추어 공동체로서 어떻게 살아야 하는지에 대한 다양한 전략에 대해 모두 동의하지는 않았지만, 카르데날은 성서를 공부하는 행위 가운데 성

----

103   Reed, "Bible, Religious Storytelling, and Revolution," 230.
104   이것은 Reed의 표현이다. "성서 공부 토론은 니카라과—솔렌티나메 안팎—의 많은 그리스도인이 혁명가로 활동하는 것을 가능케 했다"("Bible, Religious Storytelling, and Revolution," 228).
105   Cardenal, *Gospel of Solentiname*, 3:111.
106   Reed, "Bible, Religious Storytelling, and Revolution," 234-35.

령의 인도하심이 있었음을 인정했다. 『솔렌티나메의 복음』(*The Gospel in Solentiname*)의 서문에서 카르데날은 (자신이 아니라) 이 프로젝트에 참여한 다양한 개인들이 "저자"로서 각자의 역할을 인정할 수 있도록 그들에게 공을 돌린다. 그 후 그는 잠시 멈추고서 다음과 같이 자신의 말을 바로 잡는다. "내가 틀렸습니다. 진정한 저자는 이러한 해설에 영감을 준 성령(솔렌티나메 공동체의 농부들은 그들로 하여금 말하게 한 분이 성령이라는 점을 매우 잘 알고 있다)과 복음서에 영감을 준 성령입니다."[107]

선한 사마리아인과 솔렌티나메 공동체

이 책의 논의를 위해 선한 사마리아인 이야기에 대한 솔렌티나메 공동체의 성서 공부를 세 가지 범주로 고찰하고자 하는데, 각 범주는 다른 단락들과 중복된다. 첫째, 우리는 그들이 성서 이야기를 어떻게 상황에 맞게 적용했는지 살펴볼 것이다. 둘째, 우리는 비유 자체에 대한 그들의 통찰력에 초점을 맞출 것이다. 마지막으로, 우리는 이러한 종류의 공동 프로젝트에서 반드시 대화에 참여한 모든 참가자의 견해를 대변하지 않을 수 있는 그들의 결론을 간략하게 검토할 것이다. 데이비드 고울러가 지적했듯이, 이 비유들은 공동체의 정황과 삶 속에서 생동감 넘치게 살아났다. "그들의 소박하고 단순한 반응은 주

---

107 Cardenal, *Gospel of Solentiname*, 3:ix. Campesinos는 스페인어로 "가난한 농부들"을 뜻한다.

로 예수와 그의 비유가 그들과 함께 거하며, 그들과 함께 그리고 그들을 통해 역동적으로 살아 역사한다는 그들의 확신을 심오한 표현을 통해 보여준다."[108]

성서 구절을 해석할 때는 자신의 문화적 영향을 인식하는 것보다 다른 문화에 속한 사람이 어떻게 성서의 세계를 적용하려 하는지를 보는 것이 훨씬 더 쉽다. 누가복음 10장에 나오는 율법 교사의 질문에 비추어 알레한드로는 "과거에 율법에 일어났던 일이 이제는 이 복음서에 일어나고 있군요"라고 답한다.[109] 예수가 율법 교사에게 "네가 어떻게 읽느냐?"(눅 10:26)라고 질문한 것은 이 니카라과 공동체의 관심을 사로잡는다. 카르데날은 알레한드로가 생각한 방향을 계속 이어나간다. "이것은 마치 이 정권의 지지자가 우리에게 복음서에 관해 어떻게 생각하는지 물어봐야 하는 것과 같습니다. 그것은 위험한 질문이 될 수도 있어요. 그렇지 않은가요?"[110] 그들의 성서 해석이 지닌 "위험성"은 이렇게 책으로 기록된 성서 공부 교재 전반에 걸쳐 발견될 수 있다. 수년이 지난 후 카르데날은 이 공동체 모임을 다음과 같이 회상한다, "복음이 우리를 정치적 혁명가로 만들었습니다."[111] 먼저 한 가지 예를 들자면, 로레아노(Laureano)는 "이웃"이라는 언어를 바꾸어 그것을 현대의 "동지"(comrade) 이미지와 동일시하

---

108   Gowler, *Parables after Jesus*, 234.
109   Cardenal, *Gospel of Solentiname*, 3:94. 이 성서 공부는 글로 기록된 대화 형식으로 출간되었다. 대화에서 사제는 '나'로 언급되는데, 여기서는 '카르데날'이라는 이름을 사용할 것이다.
110   Cardenal, *Gospel of Solentiname*, 3:95.
111   참조. Gullette, *Nicaraguan Peasant Poetry*, 11.

기를 원한다. 로레아노와 다른 사람들에게 있어서 동지는 폭력적인 정부 체제하에서 고통받는 사람들과 동일한 정치적 견해를 지닌 사람이다.[112] (2020년 북미의 긴장된 정치적 정황 속에서 우리 중 많은 사람은 "동지"라는 말에 공감할 수 있을 것이다.) 리드가 관찰한 바와 같이 "궁극적으로" 체제 전복적인 스토리텔링은 정치적 행위자들에게 정체성, 연대의식, 방향성, 활력을 제공하기 때문에 사회 변화의 역동성을 자아낸다.[113]

이 남미의 해석자들은 성서의 이야기가 자신들의 정황에 적절하게 적용되기를 바랐기 때문에, 그들은 때때로 성서 이야기의 줄거리에 대안을 제안하곤 했다. 예를 들어, 로레아노는 예수가 율법 교사에게 처음 답한 내용("율법에 무엇이라 기록되었으며 네가 어떻게 읽느냐?") 대신에 예수가 "부자들이 가진 것을 빼앗아 가난한 사람들에게 나누어주라"고 말했다면 "위험"했을 것이라고 말한다.[114] (로레아노는 예수가 누가복음 [18:22]에서 다른 질문자에게 비슷한 말을 했다는 것을 몰랐을 수도 있다.) 이러한 경제적 정서는 가난한 사람들의 편에 서는 그의 해방주의적 편향성을 보여줄 뿐만 아니라, 현재 당면한 가난한 사람들(농민들)과 부유한 사람들(지주) 사이의 갈등을 말해주기도 하는데, 이는 토론 전반에 걸쳐 다시 나타난다. 그들이 예수의 사마리아인 이

---

112   Cardenal, *Gospel of Solentiname*, 3:99. Laureano 또는 Cardenal이 처음에 이 부분에서 이 결론을 도출했는지는 불분명하다. 분명한 것은 두 사람이 결국 서로 동의한다는 것이다.

113   Reed, "Bible, Religious Storytelling, and Revolution," 230.

114   Cardenal, *Gospel of Solentiname*, 3:95.

야기를 읽은 것이 어떻게 현대의 경제적 불평등에 대한 통찰력을 제공하는가? 카르데날이 "평신도 수도원"이라고 지칭하는 이 솔렌티나메 공동체는 자신들의 정황에 맞게 성서 이야기를 풀어나가려고 시도한다.[115]

솔렌티나메 사람들은 북미 사람들과 마찬가지로 율법 교사(와 제사장 및 레위인)에 대한 강한 편견을 드러낸다. 예를 들어 로레아노는 율법 교사가 예수에게 한 답변(하나님을 사랑하고 또한 네 이웃을 사랑하라 하였나이다)에 대해 "예수는 그가 행하지 않는 것들을 말하게 하신다"고 말한다. 로레아노는 율법 교사를 진실하지 못한 사람으로 간주하는데, 이는 누가가 율법 교사를 "자기를 옳게 보이려고" 했던 사람으로 묘사한 것에서 힌트를 얻은 것일 수 있다(눅 10:29). 그러나 로레아노는 자신의 평가에 대해 누가복음 본문의 구체적인 근거를 밝히지 않는다.

다른 기여자들은 누가복음 본문을 완전히 넘어서고 있다. (기록된 성서 공부 교재에서는 단순히 "다른 이"라고 불리는) 어떤 익명의 사람은 율법 교사가 "말도 안 되는 다른 율법들"에 관해 논쟁하기를 원했을 수도 있다고 제안하면서 "성전에서 드리는 예배, 안식일, 부정한 음식, 정결법"과 같은 구체적인 예를 제시한다.[116] 알레한드로는 율법 교사가 "이웃을 사랑한 적이 결코 없었음을 깨닫고 있어요"라고 말하며 "그는 하나님을 사랑했습니다. 하지만 그는 그때까지 심지어 그

---

115 Cardenal, *Gospel of Solentiname*, 3:viii.
116 Cardenal, *Gospel of Solentiname*, 3:95.

빌어먹을 이웃이 누구인지조차 몰랐어요"라고 말했다.[117] 올리비아는 이 이야기를 다시 꺼내면서…다음과 같이 말한다. 그 율법 교사는 "사랑이 없었기 때문에 자신의 이웃이 누군지를 알지 못했어요"라고 말했다. 몇 마디 후에 그녀는 "당신의 이웃은 인류 전체에요"라고 말한다.[118] 이 모임에서 확실히 드러나는 이 혁명적 정신은 많은 경우 사랑에 상당한 관심을 보인다. 즉 누가 사랑을 갖고 있고, 사랑이 어떻게 정의되며, 누구에게 사랑을 베풀 것인가 등이다. 마지막으로 레베카는 적어도 율법 교사가 자신이 "이기적인 사랑"이라고 일컫는 감정을 소유하고 있다고 평가한다. 즉 그는 가족 이외의 사람들에 대한 사랑이 아니라 자신의 자녀들과 친한 친구들을 사랑한다는 것이다.[119]

해방신학 해석자들의 경향을 비판한 북미 학계는 해방 운동가들이 종종 반유대주의적 해석을 제공한다고 제안한다.[120] 공정하게 말하면, 이러한 경향은 해방신학 주해가들에게만 국한된 것이 아니다. 많은 북미 기독교 해석자들은 복음서에서 예수에게 도전하는 유대인들에 대해서도 비슷한 결론을 내린다.[121] 카르데날의 성서 공부 모임은 종파를 초월한 하워드 서먼의 공동체가 아니었다. 그러나 해

---

117   Cardenal, *Gospel of Solentiname*, 3:96.

118   Cardenal, *Gospel of Solentiname*, 3:96.

119   Cardenal, *Gospel of Solentiname*, 3:96.

120   See Levine, "Disease of Postcolonial New Testament Studies," 91–99. 이 소논문은 다음에 속해 있었다. "Roundtable Discussion: Anti-Judaism and Postcolonial Biblical Interpretation." 응답자에는 Kwok Pui-lan, Musimbi Kanyoro, Adele Reinhartz, Hisako Kinukawa, and Elaine Wainwright가 포함되어 있었다.

121   J. Sanders, *Jews in Luke-Acts*, 183.

석 자체는 놀랍지 않다. 왜냐하면 솔렌티나메 독자들은 "역사적" 인물들과 누가복음의 큰 그림보다는 그들의 동시대 적들에 대해 훨씬 더 많이 생각하고 있었기 때문이다.

———————————————— ■ ————————————————

비유와 관련하여 올리비아는 사마리아인을 "다른 종족과 다른 종교에 속한 사람"으로 묘사하고, "원수"를 "이웃"으로 설정한 예수의 급진적인 선택은 "모든 사람이 이웃이라는 것을 우리가 알 수 있게" 만들기 위해서라는 점을 인정하면서 이 부분의 논의를 시작한다.[122] 이 비유에 나타난 상상력이 풍부한 예수의 선택은 모든 사람을 포함하는 것이지 배타적 집단을 대표하는 한 개인의 선택이 아니다. 그러나 마누엘은 사마리아인을 비유 속의 다른 두 인물과 비교하면서 종교적 꼬리표를 모두 떼어낸다. 그는 종교적인 사람들과 자신이 "이교도"라고 부르는 인물들 간의 중요한 차이를 발견한다. "어떤 이들은 성전은 돌보지만 이웃은 돌보지 않기 때문에 그들은 악해요. 반면에 다른 사람은 성전을 돌보지 않았어요. 그는 이교도였고 선한 사람이었어요."[123] 이러한 맥락에서 (이름을 밝히지 않은) "또 다른" 한 사람은 마누엘의 의견에 동의하며 이 이야기에 대한 현대 북미의 많은 해설에서 다음과 같은 것을 우리가 발견할 수 있음을 인정한다. "그들이

----

122 Cardenal, *Gospel of Solentiname*, 3:97. 사마리아인과 사마리아 공동체에 대한 누가의 견해는 3장을 보라.
123 Cardenal, *Gospel of Solentiname*, 3:97.

이웃을 사랑하지 못하게 막은 것은 종교 그 자체였어요. 그리고 그런 일은 지금도 계속되고 있어요."[124]

　　어떤 사람들은 반유대주의적으로 보이는 결론을 내린 것에 대해 이 해방 운동 공동체를 비판하겠지만, 올리비아는 우리에게 이러한 꼬리표들(예. 그 사람의 종교)이 고대의 정황보다 현대의 정황을 훨씬 더 많이 드러낸다는 점을 우리에게 다음과 같이 상기시킨다. "사마리아인과 같은 그리스도인이 되는 것은 어렵습니다. 많은 로마 가톨릭교회의 신자들처럼 그저 종교적인 사람이 되어 성전에서 하나님께 기도하는 것이 더 쉬워요."[125] 이 남미 공동체를 괴롭히는 것은 옛날의 성전이 아니라 폭력적인 정부의 체제를 지지하고 압제자의 편을 들거나 중립적인 자세로 침묵함으로써 그들과 함께 공모하는 현재의 성전이다. 이 니카라과 공동체에 있어서 성서를 읽는 것은 영적 행위였으며, 또한 정치적 행위이기도 했다. 이 둘─영적인 것과 정치적인 것─은 쉽게 분리될 수 없었다.

　　사마리아인의 뚜렷한 종교적 성향에 대한 올리비아의 초기 반응이 1세기의 역사적 현실에 더 가까울 것임에도 불구하고 성서 연구에 참여한 다른 사람들은 그 사람을 종교와 무관한 자로 묘사하는 것을 선호한다. "종교가 없는 사람이 이웃이었다."[126] 예수의 이야기에 나오는 고대 사마리아인은 자신의 종교적 견해를 가지고 있었고

124　Cardenal, *Gospel of Solentiname*, 3:98.
125　Cardenal, *Gospel of Solentiname*, 3:103.
126　Cardenal, *Gospel of Solentiname*, 3:98. 심지어 더 잘 알고 있던 Cardenal도 나중에 토론에서 그를 "이교도"라고 지칭한다(3:100).

또한 재산을 빼앗긴 사람들을 보살필 것을 규정한 신성한 책(모세오경)을 가지고 있었을 가능성이 높다.

로레아노는 다른 방향으로 논의를 전개해나가면서, 현재로선 "이웃다운 사랑"이 무엇을 의미하는지 파악하기가 쉽지 않기 때문에 "이웃"이라는 언어를 (이전에 언급했던 것과 같이) "동지"로 갱신하기를 원한다.[127] 카르데날은 이 논의에 끼어들어 명확한 설명을 요구했고 로레아노는 "이웃에 대한 사랑은 동지애"라고 이어서 말한다. 그것은 단순히 그 남자에게 직접 물질적인 도움을 제공하는 것만이 아니었다. "그는 그를 호텔로 데리고 가서 숙박비를 지불하고 나중에 추가 비용을 지불하겠다고 약속했습니다. 그렇기 때문에 물론 그 이후 그들은 계속 친구로 지내게 되었습니다. 그들은 이미 동지였습니다."[128] 로레아노에게 있어서 이 비유는 자신의 상황에 대한 풍유가 된다. 사람들의 문제를 무시하는 "종교인들"과는 달리, "혁명가인 무신론자들은 이 비유에 등장하는 선한 사마리아인, 좋은 동반자, 좋은 동지입니다."[129] 때때로 이 논의에서 그릇된 이분법이 발생하곤 한다. 이 사마리아인은―진정한 동지인 공산주의자처럼―다른 사람들이 지닌 인간의 존엄성을 존중하지 않으면서도 여전히 그의 하나님을 사랑할 수 있었을까? 카르데날은 로마 가톨릭교회의 사제이자 공산주의 지지자가 아니었을까?

당연히 대화의 이 시점에서는 예수의 특정 의도를 넘어서서 이

----

127   Cardenal, *Gospel of Solentiname*, 3:98.
128   Cardenal, *Gospel of Solentiname*, 3:98-99.
129   Cardenal, *Gospel of Solentiname*, 3:99.

전에 언급한 율법 교사에 대한 편견뿐만 아니라 제사장과 레위인에 대한 편견도 생겨났다. 누군가가—아마도 그들이 참여했던 성서 공부라는 "종교적" 행위 때문에—모든 종교인에 대한 비난은 부적절한 일반화라는 것을 깨달았다. 결국 카르데날은 토론을 중재하게 되었다. 제사장과 레위인이라는 종교적 인물들도 이웃의 개념에 포함되어야 하지 않는지에 대하여 사소한 논쟁이 일어났다. 얼마나 통찰력 있는 질문인가! 결국 산미겔리토(San Miguelito)에서 온 익명의 한 사람이 다음과 같이 답변한다(그가 "고집스럽게 주장했다"고 기록했기 때문에 약간의 열정을 갖고 있었던 것처럼 보인다). "이웃은 인류 전체를 말하는 것입니다."[130] 그룹 내에서 모두가 이 말에 동의한 것은 아니다. "예수는 어떤 사람들은 이기적이기 때문에 다른 사람들의 이웃이 되지 못한다는 것을 분명히 말씀하고 계십니다."[131] 우리 인간은 이기적인 행동으로 인해 이웃 공동체 안에서 스스로 탈퇴할 수 있을까?

이 비유를 갈등으로 가득한 정치적 정황에서 해석하면서 이 공동체는 하나님에 대한 사랑과 이웃에 대한 사랑 사이의 직접적인 연관성을 발견했다. 율법 교사와 관련된 그들의 발언은 두 가지 유형의 사랑을 구별하는 것에 중점을 두었다. 그들의 관점에서 볼 때, 그 율법 교사는 이 둘이 어떻게 직접적인 연관성이 있는지 이해하지 못했다. 하나님에 대한 사랑의 부재에 대해 처음으로 반응한 엘비스(Elvis)에 따르면 "이웃을 사랑하는 사람들은 기꺼이 하나님을 사랑합

---

130   Cardenal, *Gospel of Solentiname*, 3:100.
131   Cardenal, *Gospel of Solentiname*, 3:100.

니다."¹³² 카르데날은 이웃에 대한 사랑을 높이 평가한 몇몇 다른 성서 본문들을 지적한 후에 이 평가를 긍정함으로써 "이 비유에서 그 [예수]는 두 번째 계명을 지킴으로써 이 두 [사랑] 계명을 지킬 수 있음을 보여줍니다."¹³³ 앞서 카르데날은 마누엘이 "종교인"과 "이교도"를 구별한 것과 비슷한 반응을 보였다. "이웃을 사랑하지 않고 하나님을 사랑하는 사람은 율법을 실천하는 것이 아닙니다. 하지만 그들이 하나님을 사랑하지 않고 이웃을 사랑한다면 그들은 율법을 실천하는 것입니다.¹³⁴

이것은 하나님의 존재를 놓고서 카르데날(아래에서 "나")과 분명히 이 그룹에서 정치적으로 가장 급진적 일원인 로레아노 사이에 재치 있고 흥미로운 대화로 이어졌다.¹³⁵ 만약 이웃에게 친절하게 행동하거나 자신의 이웃을 사랑하는 것이 하나님을 사랑하는 것과 같다고 예수가 말씀하신다면, 이러한 예수의 말씀은 하나님에 대해 무엇을 함의하는 것일까?

로레아노: "그는 하나님은 계시지 않다고 말합니다. 따라서 당신의 이웃이 하나님입니다."

나: "그는 하나님은 사랑이라고 말하고 있습니다"

----

132   Cardenal, *Gospel of Solentiname*, 3:101.

133   Cardenal, *Gospel of Solentiname*, 3:102.

134   Cardenal, *Gospel of Solentiname*, 3:97.

135   이 교재 서론에서 Cardenal은 Laureano를 "모든 것을 혁명과 연관 짓는" 사람으로 묘사한다(Cardenal, *Gospel of Solentiname*, 3:ix). 이 대화에 참여한 여러 사람은 결국 군사적으로 혁명에 참여했다.

로레아노: "그는 다른 사람들을 사랑하는 것이 바로 하나님을 사랑하는 것이라고 말하고 있습니다."

나: "그는 하나님이 계신다고 말하는데, 하나님은 바로 그러한 분입니다."

로레아노: "그렇다면, 하나님은 우리 모두입니다."

나: "사랑입니다. 모두가 분열되지 않고 서로를 미워하거나 서로를 착취하지 않고 연합된 우리 모두입니다."[136]

하나님은 사랑이 존재할 때 존재하신다. 그뿐만 아니라 공동체가 존재할 때 하나님은 존재하신다. 이 격렬한 토론의 마지막에 카르데날은 아우구스티누스를 상기시킨다. "성 아우구스티누스는 하나님은 우리가 서로 사랑할 때 필요한 바로 그 사랑이시라고 말합니다."[137] 다른 참가자들은 더 큰 대화 안에서 이 작은 논의의 중요성을 놓치지 않았다. 아우구스티누스가 인용된 직후 알레한드로는 "지금까지 우리가 여기서 말한 것은 매우 중요한 것입니다!"라고 외친다.[138] 우리 가운데 대부분은 알레한드로, 아우구스티누스, 카르데날에게 동의한다.[139] 사실 카르데날, 서먼, 아우구스티누스를 사랑이라는 주제로

---

136   Cardenal, *Gospel of Solentiname*, 3:102.

137   Cardenal, *Gospel of Solentiname*, 3:103.

138   Cardenal, *Gospel of Solentiname*, 3:103.

139   마지막에 또 다른 흥미로운 풍유적인 해석은 Cardenal이 이 이야기에 사마리아 여인(요 4장)을 끌어들이는 것인데, 이는 "이제 하나님이 성전에 장식되지 않고 어느 곳에서든지 '영과 진리로' 장식될 것"이라는 예수의 생각을 활용하기 위해서입니다. 그 이후로 우리 그리스도인들은 이 땅을 성전으로 가득 채웠지만, 예수는 우리에게 유일한 성전은 인간이라고 가르쳤습니다. 예루살렘에서 길가에 쓰러진 그 사

구분하기는 어렵다. "하나님은 사랑이시다. 그리고 사랑하고 사랑받는 것보다 더 큰 기쁨이 있을까? 하나님은 사랑이기 때문에, 하나님은 사랑의 기쁨이기 때문에 하나님은 하나님이신 것이다. 하나님은 무한한 사랑의 무한한 기쁨이다."[140]

독자들은 그들이 당면한 상황을 완전히 이해하지 못하더라도 그들의 해석에 정치적인 측면이 있음을 파악할 수는 있을 것이다. 이러한 영적이며 공동체적인 행위는 시민 참여, 특히 스스로를 변호할 수 없는 자들의 편에 서도록 그들을 이끈 시민 참여와 밀접하게 연관되어 있다. 카르데날이 다른 책에 기록한 것처럼 복음서를 읽는 행위는 그들을 정치적인 방향으로 돌아서게 만들었다. 그들의 전체 대화에서 이러한 방향을 간과한 해석자들도 있을 수 있겠지만, 정치적 방향성은 논의의 마지막 부분에서 더욱 분명해진다.

첫째, "또 다른 사람"은 정부가 후원하는 설교를 언급하며 (서면과 유사한 방식으로) 전통적인 구원의 관점에 대해 간접적으로 의문을 제기한다. "그리스도의 영적 구원에 대해 매일 감미롭게 설교하는 그 미국인 설교자 스펜서는 아마도 CIA 요원일 것입니다."[141] 이 말은 미국 정부가 니카라과의 억압적인 정권을 지지하는 것을 비난하는 것이다. 분명히 전통적인 "영적 구원"은 그들이 성서를 연구하면서

람이 바로 그 성전이었습니다"(Cardenal, *Gospel of Solentiname*, 3:103; 참조. 고전 6:19). 그러나 이것은 Cardenal이 행한 정교한 주해처럼 보이며, 이 그룹의 일반적인 해석을 나타내지는 않아 보인다.

140 Cardenal, *Abide in Love*, 32.

141 Cardenal, *Gospel of Solentiname*, 3:104. 이 비판은 구원의 전통적인 가르침이 소외된 자들을 지원하기에는 부적절하다는 Thurman의 강조점을 모방한다.

스스로 발견하고 발전시킨 구원의 메시지와는 다르다. 여기에는 그들을 위한 구원도 있지만, 이것은 이 땅에서 해방하고 구원하며 유지하는 행위에 가담하도록 격려하는 구원이다.

둘째, 자신을 "남미의 히피"라고 묘사한 익명의 한 남자는 원수도 이웃임을 인식한다. 그럼에도 이 원수들은 속았다.[142] 따라서 그는 다른 사람들에게 그들도 사랑하고 그들에게 진리를 납득시키라고 충고한다. 예수의 이야기는 적으로 규정되는 관계에서도 사랑이 필요하다는 것을 그가 인식하도록 만들었다. 그는 이 모임에서 아직 다루지 못한 채 남겨둔 비유 이야기의 다른 요소들이 있음을 인정한다. 예를 들어 그는 가해자들은 풍유적으로 "그들 자신이 만든 법으로 사람들에게 합법적으로 폭력을 가한 착취자들"을 가리키고 있다고 제안한다.[143] 다시 말하지만, 그들이 풍유적으로 해석하려는 시도는—비록 그러한 해석들이 아우구스티누스의 시대에 그랬던 것처럼 공식적인 해석 행위의 일부가 아니더라도—이 이야기의 다른 요소들에 의미를 부여할 수 있다.

마지막으로, 이렇게 이 비유를 명백하게 정치적인 방향으로 확대해석하는 마지막 부분에서 로레아노는 다시 이 논의에 기여한다. 선한 사마리아인의 이야기에 대한 이 성서 공부 모임의 연구 기록에서, 그는 이 비유에 대한 최종적 해석을 제시하는데, 이는 이 그룹의 많은 구성원의 생각을 잘 요약한다고 볼 수 있다. "그리고 종교인이

142　이 기고자는 Laureano가 말하는 것을 지지하는데, 이는 Laureano가 이 그룹을 지지하고 영향을 끼쳤음을 보여준다. Cardenal, *Gospel of Solentiname*, 3:104.

143　Cardenal, *Gospel of Solentiname*, 3:104.

부상당한 사람을 보지 않고 그 길을 가는 동안 하나님을 믿지 않는 공산주의자는 부상당한 사람을 싣고서 음식과 거주할 곳과 의복과 약을 **모두 공짜로** 얻을 수 있는 피난처로 데려간 좋은 동반자였습니다."[144] 선한 사마리아인은 선량하고, 관대하며, 재정적 도움과 정서적 지원을 아끼지 않은 동지이고, 그들의 시대와 정황에서 선한 혁명적 공산주의자로 알려져 있다.[145]

요약

우리는 선한 사마리아인의 이야기를 해석하는 이 공동체의 행위에서 무엇을 배울 수 있을까? 많은 의문점이 여전히 남아 있다. 성서 공부의 결론은—토니 모리슨의 훌륭한 소설처럼—여전히 열려 있다. 그들은 모두 로레아노의 마지막 생각에 동의했을까? 광범위하게 말해서 그들은 과연 종교와 자신들의 로마 가톨릭 신앙이 (심지어 카르데날이 그들 사이에서 함께 살고 있음에도 불구하고) 현재 상황을 더 일관되게 지지한다고 생각했을까? 또한 이것은 우리에게 질문을 제기할 것이다. 왜 다수의 북미의 성서 공부, 신학적 대화 또는 주일 설교들은 우리 자신이 처해 있는 정치적 상황을 무시할까?

---

144   Cardenal, *Gospel of Solentiname*, 3:104(강조는 원저자의 것임).
145   Reed는 성서 공부의 형식을 급진적인 생각을 형성하는 성격과 연결한다. "그것의 개방적이고 비공식적인 성격은 이야기-사용자들이 사회적 차이를 넘어 더 효과적으로 의사소통하고, 자신들의 정체성의 다양한 측면을 탐구할 수 있게 하며, 그에 상응하는 공동 관심사, 개념 또는 목적에 기초하여 함께 모이는 것을 가능케 한다"("Bible, Religious Storytelling, and Revolution," 229).

이러한 성서 공부는—솔렌티나메 공동체의 시에 관한 수업 시간과는 달리—그 자체로 상당히 체제 전복적인 스토리텔링 행위는 아니었지만, 예수가 말한 이 체제 전복적인 비유의 본질에 비추어볼 때 당면한 정황 속에서 혁명적인 해석을 허용하는 것처럼 보였다. 이 공동체에 있어서 성서를 읽는 것은 영적인 행위였지만, 그것은 정치적인 행위이기도 했다. 매주 모이는 이 모임에서 분명히 나타난 것은 그들의 이 급진적인 정신을 사랑이 사로잡고 있었다는 점이다. 즉 누가 사랑을 가지고 있는지, 사랑을 어떻게 정의해야 하는지, 사랑을 누구에게 베풀어야 하는지 말이다. 이 니카라과 공동체는 아우구스티누스와 서면과 함께 사랑의 기능과 씨름하기를 원했다. 그러나 이웃에 대한 사랑은 겉으로 드러내는 표현 그 이상의 것이다. 왜냐하면 이웃은 다른 사람의 안녕, 즉 그들의 영적·사회적 안녕에 전적으로 헌신하는 사람으로 정의되기 때문이다.

마지막으로 솔렌티나메의 역사에 대해 언급하고자 한다. 소모사(Somoza) 정권 아래서 솔렌티나메의 "평신도 수도원"은 산 카를로스(San Carlos)의 공격을 받아 파괴되었다. 이 기록된 대화에 참가한 사람 중 몇 명은 반대 세력에 가담했고 그들 중 일부는 사망했다. 이렇게 1977년에 공동체가 파괴되기 전에 카르데날은 이 기록들을 모아 책으로 출간했다.[146] 결국 1979년 소모사 정부가 타도된 후 많은 사람이 솔렌티나메로 돌아왔다. 마침내 공동체로 돌아온 사람들은

---

146   Gowler는 그들의 해석의 위험한 함의에 대해 논의하는데 그중 많은 것이 이러한 행동의 일부로 이어졌다(*Parables after Jesus*, 235).

얼마 후 그림을 그리고 시를 쓰며 복구 작업을 시작했다.[147]

해리엇 제이콥스와 노예 사마리아인

해리엇 제이콥스의 『린다 브렌트 이야기』 소개

린다 브렌트(Linda Brent)는 특이한 여주인공이다. 여성 슈퍼히어로들이 영화관의 스크린을 빛내는 요즘 시대에 할머니의 다락방에 7년 동안 숨어서 지낸 여성을 미래의 후손들에게 영감을 줄 수 있는 여주인공으로 상상하기는 어렵다. 한편 이 소설을 이해하기 위해서는 정황을 파악하는 것이 중요하며, 이 소설의 배경은 남북 전쟁이 일어나기 이전의 19세기 중반의 미국이다. 린다 브렌트는 아프리카계 미국인 여성이었는데, 그녀의 노예로서의 법적 지위는 그녀를 또 다른 인간의 "소유"로 만들었다. 그녀가 은신처를 만든 것은 주인의 시야에서 벗어나려는 하나의 시도였다. 왜 그녀는 남부에서 완전히 탈출하지 않은 것일까? 안타깝게도 거기에는 그녀의 아이들이 연관되어 있었다. 적어도 할머니의 집—혹은 다락방—은 비록 그녀가 자신의 비밀을 밝히지 않고 직접적인 방법으로 개입할 수는 없었지만 매일 그들의 삶을 관찰할 수 있는 기회를 주었다.

　『린다 브렌트 이야기』(*Incidents in the Life of a Slave Girl*)는 내가 간략

147　Scharper and Scharper, *Gospel in Art*, 5.

하게 묘사한 것보다 훨씬 더 복잡한 이야기이며, 해리엇 제이콥스가 20여 년 전에 노예로 살았던 자신의 삶에 대해 들려주는 이야기다. "린다 브렌트"는 그녀를 지칭하는 소설 속 주인공의 이름이다. 그녀의 이야기는 남북전쟁 이전에 이 땅의 정치와 법이 지지했던 인간 노예 제도에서 벗어난 과거의 노예들이 쓴 많은 이야기 중 하나다. 이 이야기 중 제이콥스의 이야기는 소설의 겉표지에 "그녀가 직접 쓴" 이야기임을 처음으로 밝힌 소설로서 제이콥스의 첫 번째 자전적 소설이다.[148] 그녀의 전기 작가인 진 페이건 옐린(Jean Fagan Yellin)에 따르면, 그것은 또한 명백하게 여성 독자들을 대상으로 쓴 첫 번째 책이다.[149] 작가의 이름이 없는 책 표지 자체가 여성 독자들에 대한 이러한 관심을 보여주는 상세한 증거를 제공했다. 백인 여성 편집자인 리디아 마리아 차일즈(Lydia Maria Childs)는 또 다른 유명한 백인 노예 폐지론자였던 안젤리나 그림케(Angelina Grimké)의 연설에서 차용한 "노스캐롤라이나의 익명의 여성"이라는 경구로 이 책의 표지를 장식했다.[150] 마지막으로 제이콥스는 예언자 이사야의 말을 인용하여 여

---

148   다른 여성 내러티브들은 Jacobs의 내러티브 이전에도 존재했다. 예. Mary Prince 의 것(1831)과 Sojourner Truth의 것(1850). 비록 그들은 자신들의 이야기를 백인 편집자들에게 받아쓰게 했지만 말이다. Jacobs의 내러티브와 비교하여 이러한 여성의 받아쓰기 내러티브 내에서 대리인의 역할에 대한 논의는 다음을 보라. Santamarina, "Black Womanhood."

149   Yellin, "Texts and Contexts," 263.

150   그녀는 Angelina Grimké의 글에서 다음과 같은 경구를 읽었을 것이다. "북부 사람들은 노예 제도에 대해 전혀 모른다. 그들은 그것이 영원한 속박일 뿐이라고 생각한다. 그들은 노예라는 단어와 관련된 **비하**의 깊이에 대해 전혀 개념이 없다. 만약 그들에게 그런 개념이 있었다면 그들은 그렇게 끔찍한 제도가 전복될 때까지 자신들의 노력을 결코 멈추지 않았을 것이다"(강조는 원저자의 것임). Grimké의

성들에게 마지막 호소를 하기 위해 책 표지에 성서 말씀을 기록했다. "너희 안일한 여인들아, 일어나 내 목소리를 들을지어다. 너희 염려 없는 딸들아, 내 말에 귀를 기울일지어다"(사 32:9).[151]

"자유 내러티브"(또는 더 일반적으로 말하면 "노예 내러티브")는 미국의 남북 전쟁 이전에 노예 신분이었던 수백만의 아프리카계 미국인들의 일상생활을 상세히 알리는 공공 자료가 되었다. 1840년대 중반부터 1850년대까지, 북부에 거주하는 사람들은 직접적인 경험을 통한 흑인 노예 제도에 대한 지식을 더 많이 얻기 원했기 때문에 이러한 이야기들은 증가했다. 이러한 이야기들은 대부분 대중의 관심을 끌었다. 제이콥스는 자신의 이야기를 그 당시 흔했던 대중 **연설**이 아닌 호러스 그릴리(Horace Greeley)가 창간한 유명 신문인 「뉴욕 트리뷴」(New York Tribune)에 짧은 이야기 시리즈로 연재했다.[152]

이 책의 목적과 관련하여 더 중요한 것은 성서가 제이콥스가 말하는 『린다 브렌트 이야기』에서 중심적인 역할을 한다는 점이다. 많은 노예 제도 옹호자는 노예 제도를 지지하는 주장을 펼치기 위해 성서를 사용했지만 제이콥스는 그녀가 아버지의 사망 소식을 들었을 때처럼 하나님에 대한 전통적인 신학적 견해에 도전했다. "내 마음은

1836년 에세이, "Appeal to the Christian Women of the South", 200을 보라. Jacobs의 전기 작가인 Jean Fagan Yellin은 *Harriet Jacobs: A Life*에서 이 책 제목의 기원에 대해 언급하지 않는다. 그것이 저자(Jacobs) 또는 편집자(Childs) 중 누구의 머리에서 처음으로 나왔는지 말이다.

151 Jacobs의 내러티브의 제목에서 이사야가 사용되었는지에 대한 논의는 다음을 보라. Powery and Sadler, *Genesis of Liberation*, 40-45.

152 이 첫 번째 기사는 1853년에 실렸다. 다음을 보라. Yellin, *Harriet Jacobs Family Papers*, 196-200.

나에게서 어머니, 아버지, 여주인 및 친구를 빼앗은 하나님께 반항했다."[153] 그러나 그녀는 자신이 사랑하는 할머니가 지지했던 "화해주의적 사상"을 포함하여[154] 이러한 (신학적?) 사상에 저항하기 위한 방법을 찾으면서도 계속해서 성서를 정의와 사회 변화를 위한 자원으로 사용했다. 과거에 노예였던 많은 작가처럼 그녀는 정의가 성서에서 중추적인 역할을 한다는 것을 알았다. 그뿐만 아니라 그녀는 그것을 북부의 백인 여성들에게 호소하기 위해 사용했다.[155]

19세기의 "교회와 노예 제도"에 대한 탐구

지금까지 이 장에서 논의한 다른 해석자들은 교회의 배경에서 사마리아인의 비유에 대한 그들의 견해를 발전시켰다. 누가는 비유대인이 점점 더 증가하고 있는 유대 정황에서 "가난한 자에게 아름다운 소식"을 가져다주는 예수에 관한 더 큰 내러티브 안에서 예수의 비유를 소개한다. 아우구스티누스의 설교와 『기독교 교리에 대하여』(On Christian Doctrine), 서면의 설교와 『예수와 상속받지 못한 자들』, 카르데날이 정리한 성서 연구들은 모두 교회의 정황을 전제한다. 하지만 제이콥스는 비록 독자들이 성서를 알고 있었던 사람들이긴 하지만 누가복음 10장의 비유를 의도적으로 더 폭넓은 대중과의 대화

---

153   Jacobs, *Incidents*, 18.

154   다음을 보라. Carson, "Dismantling the House of the Lord," 61.

155   Jacobs의 성서 사용에 관한 자세한 소개는 다음을 보라. Powery, "Rise Up, Ye Women."

속에서 사용한다. 이 비유에 대한 그녀의 암시는 독자들에게 이 본문에 대한 그녀의 이해와 그 본문을 읽는 그녀의 대안적인 방법에 대해 많은 것을 보여준다.

1850년대 무렵 자유 내러티브는 북부의 노예 폐지론자들 사이에서 폭넓은 관심을 불러일으켰다. 『미국 노예, 프레더릭 더글라스의 삶에 관한 이야기』는 지금처럼 그 당시에도 인기가 있었다. 『톰 아저씨의 오두막집』(Uncle Tom's Cabin, 1852)은 또한 다른 인간 노예들의 이야기를 경청하도록 백인 독자들을 준비시켰다. 『톰 아저씨의 오두막집』이 출간된 직후 제이콥스는 자기의 펜을 들고 해리엇 비처 스토(Harriet Beecher Stowe)의 허구적 소설을 지지하기 위해 대중을 위한 그녀 자신의 목소리를 찾아냈다. "어느 노예의 한 친구가 그들이 한 잘못을 말했기 때문에 당신들은 그녀를 죽이려고 합니다. 하지만 톰 아저씨의 오두막집에서 그녀는 절반도 말하지 않았습니다. 만약 내가 그녀의 천재적인 재능의 보물 창고에서 작은 재능 하나를 얻을 수 있다면 내 자신의 고통에 대해서도 말할 것입니다."[156] 그래서 제이콥스는 자신이 사랑하는 친구인 에이미 포스트(Amy Post)의 격려를 받아 『린다 브렌트 이야기』의 첫 페이지를 쓰기 시작했다.

제이콥스는 "교회와 노예"라는 단락에서 예수의 비유를 사용했다. 이러한 주제는 이전의 노예들이 남부 대규모 농장의 교회 정황을 배경으로 그들의 경험을 묘사하려고 시도했던 이야기 전통에서 흔

---

156 Jacobs, "Letter from a Fugitive Slave." Stowe가 Jacobs의 이야기를 베끼거나 편집하는 것을 거부했음에도 불구하고, Jacobs는 Uncle Tom's Cabin의 출판을 공개적으로 지지했다.

한 것이 되었다.[157] 비록 제이콥스가 가끔 이름을 붙이긴 했지만, 이 단락은 특히 냇 터너 반란(Nat Turner Revolt) 직후 몇 달 동안의 이러한 교회 상황을 보여주는 대표적인 예를 제공했다.[158] 노스캐롤라이나 에덴턴(Edenton)에 있는 그녀가 거주하는 지역에 살던 많은 백인 시민은 터너의 폭동 이후 "노예들이 그들의 주인을 죽이지 않도록 충분한 종교 교육을 하는 것"이 필요하다고 생각했다.[159]

백인 목사—이 소설의 경우에는 파이크 목사—가 성서에 나오는 "종들아, 너희들의 상전에게 복종하라"는 구절에 대해 설교하는 것을 듣는 것은 흔한 일이었다.[160] 제이콥스가 기록한 바와 같이 파이크가 한 설교의 핵심은 "이 땅의 주인에게 불복종하면 하늘의 주인에게 죄를 짓는 것이다"였다.[161] 그것은 남북 전쟁 이전의 많은 노예 공동체에서 지극히 평범한 종교적 경험이었다. 이로써 노예들에게는 주인에 대한 복종을 요구하는 신학적 짐이 지워졌다. 제이콥스는 이런 종류의 설교들이 어두운 피부색을 지닌 신자들에게 얼마나 형편없는 설교로 받아들여졌는지를 전한다. 그러나 많은 이들은 그

---

157 Jacobs, *Incidents*, 105-16.

158 Jacobs는 교회와 노예 제도에 관한 이 단원을 24시간 동안 적어도 60명의 백인이 살해된 1831년 냇 터너 봉기 사건 직후의 정황에 배치한다. 이에 대한 보복으로 100명 이상의 흑인이 살해되었다. 다음을 보라. Franklin and Moss, *From Slavery to Freedom*, 164-65.

159 Jacobs, *Incidents*, 105.

160 Pike의 설교를 포함하여 이러한 "노예들이여, 너희의 주인에게 복종하라"라는 설교들을 자유 네러티브 전통에서 보다 더 광범위하게 검토한 내용은 다음을 보라. Powery and Sadler, *Genesis of Liberation*, 113-43.

161 Jacobs, *Incidents*, 107.

들이 좋아하는 "감리교의 열광적인 찬양" 시간을 별도로 얻기 위해서 백인이 주도하는 이러한 예배의 고역을 견디어냈다. "그들이 종교적인 모임에서 찬양하고 노래할 때만큼 행복해 보인 적은 결코 없었다."[162] 그럼에도 제이콥스는 이러한 종류의 "열광적인 찬양"이 주는 행복도 제한적이라는 것을 독자들이 알기를 원했다. "만약 당신이 그때 그들의 찬송을 들었다면, 당신은 그들이 행복하다고 생각할지도 모른다. 그러나 그 노래와 찬양의 시간이 채찍질을 당할까 계속 불안해하면서 임금도 제대로 받지 못하고 힘써 일하는 암울한 한 주 내내 그들을 견디게 하고 지탱하게 할 수 있을까?[163] 제이콥스는 이러한 담론의 공적 성격을 충분히 인식하고 있었고 억압받는 사람들을 대신하여 개입한다는 분명한 목적을 가지고 글을 썼다. 그러나 그녀의 복잡한 이야기는 백인 교회 공동체와 흑인 교회 공동체를 지탱하는 힘에 간접적으로 의문을 제기했다. 그러나 그녀가 출간한 이 책은 모든 종교 모임을 비판하고자 한 것이 아니었다. 이 책은 인간의 존엄성과 인간의 열망에 훨씬 더 노골적으로 반대한 일부 영적 행위를 비판했다.

흑인 영성에 대해 더 깊이 생각하면서 제이콥스는 오늘날 우리가 "흑인 영가"라고 부르는 "그들만의 노래"―즉 노예들의 노래―가

---

162 Jacobs, *Incidents*, 107. Jacobs의 관찰은 그녀의 동료들에 대한 미묘한 비평으로 보인다.

163 Jacobs, *Incidents*, 109. Angelina Grimké는 신화적인 "행복한 노예"에 대한 이 견해를 공유했다. "나는 행복한 노예를 본 적이 없다. 나는 그가 쇠사슬에 묶인 채 춤추는 것을 본 적은 있지만, 그는 행복하지 않았다"(Webb, "Speech of Angelina," 124).

만들어진 것에 대한 생각을 감동적으로 자세히 묘사했다.[164] 이러한 서술의 정황이 되는 배경은 자유 내러티브 전통 전체에서 가장 가슴 아픈 이야기 중 하나다. 제이콥스는 그녀가 어린 시절에 어떤 감리교회를 방문하여 간증 예배에 참석했을 때 한 여성이 자신의 모든 아이를 잔인하게 빼앗겼다고 "증언"하는 것을 들었다. 그녀는 "내가 지금 살아야 할 이유는 하나도 없습니다"라고 증언했다. "하나님은 나의 수명을 짧게 하셨습니다!" 백인 지도자—"노예를 사고파는" 일을 하는 "마을 보안관"—가 이 예배 순서를 인도했지만, 이 어머니의 슬픔의 깊이를 완전히 이해하지 못했기 때문에, 다른 노예 신자들의 입에서 그들의 영가 중 하나가 터져 나왔다. "옛 사탄의 교회는 이 세상에 있도다. 나는 저 위에 있는 하나님의 자유 교회로 올라가기를 원하네." 흑인 영가에 대한 제임스 콘(James Cone)의 전반적인 분석에서 "사탄"이라는 단어는 인간 노예 제도의 동등어로 사용되었다. "사탄**에게서** 자유를 얻는 것은 예수를 **위해** 자유를 얻는 것을 의미했다. 예수의 해방 사역에 나타난 하나님 나라를 지지하지 않은 사람은 자동적으로 노예 제도를 찬성하는 사탄을 지지하는 것이다."[165] 이 노래의 가사는 노예 신자들의 신학적 관점을 많이 보여준다.[166] 그러나 이 노랫말들을 글로 표현하면 평범하고 밋밋해진다. 나는 우리가 이 노래의 분위기를 이해하면서 듣고 이 공동체적인 애도 속에 표현된 뿌

---

164 Jacobs, *Incidents*, 107-8.

165 Cone, *Spirituals and the Blues*, 72.

166 Jacobs, *Incidents*, 109. 전치사 "위"(up)는 많은 노예들에게 북부(즉, 자유)를 암시하는 이중적인 의미가 있었을 것이다.

리 깊은 슬픔을 발견할 수 있기를 바란다.[167]

제이콥스가 표현한 노예로서의 사마리아인

제이콥스가 노예 제도가 존재했던 시대의 교회를 묘사한 문맥에서 저자는 누가복음 10장의 본문을 상기한다. "그들 중 다수는 **상처 입은 사마리아인들을 보고도 모른 체하고 지나가버린** 거룩하고 믿음이 좋은 체하는 파이크 씨나 다른 근엄한 그리스도인들보다 진실한 사람들이며, 천국 문에 더 가까이 있는 사람들이다."[168]

제이콥스가 예수의 이야기에 등장하는 인물들에 반전을 꾀한 것은 처음에는 이상하게 보일지도 모른다. 즉 사마리아인은 그녀의 이야기에서 도움이 필요한 "상처 입은" 인물이 되었다. 이것은 제이콥스의 의도적인 행동이었을까? 아니면 그녀의 잘못된 기억으로 인한 실수였을까? 우리는 이러한 질문들을 더 폭넓은 자유 내러티브 전통 안에서 사마리아인을 사용하는 방식을 살펴보면서 다루게 될 것이다. 제이콥스는 지금 이 문학적 문맥에서 파이크 씨와 간증 예배를 인도한 백인 보안관 지도자를 "모른 체하고 지나가버린" 제사장 및 레위인과 동일시하는데, 이 어구는 예수의 이야기의 KJV 번역본에서 직접 인용한 것이다. 그녀는 본래 이야기의 사마리아인과 피해

----

167 Jacobs는 교회와 노예 제도에 관한 장(111-15)에서 참된 기독교와 거짓된 기독교의 차이에 대한 습관적인 단원을 포함하여 몇 가지 주제를 다룬다. "기독교와 남부의 종교 사이에는 큰 차이가 있다"(115).

168 Jacobs, *Incidents*, 107(강조는 원저자의 것임).

자를 하나로 합쳤기 때문에 그녀의 사마리아인은 도움이 필요하다. 예수는 자신의 비유에서 풍부한 상상력을 사용해서 사마리아인을 자기 이야기의 주인공으로 선택했다. 제이콥스가 이 비유를 다시 사용할 때 "상처 입은 사마리아인"은 자녀들을 자신의 품에서 끔찍하게 빼앗겨 슬픔에 잠긴 어머니로 나타났다. 파이크의 설교가 영혼을 달래줄 수 없었던 것과 마찬가지로 이름 없는 익명의 백인 보안관 역시 가족이 파괴적으로 해체되는 것을 목격한 노예 어머니를 위로할 수 없었다. 제이콥스는 이러한 수사학적인 변화를 통해 "상처 입은 사마리아인"과 이 노예를 서로 연관시킨다. 이 오래되고 친숙한 비유 이야기에 이 얼마나 놀라운 반전인가!

제이콥스는 다른 이들(예. 서먼, 카르데날)이 독자들이 예수의 **선한** 사마리아인과 자신들을 동일시하기를 기대했던 방식으로 자신을 "상처 입은 사마리아인"과 동일시한다. 예수의 사마리아인은 여행하고 있었고, 비교적 자유롭게 여행할 수 있었다. 하지만 제이콥스는 주어진 상황에서 올바르게 행동하는 능력이 환경에 의해 방해받을 수 있음을 인정한다. 그녀는 『린다 브렌트 이야기』에서 "나는 노예 여성을 다른 여성들과 동일한 기준으로 판단해서는 안 된다고 생각한다"[169]고 말했다. 린다의 경우, 주인의 지속적인 성적 학대를 막기 위해 그녀는—합법적인 결혼을 할 수 없었기 때문에—백인과의 사이에서 혼외 자녀를 갖기로 결심했으며, 이러한 결정의 배후에는 그녀의 도덕적 성찰이 있었다.

---

169   Jacobs, *Incidents*, 86.

그녀는 교회와 노예에 관한 장을 자신이 경험한 백인 기독교에 대한 비판과 그 후 자신이 처해 있었던 상황에 대한 보다 더 개인적인 성찰로 마무리한다. 프레더릭 더글러스가 말한 것처럼,[170] "남부의 종교"가 "그리스도의 기독교"와 다르다는 것을 보여주는 그녀의 마지막 예는 흑인 여성의 육체를 성적으로 착취한 사례 가운데 하나다. 어떤 목사가 아내가 아닌 여성으로부터 아이를 낳을 경우, 만약 그 여성이 백인이면 교회는 그를 해고하고, 만약 유색 인종이면 그 일은 그가 계속해서 그들의 좋은 목자가 되는 것을 막지 못한다.[171] 만약 이것이 노스캐롤라이나 에덴턴의 목사들에게 기대한 것이었다면, 최근에 지역 교회의 일원이 된 플린트 박사(그녀의 "주인님"인)가 결혼한 신분임에도 성적인 목적으로 지속적으로 "린다"를 찾은 것은 놀랄 일이 아니다.[172] 제이콥스는 이 이야기를 통해 많은 대중에게 자신의 미투(Me Too) 사건의 순간을 말했다.

> "내가 너에게 요구하는 것을 너는 할 수 있고, 네가 나에게 정절을 지키면 내 아내처럼 고결하고 덕망이 높은 여성이 될 것"이라고 그[닥터 플린트]는 말했다.
> 나[린다 브렌트]는 성서가 그렇게 말하고 있지 않다고 대답했다.

----

170 Douglass, *Narrative of the Life of Frederick Douglass*, 118. Douglass의 구별에 대해서는 1장을 보라.

171 Jacobs, *Incidents*, 115.

172 린다가 최근 첫 번째 아내와 이혼하고 16살의 메리 호니블로와 결혼한 이제 "거의 50살"이 된 그녀의 "주인" 플린트 박사(일명 제임스 노컴 박사)의 집으로 이사했을 때는 겨우 12살이었다. Yellin, *Harriet Jacobs: A Life*, 16.

그는 화가 나서 쉰 목소리로 변했다. "어떻게 네가 감히 나한테 그 지긋지긋한 성서에 관해 설교할 수 있어!"라고 외쳤다. "내 흑인인 주제에 무슨 권리로 네가 무엇을 좋아하고 무엇을 좋아하지 않는지를 나에게 말할 수 있단 말야? 나는 너의 주인이고, 너는 나에게 복종해야 해."

노예들이 이렇게 노래하는 것은 당연하다.

"옛 사탄의 교회는 이 세상에 있도다. 나는 저 위에 있는 하나님의 자유 교회로 올라가기를 원하네."[173]

샤론 카슨(Sharon Carson)은 성서에 대한 제이콥스의 변호가 "전체 내러티브에서 신학적·정치적으로 가장 중요한 대목이다.…제이콥스는 종교적·정치적 자유에 대해 급진적인 주장을 펼친다"[174]고 분석한다. 그뿐만 아니라 나는 제이콥스가 앞서 기록한 것과 동일한 노예들의 노래로 이 이야기의 틀을 짜는 그녀의 수사학적 기술을 보여주고 있다고 덧붙이고 싶다.[175] 흑인들의 가치를 인정하지 않는 플린트 박사와 다른 백인 그리스도인들은 "상처 입은 사마리아인"을 도울 수 없는 "사탄의 교회"의 일원이었다. 따라서 제이콥스는 이 이야기에서 그녀 자신을 나타내는 캐릭터인 린다 브렌트를 북부의 독자들로부터 친절하고 너그러우며 긍휼이 넘치는 도움이 필요한 상처 입

---

173 Jacobs, *Incidents*, 115-16.
174 Carson, "Dismantling the House of the Lord," 66.
175 Jacobs, *Incidents*, 115-16.

은 사마리아인으로 간주한다. 그녀는 특히 자신의 여성 독자들이 노예들이 부르는 노래의 전통적인 기독교 주제를 넘어 노예들이 해석하는 노랫말의 이중적인 의미를 간파할 수 있기를 바란다.[176]

다른 내러티브의 선한 사마리아인

어떻게 **사마리아인**이 곤경에 처한 사람에게 동정심을 보이는지를 이야기한 예수의 원래 이야기를 제이콥스가 몰랐을 것이라고 상상하기는 어렵다. 그녀를 이렇게 무지한 사람으로 몰아가는 것은 그녀가 자신의 내러티브의 다른 부분에서 사용한 그녀의 뛰어난 수사학적인 기술과 성서를 다루는 기술을 의심하는 것이다. 그녀는 교회에 성실하게 출석했을 뿐만 아니라 성서 지식을 갖춘 교사이기도 했다. 그녀의 전기 작가가 기록한 바에 따르면, 제이콥스는 7년 동안이나 "그녀의 은신처인 다락방에서" 성서 본문을 "세심하게" 읽었다.[177] 그뿐만 아니라 만약 이것이 그녀의 무지였다면 그녀의 편집자인 리디아 마리아 차일즈(Lydia Maria Childs)가 그녀에게 이 명백한 성서적 오류를 지적했을 것이다.

제이콥스는 과거에 노예였던 다른 사람들의 이야기를 열심히 읽

---

176 Carson의 분석에 따르면 이 노래의 "이중 목소리"의 특성은 백인 기독교에 대한 보다 급진적인 비판을 제공함과 동시에 노예들이 기독교의 전통적인 주제를 노래할 수 있게 하는 것이다("Dismantling the House of the Lord," 64).
177 Yellin, *Harriet Jacobs: A Life*, 145.

었던 열렬한 독자로서,[178] 다른 이야기에서는 선한 사마리아인 이야기를 좀 더 전통적인 방식으로 읽었을 것이다. 솔로몬 노섭(Solomon Northup)―최근 그의 이야기를 조명한 영화 〈노예 12년〉(*12 Years a Slave*)은 그가 쓴 1853년의 이야기를 바탕으로 한 것이다―은 그가 절실히 필요로 하는 식사를 제공받았을 때, 그것은 "마치 '위대한 소나무 숲'(노섭의 자서전에 나오는 장소로, 그가 쉴 수 있었던 유일한 곳)의 선한 사마리아인이 노예의 상처 입은 영혼에 준비되어 있는 기름과 포도주를 붓는 것과 같았다"[179]고 말했다. 또는 더글라스는 코비(Covey)와 싸우는 것을 돕기 위해 그에게 "뿌리"를 준 흑인 남성 샌디(Sandy)나 1855년 자신의 이야기인 『나의 속박과 나의 자유』(*My Bondage and My Freedom*)에서 "내 머리를 붕대로 싸매준" 백인 여성 루크레티아(Lucretia)를 선한 사마리아인에 여러 차례 비유한다.[180]

내러티브 전통 안에 존재하는 이러한 초기의 이야기들과는 대조적으로 제이콥스는 이 친숙한 비유에 반전을 꾀하여 (예수의 문화적 정황에서 경멸받는) 사마리아인을 자신의 시대에 가장 절실히 도움이 필요한 노예와 연관시켰다. 그녀의 사마리아인은 돕는 행위를 한 사람이 아니라 원래 이야기의 부상당한 사람처럼 다른 사람들로부터 도움을 받기를 갈망하는 사람이며, 이는 노예의 삶을 암시한다.

---

178 다음을 보라. Yellin, *Harriet Jacobs: A Life*, 102-3.

179 Northup, *Twelve Years a Slave*, 144-45.

180 Douglass, *My Bondage and My Freedom*, 239, 130. 그 어느 이야기도 10년 전의 Douglass의 첫 번째 이야기에 등장하지 않았다. *Narrative of the Life of Frederick Douglass*.

그녀의 이야기는 (종종 폭력적으로 관리되는) 통제된 상황 속에서 이루어지는 인간에게 요구되는 행위에 관한 이야기였다.

캐서린 매키트릭(Katherine McKittrick)은 제이콥스가 홀로 있었던 시간이 그녀의 해석학적 창의력을 개발할 수 있게 했는데, 이는 그녀가 다락방에서 살았던 삶의 결과물이라고 현명하게 추측한다. 매키트릭이 보기에 다락방은 린다 브렌트로 하여금 볼 수 있게 했고, 또 (그녀를) 보이지 않게도 했다. "그녀 역시 어느 곳에서나 볼 수 있는 몸이 없는 주인의 눈과도 다르지 않다."[181] 다락방은 제이콥스에게 그녀의 제한된 세계를 무한한 방식으로 다시 상상할 수 있는 기회를 주었다. 린다는 자신의 정신적 행복을 위해 플린트 박사의 시선으로부터 물리적 거리를 둘 필요성을 절실히 느꼈다. 그러나 오랜 시간이 지나면서 다락방도 복잡한 공간이 되었다. 다락방 안에는 "바깥세상과의 단절뿐만 아니라 그 세상과의 연결도 존재한다. 그녀는 내부에도 존재하고 외부에도 존재하며 갇혀 있기도 하고 자유를 누리기도 한다."[182] 이 비밀 은신처 안에서 제이콥스는 동시에 두 세계 안에 살며 "갇혀 있기도 하고 자유를 누리기도 하는" 자신의 환경을 목격할 수 있었다. 또한 그녀는 7년 동안 이 다락방이라는 공간에서 반쯤 갇혀 있는 생활을 했기 때문에 다락방은 개인과 공동체에 노예 제도의 본질을 의미하는 상징이 된다. "다락방은 비합리적으로 운영되는 노예 제도의 현실 속에서 증인이자 참여자이며 도망자인 그녀 자신의

---

181   McKittrick, *Demonic Grounds*, 43.

182   McKittrick, *Demonic Grounds*, 42.

처지를 발견하게 한다."[183]

　　비좁은 방임에도 불구하고 육체적으로 갇혀 있던 그 공간은 그녀가 다른 관점에서 노예인 자신의 상황을 다시 볼 수 있게 해주었고 그것은 또한 그녀가 자신의 하나님과 자신의 성서에 대해 다르게 생각할 수 있게 해주었다. 제이콥스가 상상한 상처 받은 사마리아인에 대해 우리가 어떻게 생각하든 간에[184] 이 사마리아인을 그녀가 살던 시대에 가장 취약한 사람들과 연결시키려는 그녀의 창의적인 해석학적 결정은 그녀의 신앙의 관점에서 성서의 이야기와 잘 연관시킬 수 있는 한 가지 방법이었다. 현재 자유의 몸이 된 사람의 관점에서 이 글을 썼음에도 불구하고 그녀는 여전히 과거에 노예로 살았던 많은 희생자에게 공적·국가적 조치가 필요하다는 것을 인식하고 있었다. 그녀의 이야기는 개인적인 이야기가 아닌 더 폭넓은 이야기였다. 한 사람이라도 여전히 노예로 있는 한, 제이콥스는 이 땅의 제도화된 노예 제도에 도전했을 것이다.

　　우리는 부상당한 사마리아인 모티프가 단지 제이콥스의 개인적인 삶만을 반영하는 것으로 지나치게 강조해서는 안 된다. 사실 그렇게 강조하는 것은 그녀의 문학예술을 남성의 문학예술과 구별한 이 내러티브의 핵심 요소, 즉 공동체의 역할을 제대로 전달하지 못하게 한다.[185] 그녀의 삶은 인쇄된 글에만 국한되지 않았다. 그녀는 노예

183　McKittrick, *Demonic Grounds*, 42.

184　Jacobs는 피해자, 곧 강도를 만난 자 안에서 노예들을 발견하지 못했을까?

185　Braxton, *Black Women Writing Autobiography*, 20.

제도에 반대하는 독서실을 열었고,[186] 아프리카계 미국인 어린이들을 위한 학교를 설립했으며, 주거 시설, 고아원, 노인 돌봄 시설을 위한 기금을 모았다.[187] 이 "상처 입은 사마리아인"이 활발하게 벌인 운동은 이웃이 되는 것이 무엇을 의미하는지를 삶으로 가장 완벽하게 구현했다.[188] 그녀의 할머니와—(노예 제도 폐지론자가 아닌) 몇몇 백인을 포함해서—다른 여러 사람이 그녀의 은신처에 대한 비밀을 유지해주고, (마치 그녀가 보내는 것처럼 그녀를 대신해서 편지를 보내는 등) 그녀가 북부 사람들의 도움을 받아 결국 탈출하게 함으로써 플린트 박사와의 싸움에서 그녀를 도왔던 것처럼 그녀의 사마리아인이 직면한 "상처"는 공동체가 함께 견뎌낸 상처였고 공동체가 함께 완화시킨 상처였다.

요약

율법 교사의 첫 질문에 예수는 "네가 어떻게 읽느냐?"고 답하셨다. 실로 한 개인이 성서를 읽는 방식은 한 개인이 삶에 대해 생각하는 방식을 정의하고 결정하며, 그 반대로 한 개인이 삶에 대해 생각하는 방식

---

186   그녀는 Frederick Douglass의 신문 사무실 위층에 있는 이 열람실을 그녀의 오빠 (John Jacobs)와 함께 열었다(Yellin, "Texts and Contexts," 264).

187   그녀는 *The Deeper Wrong*이라는 자신의 내러티브를 팔아 기금을 모으기 위해 잉글랜드로 여행을 떠났다.

188   그녀는 알렉산드리아, 보스턴, 사바나에 살던 많은 이전의 노예들을 돌보고 그들의 발전을 지원했다. 만약 Jacobs의 "전통"에서 그녀가 "그리스도"가 (풍유적으로) 사마리아인이었다는 것을 들었다면 다시 그녀는 그리스도를 노예들과 간접적으로 연관 짓고 있는 것이다.

은 성서를 읽는 방식을 정의하고 결정한다. 제이콥스는 사마리아인의 이야기를 직접 읽었고, 이 이야기에서 그녀는 두 명의 피해자―즉 강도들의 손에 넘어간 피해자와 유대인의 원수이며 자신의 문화적 배경에서 멸시당한 사마리아인―를 자신이 친밀하게 잘 알고 있는 세 번째 "피해자"와 서로 혼합한다. 비록 그녀가 자유를 얻기 위해 남부에서 노예로 있었던 기간 동안(아마도, 그녀가 할머니의 다락방으로 가기 전에 몇 주 동안 그녀를 숨겨준 노예주였던 백인 여주인을 제외하고) 백인 기독교 공동체에 의존하거나[189] 하나님이 정하신 섭리에 대한 할머니의 신학적 견해에 의존하거나 그녀가 자유를 찾기 위해 샌즈 씨(그녀는 그와의 사이에서 두 명의 자녀를 얻었다)에게 의존할 수는 없었지만, 그녀는 자신의 북부 여성 청중들에게 "일어나라, 여성들이여!" "상처 입은 사마리아인"을 돕고, "모른 체 외면하지 말라"고 호소했다.

결론

성 아우구스티누스, 하워드 서먼, 솔렌티나메 공동체, 해리엇 제이콥스는 각각 네 가지 다른 환경을 대표한다. 그럼에도 그들은 각 공동체의 사고와 성장을 돕기 위한 생산적인 자원으로서의 자비로운 사마리아인의 비유에 대한 관심을 공유한다. 아우구스티누스는 어떤

189　또한 그녀의 백인 "연인"(Mr. Sands)도 언급할 수 있다. 비록 그녀가 결국 자원해서 그와의 사이에서 두 자녀를 가졌지만, Jacobs는 이 이웃 친구와 복잡한 관계를 맺었다.

방법을 사용하든 사랑이 해석학적 과제의 핵심임을 깨닫게 되었고, 따라서 그는 이 구절들에서 인류에 대한 하나님의 사랑이라는 위대한 이야기를 발견했다. 그러한 하나님과 인간의 만남에서 사마리아인은 사랑의 전형인 그리스도 자신을 대표한다. 비록 사랑은 서먼에게 있어서도 핵심이었지만, 20세기 중반의 이 신비주의자는 선한 사마리아인 비유에서 인간화된 이야기를 발견했는데, 이 이야기는 인간들이 자신과 다른 사람들을 만날 때 하게 되는 인간의 경험에 대해 더 명확하게 말할 수 있는 기회를 해석자들에게 제공한다. 서먼은 인간과 인간의 만남이 이 1세기 비유의 핵심이라고 생각했는데, 이는 특히 인종 간의 갈등이 이 현대 예언자의 최대 관심사였기 때문이다. 솔렌티나메 공동체는 이 구절들에서 자신들의 정치적 상황에 대한 공동체의 깊은 성찰과 성서 연구라는 영적이고 공동체적인 행위를 함께 연관 지어 생각하는 기회를 발견할 수 있었다. 이 남미 교회 모임에 있어서 이 비유의 주인공은 오늘날 니카라과에서 정치적 탄압을 받는 사람들의 편에 서는 사람이어야 했다. 마지막으로, 제이콥스는 이 비유 이야기를 덜 직접적으로 분석하는 그녀의 작품에서 동시대의 독자들을 위해 사마리아인의 역할을 재구성했다. 이 창의적인 이야기꾼에게 있어서 예수의 비유의 주인공(상처 입은 인물과 중복됨)은 당시의 노예들에 대한 비유로 재인식되고, 이 주인공은 당시의 인간 노예 제도에 대항하는 투쟁에 개입할 수 있는 북부 자매들의 도움을 절실히 필요로 한다. 네 명의 해석자가 모두 성서 이야기에 접근하는 방식은 그들이 도출한 결론만큼 달랐지만, 그들은 모두 자신의 세계와 관계를 맺기 위해 성서 이야기와 씨름하는 사람들이 살아가는 모습과 그들의 행위에 대한 예수의 가장 위대한 비유 중 하나가 지닌 힘을 인정했다. 이러한 역동적인 예들은 각각 새로운 환경과 시대에서 성서의 비유를 새롭게 사용하는 것이 무엇을 의미하는지 보여준다. 우리는 그들의 선례를 따르는 것이 현명할 것이다.

3장

자비와 이웃

비유 읽기

The Good
Samaritan

누가복음의 저자가 누구인지는 여전히 불확실하다. 성서학계 내에
서는 의견의 일치를 보지 못하고 있다. 그뿐만 아니라 저자가 유대인
이었는지에 대해서도 계속해서 논쟁을 벌이고 있다.[1] 이것은 누가복
음의 자료 중 하나인 마가복음의 저자에 대해서도 마찬가지다.[2] 이
불분명한 요소는 전체적인 이야기나 이 장의 특별한 관심사에는 중
요하지 않다. 만약 우리가 저자의 민족적 정체성을 확실히 알 수 있
다면, 우리는 (다른 복음서의 저자들이 유대인이라고 가정할 때) 어떻게 이
방인 신자(혹은 헬라파 유대인 신자)가 다른 유대인 신자들과는 다른 방
식으로 유대인 예수의 이야기를 재구성하는지를 볼 수 있는 능력을
갖게 될 것이다. 이 본문에서 분명한 것은 이 비유의 독자들이 이방
인들의 수가 점점 증가하고 있는 혼합된 민족의 공동체였다는 점이

----

1   어떤 학자들은 누가의 비유대인 정체성을 지지한다. 예. Vinson in *Luke*, 3; Karris,
     "Gospel according to Luke," 675. 다른 학자들에게 누가의 정체성은 여전히 알려지
     지 않은 채로 남아 있다. 예. Ringe, *Luke*, 19; Lieu, *Gospel of Luke*, xv.
2   두 번째 복음서의 (유대인?) 저자에 대한 논쟁은 여전히 계속된다. 다음을 보라.
     Wills, "Mark," 67-68; 또한 Collins, *Mark*, 2-6. 누가복음의 저자는 이전의 익명의
     자료—그중 하나가 마가복음일 수 있음—에 의존했음을 진술한다(눅 1:1-4).

다.[3] 유대인과 이방인으로 구성된 이 그리스도인 공동체의 관심을 끌기 위해 "누가"[4]는 어떠한 방식으로 이방인들의 감성을 자극하여 예수의 삶에서 일어난 사건들과 그의 사명을 전달했을까? 다시 말하면, 누가의 예수는 얼마나 **유대인다움**을 지녔으며 누가는 자신의 비유대인 독자들에게 이 유대인 예수를 어떻게 전달했을까?[5]

누가는 예수가 유대인이라는 점을 분명히 강조한다. 그는 예수가 할례 받은 일(눅 2:21), 예수가 어린 시절에 예루살렘 선생들 사이에서 훈련을 받은 일(눅 2:42-49), 예수가 고향 회당에서 그의 사명을 선포한 일(눅 4:16-30), 유대인들의 다양한 식사 모임에 정기적으로 참석한 일(눅 5:27-32; 7:36-50; 11:37-41; 14:1-24)을 언급한다. 마지막에 언급한 것을 제외하면 다른 복음서들은 이러한 일들을 전혀 보고하지 않는다. 누가는 자신의 독자들에게 이러한 예수의 유대인다움을 체계적으로 강조한다.

사회의 변방에 있는 소외된 사람들(여성, 어린이, 병든 사람, 가난한 사람)에게 관심을 기울이시는 예수에 관한 누가의 이야기는 유대인 사회 안에 있는 개인들에 관한 것이다. 현대 그리스도인 독자들은 누

----

3   다음을 보라. Nadella, *Dialogue Not Dogma*, 121-25.
4   우리는 이 이야기를 쓴 사람에 대한 (텍스트 밖에 있는) 역사적인 정보를 암시하지 않고 누가복음의 저자에 대한 전통적인 이름("누가")을 이 책 전체에서 사용할 것이다. 누가의 이방인 청중에 관해서는 신약성서의 표준적인 개론서를 보라(예. Powell, *Introducing the New Testament*, 161-81).
5   한 가지 방법은 마태와 마가가 기록한 예수의 아람어 단어들을 생략한 것일 수 있다. 누가는 병행 본문에서 그의 자료인 마가복음의 아람어를 생략한다(참조. 막 3:17 // 눅 6:14; 막 5:41 // 눅 8:54; 막 10:46 // 눅 18:35; 막 14:36 // 눅 22:42; 막 15:22 // 눅 23:33; 막 15:34 // 눅 23:45-46).

가의 이야기를 사회 변방에 있는 사람들에 대한 유대 관행을 비판하는 것으로 해석해서는 안 된다. 누가의 예수는 당대 유대교 안에 굳건히 서 있고, 경제적 또는 사회적으로 사회 변방에 있는 사람들을 돌보는 다른 유대인들과 계속 행동을 같이한다. 여하튼 일부 유대인 부모들(혹은 보호자)이 자신의 자녀들을 위해 어떻게 예수에게 복을 구하는지 주목하라.

예수가 다른 유대인 지도자들을 비판한 이야기를 읽을 때, 우리에게 도전이 되는 과제 중 하나는 이러한 이야기들이 이제는 **이방인** 중심의 독자들을 대상으로 한 더 큰 이야기 안에 존재한다는 점을 인식하는 것이다. 이 이야기들은 쉽게 반유대적인 이야기로 오해될 수 있고, 오늘날에는 반유대적인 목적으로 사용될 수 있다. 따라서 우리는 누가의 예수가 얼마나 유대인다웠는지를 기억하는 것이 좋다!

그것이 의미할(했을) 수 있는 것[6]

대화: 외부 이야기(눅 10:25-29)

비유를 둘러싼 누가복음 이야기의 기본 메시지는 간단하지만, 이야기의 세부 사항 중 일부는 주목할 가치가 있다. 한마디로 율법 교사

---

6   한 가지 방법은 마태와 마가가 기록한 예수의 아람어 단어들을 생략한 것일 수 있다. 누가는 병행 본문에서 자신의 자료인 마가복음의 아람어를 생략한다(참조. 막 3:17 // 눅 6:14; 막 5:41 // 눅 8:54; 막 10:46 // 눅 18:35; 막 14:36 // 눅 22:42; 막

는 예수께 다가가서 영생을 어떻게 받을 수 있는지 묻는다. 예수는 토라에 관련된 질문으로 그에게 다음과 같이 답한다. "율법에 무엇이라 기록되었[느냐]?"(눅 10:26) 율법 교사(*nomikos*)는 율법(*nomos*) 전문가였다. 결과적으로 비록 율법을 준수하는 유대인들은 토라에 기록된 "하나님을 사랑하고 이웃을 사랑하라"는 답을 알아야 하지만, 예수는 율법 교사의 전문지식에 호소한다. 적어도 율법 교사는 그것이 (율법이) 믿음의 "행함"에 관한 것임을 알고 있었다. "내가 무엇을 하여야…"(눅 10:25).

이 남자는 토라에 **무슨 내용이** 있는지 알면서도 그것을 **어떻게** 이해해야 할지에 대해 여전히 의문을 갖고 있었다("내 이웃이 누구니까?"[눅 10:29]). 레위기는 비록 자기 사랑에 관하여 질문하게 만들지만 이웃을 어떻게 정의하는지를 다음과 같이 분명하게 보여준다. "네이웃 사랑하기를 네 자신과 같이 사랑하라"(레 19:18). 사람들은 자신을 어떻게 사랑하고 어떻게 대하는가? 그들이 자학적이지 않는 한 대부분의 사람은 자신의 개인적 행복에 대해 깊은 관심을 기울인다. 따라서 이것은 어떻게 이웃을 대해야 하는지를 보여준다. 하지만 율법 교사의 관심사는 "사랑"을 이해하는 것에 있지 않다. 오히려 그가 알고 싶은 것은 "이웃"이 누구인지를 알아내는 것이다. 여하튼 그것은 적절한 질문이다.

레위기 말씀이 나오는 그 장의 전체 맥락은 몇 가지 단서를 제공한다. 레위기에서 "이웃"은 의심할 여지 없이 언약 공동체의 다른 구

15:22 // 눅 23:33; 막 15:34 // 눅 23:45-46).

성원들을 가리킨다. 그러나 이 원칙은 이스라엘 민족의 일원이 아닌 사람들에게도 확장하여 적용할 수 있었다. 예를 들어 레위기 19:18 이후에 나오는 율법은 "거류민"을 "이웃"의 위치에 놓는다. "거류민이 너희의 땅에 거류하여 함께 있거든 너희는 그를 학대하지 말고 너희와 함께 있는 거류민을 너희 중에서 낳은 자 같이 여기며 자기 같이 사랑하라. 너희도 애굽 땅에서 거류민이 되었었느니라. 나는 너희의 하나님 여호와이니라"(레 19:33-34). 그러나 아마도 이 율법 교사는 원자론적(atomistic) 유형의 독자였을 것이다. 즉 그는 각 구절을 더 넓은 문학적 문맥과 연결하기보다는 그 구절들을 좁은 의미로 이해했다. "이웃"의 의미는 **원래의 역사적 또는 문학적 정황에서** 그것이 의미하는 바에 의해 정의되어야 하며, "이웃"이 수십 년, 수백 년 후에 무엇을 의미할지에 의해 정의되어서는 안 되는가? 각 세대는 이웃이 누구인지 재정의할 책임이 있는 것인가? 아마도 이것이 율법 교사가 질문하도록 동기를 부여했을 것이다. 1세기에는 누구를 이웃으로 간주해야 하는가? 누구를 거류민으로 간주해야 하는가? 문화적 시간과 공간에서 거류민-이웃의 범주는 변하는가?

예수가 율법 교사와 대화를 계속 진행해나갈 때 그의 견해는 "네가 어떻게 읽느냐?"라는 두 번째 질문을 통해 한층 더 확대된다(눅 10:26). NRSV는 이 구절을 "너는 거기서 무엇을 읽느냐?"로 번역하고 있으며, 이는 "율법에 무엇이라 기록되었[느냐]?"라는 첫 번째 질문에 대한 추가 설명으로 기능한다. 다른 영어 번역본들—특히 CEB, NIV, ESV—은 모두 "네가 그것을 **어떻게** 읽느냐?"(*pōs anaginōskeis*)라는 그리스어로 된 질문에 나타난 해석학적 의도를 포착한 것으로 보인다. 그것은 단순히 그 사람이 **무엇을** 읽고 있느냐를 묻는 것이 아니라 그 사람이 그것을 **어떻게** 읽느냐를 묻는 것이다. 하나님과 이웃을 사랑하라고 기록되어 있다는 율법 교사의 답변에 예수가 그가 올바로 답변했다고 말하자, 율법 교사는 다시 "내 이웃이 누구니이까"라는 두 번째 질문을 던진다. 예수는 하나의 비유를 들며 답하는데, 이는 그가 "이웃"의 의미를 어떻게 해석할 것인지를 보여주는 하나의 예다. 율법 교사는 토라에 무엇이라고 되어 있는지 분명히 알고 있다. 더 심오한 질문은 과연 그의 이해가 그의 해석 방법을 확대해줄 것이냐는 것이다.

이어서 내레이터는 이야기를 전개하는 데 더 직접적으로 개입한다(눅 10:29). 내러티브의 시작 부분에 이것이 일종의 (진지한?) "시험"이었다는 언급을 제외하면, 첫 네 구절(눅 10:25-28)은 예수와 그의 대화 상대자 사이에 직접 나눈 대화를 제공한다. 그러나 예수와 율법 교사의 대화 이후, 율법 교사의 그다음 질문이 나오기 직전에 다음과 같은 내레이터의 단서가 먼저 나온다. 율법 교사는 "자기를 옳게 보이[고]" 싶어 했다(눅 10:29). 그는 정확히 무엇을 "옳게 보이려고" 했을까? 이웃에 대한 **그의** 견해? 그가 세상에서 살아가는 삶의 **방식**? 아니면 그가 자신의 본래 입장을 정당화하려고 시도한 것, 즉 이 모든 것이―눅 10:21-24에 비추어볼 때―단지 예수의 자격을 확인하려는 시험에 불과했던 것일까?(눅 10:25을 보라)[7] 이제 우리가 외

---

[7]   John Nolland가 지적하듯이 "율법 교사는 하나님의 생각을 말한다고 주장하는 이 사람의 자격을 시험하러 온다"(*Luke 9:21-18:34*, 585). 이 내러티브에서 사탄의 시험(눅 4:2, 12) 다음에 나오는 율법 교사의 시험은 솔직하지 못했을 수도 있다.

부 이야기가 아닌 내부 이야기(즉, 비유)로 들어가기 전에 누가복음이 예수와 이 율법 교사(nomikos)가 만나는 장면을 어떻게 배치하는지 간략하게 검토해보자.

비유 앞에 나오는 것

누가의 내러티브에서 율법 교사는 갑작스럽게 등장한다. 예수는 10:17에서 짧은 선교를 마치고 돌아온 70명의 제자들에게 말씀하신다.[8] 23절에서 예수는 열두 제자들에게 말씀하시며 그들의 "보는" 능력을 칭찬하셨는데, 이것은 그들이 당대의 상황을 올바르게 읽을 수 있었다는 신호다. 누가복음의 예수는 하나님이 원하시는 이들에게 비밀을 계시하시는 하나님의 주권을 강조하고 있으며, 열두 제자(와 70명?)는 이 계시의 혜택을 받았다. 누가복음 내러티브에서 예수와 그의 추종자들이 가졌던 사적인 시간은 드물다(눅 10:23).[9] 25절에서 갑자기 질문하기를 좋아하는 율법 교사가 등장한다. 이 내러티브의 전개 과정 안에서 율법 교사는 성서를 자의적으로 해석하기 싫어서 예수로부터 추가적인 가르침을 구한다.[10] 이야기가 끝날 무렵, 그는 예수가 의도하신 요점을 파악한다(눅 10:37). 그가 어떤 방식으로

----

8   눅 10:17(과 10:1)에는 사본상의 이문이 있다. 일부 고대 사본은 숫자 72를 제시한다.
9   마가복음에 나오는 다수의 경우(참조. 막 4:34; 6:32; 9:2, 28; 13:3)와 달리 누가복음에서 예수는 여기서와 9:10에서만 제자들을 사적으로 가르치신다.
10   예수의 죽음과 부활 이후에는 제자들에게도 해석학적 지원이 필요할 것이다. "이에 그들의 마음을 열어 성서를 깨닫게 하시고"(눅 24:45).

든 그것을 실제로 실천에 옮겼는지는 독자의 상상에 맡겨졌다.

비유 다음에 나오는 것

누가복음 10:38-42은 우리를 또 다른 내러티브의 비교 대상으로 이끈다. 그 이야기는 예수를 따르는 두 자매에 관한 이야기다. 누가의 묘사에 따르면 마르다는 예수를 "영접"하고 마리아는 그의 가르침을 "들었다"고 한다. 누가의 내러티브에서 이 자매들은 제자들과 비슷한 자들로 보이는데, 그들은 적어도 그의 선교 사역을 도울 수 있는 충분한 자원을 가지고 있기 때문에 여행에 필요한 양식을 제공하고 있었다(눅 8:1-3과 비교하라). 우리는 그 자매들이 단순히 예수 가족의 친구들, 즉 그와 함께 자란 사람들이라고 간주할 수도 있다. 하지만 이야기는 이 선생의 복지에 초점을 맞추지 않는다. 이 이야기는 독자의 관심을 딴 데로 돌리게 한다.

　마르다와 마리아 이야기는 사마리아인의 비유를 이해하는 데 얼마나 중요한가? 이 이야기는 내러티브적으로 이전 이야기에 빛을 비추어주는가? 이 두 이야기는—존 놀란드(John Nolland)가 제안하듯이[11]—하나님을 사랑하는 것(마리아의 경청 행위)과 이웃을 사랑하는 것(사마리아인의 행위)에 대한 두 가지 다른 사례들인가? 아니면 스테파니 버캐넌 크라우더(Stephanie Buckhanon Crowder)가 주장하는 것처럼 이 두 이야기는 "환대와 사역 간의 관계"를 보여주는 누가의 두 가

11　Nolland, *Luke 9:21-18:34*, 605.

지 예로 서로 비슷한 기능을 갖고 있는가?[12] 누가는 사마리아인이 주인공인 이야기를 두 명의 유대인 여성이 예수의 제자로 등장하는 이야기와 연결하는 것에 더 큰 목적이 있는가? (예수가 칭찬하신) "자비를 베푼" 사마리아인과 "좋은 편을 택한"(눅 10:42) 마리아를 병치하는 문학적 장치(juxtaposition)가 존재하는가? 여관 주인과 예수를 맞이하고 예수의 필요를 충족시키는 일에 관심을 기울였던 마르다 사이에 내러티브적 연결고리가 있는가?(눅 10:38)[13] 만약 그렇다면 독자들은 우리가 앞으로 논의하게 될 여관 주인이 행한 중요한 일을 다시 살펴볼 필요가 있는 것인가 아니면 마리아가 취한 행동을 높이 평가하신 것은 사마리아인의 초기 행동에 대한 내러티브적 해설인가? 마지막으로, 청중들이 이 두 이야기를 서로 연결해서 들어야 한다면, 예수는 이제 보살핌이 필요한 "피해자"가 되신 것인가? 이 두 번째 이야기는 예수와 율법 교사가 나눈 대화의 내러티브 배치에 비추어 볼 때 연구할 가치가 있는 충분한 해석적 가능성을 잠재적으로 열어 준다.

또 다른 내러티브의 비교 대상

누가복음에 나타난 예수에 관한 이야기 전체에서 이 율법 교사가 "내가 무엇을 하여야 영생을 얻으리이까?"라는 질문을 던진 유일한 인물

---

12   Crowder, "Luke," 170.
13   놀랍게도 "보살핌"이 필요한 이 사람(예수)은 마리아를 가르치는 사람이 된다.

은 아니다.[14] 이 율법 교사와 부자 관리는 모두 예수를 "선생"이라고 부르며 "무엇을 해야 하느냐"고 물었고(눅 18:18), 이에 예수는 필요한 조언을 해주셨다.[15] 다른 복음서에는 누가복음 10장 비유와 관련한 유사점이 나타나 있지 않지만, 마가복음과 마태복음은 부자 관리의 이야기와 비슷한 유사점을 제공한다(눅 18:18-30; 막 10:17-31; 마 19:16-30). 훌륭한 유대인 선생으로서 예수는 이 질문자들에게 각각 일부 현대 그리스도인들이 생각하는 것처럼 자신이 아닌 토라, 즉 계명을 가리키신다. 또한 그는 율법 교사에게만 "네가 [그것을] 어떻게 읽느냐?"라고 물으신다. 율법 교사와 부자 관리는 모두 토라를 준수하는 유대인이었지만, 이 두 만남에는 더 큰 의미가 내포되어 있었다.

그들의 서로 다른 반응은 그들의 대화를 각각 다른 방향으로 이끈다. 율법 교사의 다음 질문("내 이웃이 누구니이까?")은 부자 관리의 더 자신감 있는 진술로 대체된다. "이것은 내가 어려서부터 다 지키었나이다"(눅 18:21). 하지만 누가복음의 내러티브 구성에서는 두 이야기에 모두 뭔가 여전히 부족한 부분이 있다. 율법 교사의 질문은 예수의 사마리아인 비유를 야기한다. 그리고 이 비유는 율법 교사로 하여금 스스로 자신만의 결론을 내리고 자신이 해야 할 행동을 결정하게 한다. 후대의 미드라쉬(midrash)가 규정한 바와 같이, "그러므로

---

14 1980년대 이래로 우리는 "비유가 이야기에 빛을 비추어주지만, 비유도 이야기에 비추어 해석해야 한다"는 것을 인식하게 되었다(John Drury의 저서에 대한 David Gowler의 설명; 다음을 보라. Gowler, *What Are They Saying*, 35).

15 부자의 일차적인 질문은 예수를 가리켜 "선하다"(눅 18:19)라고 말하는 그의 말에 예수가 의문을 제기할 때 잠시 곁길로 빠진다. 마태의 병행 본문—"내가 무슨 선한 일을 하여야 영생을 얻으리이까?"—은 이것을 회피한다(마 19:16).

비유를 통해 [사람이] 토라 말씀의 참뜻에 도달하기 때문에, 비유를 가볍게 여겨서는 안 된다"(Song of Songs Rabbah 1:1 §8).[16] 그러나 예수는 부자 관리에게 "네게 있는 것을 다 팔아 가난한 자들에게 나눠주라"(눅 18:22)는 보다 강력하고 직접적인 명령을 내리신다. 이것은 비유 속의 사마리아인의 행동이 부분적으로 보여준 행위다. 부자 관리가 개인적으로 침통함을 보였다는 단서는 누가가 율법 교사의 반응을 생략한 것보다 더 결정적이다. 누가가 묘사한 부자 관리는 예수의 요구를 이행하기를 원치 않는다(아마도 가족에 대한 의무 때문에 그렇게 할 수 없었을 수도 있다).[17] 율법 교사는 부자 관리와는 달리 가난한 사람들(혹은 학대받는 사람들)이 아닌 사마리아인을 마주한다.[18] 예수는 그의 지갑이 아닌 그의 상상력을 자극한다.

비유: 내부 이야기(눅 10:30-35)

2장에서 논의한 것처럼 비유는 여러 시대의 해석자들의 관심을 끌었다. 해석자들은 흔히 그 배경에 주의를 기울이지 않고 이 친숙한 비유를 접하지만, 이 비유 역시 다른 여러 비유와 마찬가지로 문학적

---

16 번역은 Freedman and Simon의 것이고, *Midrash Rabbah*는 Snodgrass, *Stories with Intent*, 112에서 인용했다. 미드라쉬는 기원후 첫 몇 세기 동안 시작된 것으로 보이는 고대 유대 성서 주석의 한 종류다.

17 오직 마가만 이 사람에 대한 사랑을 묘사한다(막 10:21).

18 이 사마리아인은 누군가를 돕기 위해 자신의 자금을 사용하고 있다. 그는 아마도 모든 것을 다 주지 않을 것이다. 그렇다고 해도 이 두 이야기는 모두 비슷한 요점─도움이 필요한 사람들을 위해 자신의 소유를 활용하라─을 말하는 것처럼 보인다.

정황을 지니고 있다. 이 내러티브의 정황이 실제의 역사적 정황인지 아닌지는 이 책의 목적에 있어서 덜 중요한 문제다. 여기서 더 중요한 것은 누가복음 내러티브의 의도를 찾는 것이다. 누가복음의 문맥은 율법 교사의 질문을 포함한다. 하지만 그 질문에 답하기보다 예수는 이 비유를 말씀하시는데, 이는 이웃을 어떻게 정의해야 하는가에 대한 율법 교사의 질문을 탐구하고, 그렇게 함으로써 간접적으로 최초의 질문("내가 무엇을 하여야 하리이까?")도 다루기 위한 것이었다. 이 이야기에는 주어가 다른 **다섯** 명의 등장인물들(즉, 구체적인 행위 동사와 관련된 인물들)이 나온다. 그들은 예루살렘에서 여리고로 여행하는 한 남자, 그를 공격하여 반쯤 죽게 만든 강도들, 그 길을 지나가다가 모른 체하고 피하여 지나가는 제사장, 제사장이 간 길을 따라서 간 레위인, 마지막으로 그 길을 가다가 긍휼을 베푼 사마리아인이다. 다른 인물들—예를 들어 여관 주인과 같은 인물—은 누가가 어떤 행위 동사도 그들에게 연관시키지 않았기 때문에 여기에 나열하지 않았다.[19] 물론 여기에 언급되지 않은 다른 "인물들"—예를 들면, 여관 주인의 배우자, 피해자의 가족 혹은 사마리아인의 사업 파트너 등—은 비극적이지만 궁극적으로는 긍정적 결과를 가져온 이 이야기의 배경에 남아 있다.[20]

----

19   Bruce Longenecker는 여기서 이 생각에 대해 간접적으로 도전하면서 여관 주인의 역할이 비유를 보다 더 철저하게 이해하는 데 있어 매우 중요하다고 본다. "Story of the Samaritan and Innkeeper."

20   이러한 상상 속의 등장인물들은 이런 상황에서 어떤 역할을 할 것이다. 예를 들어 여관 주인의 부인은 그녀의 가족과 이 불청객을 위해 식사(와 돌봄)를 제공할 것이다.

단어 숫자만 보더라도 주인공이 누구인지 쉽게 알 수 있다. 예수는 105(혹은 106) 단어를 사용해서 모든 비유를 전한다.[21] 그는 그 단어 중에서 피해자의 위기를 단지 20개의 그리스어 단어로 묘사한다(눅 10:30). 제사장과 레위인의 반응을 설명하는 데 25개에서 26개의 단어만 더 추가한다(눅 10:31-32). 전체 비유 중 절반 이상(60 단어!)은 사마리아인의 반응을 묘사하기 위한 것이다(눅 10:33-35).[22] 사마리아인의 긍휼은 다양한 행동 단계에서 칭송받는다. 그는 상처를 붕대로 감고, 그 남자를 나귀에 태워 여관으로 데려가 여관에서 그를 돌보아 주며, 추가적인 보살핌을 위해 두 데나리온을 지불하고, 그 후 마지막으로 여관 주인과 의사소통을 한다. 사마리아인은 이 비유에서 유일하게 말을 하는 사람이다. 이 짧은 비유에서 예수가 하신 말씀의 절반 이상이 이 낯선 사람에게 행한 사마리아인의 행위를 강조하고 있으며, 그렇게 함으로써 결과적으로 율법 교사의 질문에 답을 하고 있다. 하지만 이 이야기에 더 큰 의미가 내포되어 있지는 않을까?

첫째, 많은 영어 성서의 표제에도 불구하고, 예수는 사마리아인을 결코 "선하다"고 말하지 않는다. 누가의 내러티브에서는 어느 누구도 그러한 형용사로 묘사되지 않는다. 누가의 예수는 "하나님 한 분 외에는 선한 이가 없느니라"고 말씀하신다(눅 18:19).[23] 사마리아

---

21 몇몇 고대 사본들은 눅 10:32에 그리스어 단어 하나—*genomenos*—를 추가하는데, 이것은 레위인이 되는 삶의 한 단계를 강조할 것이다. 눅 1:2의 "말씀의 **종이 된**" 사람들과 관련된 이 그리스어 분사의 유사한 용법을 비교하라.

22 영어에서 신개정표준역을 기본 텍스트로 사용하면 단어 숫자는 다음과 같다. 피해자의 위기: 28개, 제사장과 레위인의 반응: 41개, 사마리아인의 반응: 83개.

23 이것은 마가의 기사(막 10:18)와 유사하다. 마태는 형용사 "선한"을 (선한 선생"이

인의 행위는 "선한" 행위로 묘사될 수 있었지만, 사실 율법 교사는 그것을 자비로운 행위로 묘사했다. 예수는 자신의 행위에 결코 "선하다"라는 꼬리표를 붙이지 않으셨는데, 이 "선하다"는 용어는 누가에게 중요한 신학적 의미를 지닌다. 오히려 예수에게는 이러한 친절의 행위가 유일하게 적절한 인도적인 행동―즉 자신이 대접받고자 하는 대로 위급한 상황에 처한 다른 사람을 대접하는 것―이었던 것처럼 보인다. 따라서 그것은 단지 선한 행동이 아니었다. 그것은 모든 인간이 다른 사람에게 취해야 하는 **유일한** 행동 방식이었다. 다른 행동들―예를 들어 "피하여 지나가는" 것―은 비인간적인 행동들(즉, 행동을 취하지 않는 불이행)로 분류될 수 있으며, 야고보는 이것을 행하지 않는 일을 죄라고 표현할 것이다(약 4:17). 이 개념은 잠언(및 다른 곳)에도 존재한다. "네 손이 선을 베풀 힘이 있거든 마땅히 받을 자에게 베풀기를 아끼지 말며"(잠 3:27).[24] 예수에게 있어서 이 이야기는 "네 이웃을 네 몸과 같이 사랑하라"는 레위기의 명령을 따르는 것이 무엇을 의미하는지를 보여준다. 그의 비유는 비록 반전이 있기는 하지만 레위기의 가르침에 대한 실례다. 사마리아인의 등장은 다소(?) 예상(즉 제사장, 레위인 혹은 일반 유대인)에서 벗어난 것이었다.

둘째, 스플랑크니조마이(*splanchnizomai*, 눅 10:33)라는 그리스어 동사가 이 이야기를 이해하기 위한 핵심 단어다. 영어 번역은 서로

라는) 호칭에서 (내가 무슨 선한 일을 하여야 영생을 얻으리이까?"라는) 질문으로 전환한다(마 19:16).

24 이 표현은 율법에도 들어 있다(신 24:14-15). 잠언과 신명기에서 문맥은 "이웃"을 포함한다.

다르고, 일부 번역은 "불쌍히 여김"(pity[NRSV, NIV])을 표현하는 방향으로 기울고 있으며, 다른 번역들은 그것을 "긍휼"(compassion[KJV, CEB, ESV])의 동의어로 표현하는 것을 선호한다. 이러한 번역에는 검토할 가치가 있는 미묘한 차이들이 존재할 수 있다.[25] "불쌍히 여김"은 보통 다른 사람에 대한 **동정심**(sympathy)과 관련이 있고 남을 돕고자 하는 추동력을 포함하지 않을 수 있다. "긍휼"은 보통 다른 사람에 대한 **공감**(empathy)의 감정과 연관되어 있으며 일반적으로 다른 사람을 돕고자 하는 의지를 포함한다.[26] 만약 이 언어적 차이점이 실제로 사실이라면, 긍휼은 감정 그 이상의 것이다. 그것은 행동을 유발시키는 감정이다. 사실, 어떤 사람들은 행동이 발생하기 전까지 긍휼을 불쌍히 여기는 것으로 잘못 해석할 수도 있다. 불쌍히 여기는 것은 다른 사람 또는 다른 사람이 처한 상황에 대한 부정적인 감정과 연관될 수 있다. 긍휼은 사랑과 더 밀접한 관련이 있으며, 따라서 그것은 일반적으로 다른 사람에 대한 부정적인 감정이나 다른 사람에 대한 판단을 포함하지 않는다.[27] 불쌍히 여기는 것은 어떤 특정 상황에서 한 사람으로 하여금 슬픔을 느끼게 만들 수 있다. 긍휼은 일어서서 무언가를 하도록 강요한다. 어떤 사람들은 다른 사람들의 부당한 대우를 목격하고, 그것은 그들로 하여금 육체를 가지고 항의하도록 움

---

25   신개정표준역은 "자비"라는 표현을 동사 "엘레에오"(*eleeō*)의 번역어로 사용한다 (참조. 눅 16:24; 18:38-39).

26   눅 10:33에서 이 그리스어 수동태 동사—"그가 연민으로 가득 차"—는 생물학적인 요소일 수 있다. 최근의 연구는 연민과 생물학 사이에 연관성이 있다는 것을 보여 주었다. Keltner, "Compassionate Instinct."

27   Emelda M., "Difference between Pity and Compassion."

직이게 만든다. 그러나 우리 대부분이 공감하겠지만, 우리는 우리의 몸, 시간, 에너지를 그 일을 위해 내놓지 않는다.[28]

이러한 언어적 차이점을 어느 정도 배경 지식으로 갖고 있다면, "그는 불쌍한 마음이 들었다"라는 NRSV의 번역은 독자들로 하여금 사마리아인의 감정을 오해하게 만들 수도 있다. 이 두 용어의 차이점에 대한 설명은 한 사람이 행동을 취하도록 만들기 위해서는 불쌍히 여기는 것만으로는 충분하지 않다는 점을 암시한다. 만약 그렇다면, 그리고 다른 곳에서 사용된 그리스어 용법에 비추어볼 때, 더 좋은 번역은 "긍휼"이다.[29] 이 두 용어의 차이점은 또한 우리가 다른 등장인물들의 행동을 좀 더 동정적인 방식으로 보게 할 수도 있다. "피하여 지나가는 것"은 결국 비인간적인 행동이 아닐 수 있다. 그것은 단순히 불쌍히 여긴 것을 표현할 수도 있다. "나는 그의 상태를 알고 있지만, 내가 지금 그를 돕기 위해 몸소 할 수 있는 것이 아무것도 없다."[30] 이러한 두 용어의 차이점에 비추어볼때, 이 비유는 "긍휼을 보인 사마리아인" 또는 "헌신적인 사마리아인" 혹은 심지어 "제사장 또

---

28 Reinhold Niebuhr에 대한 James Cone의 혹독한 비평은 여기서 좋은 유비일 수 있다. "Niebuhr는 흑인의 고통을 '보는 눈'을 가졌지만, 나는 그가 그것을 자신의 것으로 '느끼는 마음'이 부족했다고 믿는다"(*Cross and the Lynching Tree*, 41).

29 신개정표준역은 눅 7:13; 15:20에서 "스플랑크니조마이"(*splanchnizomai*)라는 그리스어 동사를 "연민"으로 번역한다.

30 Amy-Jill Levine이 강조하듯이 자기 직업에 헌신하는 제사장이라면 누구나 몸을 돌보기 위해 멈추었을 것이다(*Short Stories by Jesus*, 99-100). 이 비유는 제사장이나 레위인이 "반쯤 죽은" 몸을 보았는지 불분명하며, 이는 제사장이 구타당한 사람의 상태를 전혀 알아채지 못했다는 Howard Thurman의 결론으로 이어진다(2장을 보라).

는 레위인의 불쌍히 여기는 마음"이라고도 불릴 수 있다. 위기에 처해 있는 우리의 다른 동료에게 이렇게―사마리아인이 한 것처럼 우리의 계획을 바꾸고 심지어 당장 시급한 필요를 채워주는 것 이상으로 헌신하는― 행동할 수 있는 충분한 긍휼을 가지고 있는 사람이 우리 가운데 있는가? 인간이 지닌 불쌍히 여기는 마음은 자연스러운 것이고 인간의 긍휼은 예사롭지 않은 것이다.

셋째, 사마리아인이 그 길을 가던 다른 이들과 구별되는 바로 그 점이 그가 구타당한 사람을 보았을 때, 그로 하여금 행동을 취하도록 만든다. 피해자의 상황에 대한 보다 호의적인 감정을 표현한다는 점이다(눅 10:33). 누가는 사마리아인의 감정 상태를 에스플랑크니스테(*esplanchnisthé*)라는 그리스어 동사로 묘사하는데, 이는 스플랑크니조마이(*splanchnizomai*)라는 동사의 수동태로서 피해자의 상태가 사마리아인의 **내적 감정**(*splanchna*, 용기[guts])을 자극하여 그로 하여금 어떤 행동을 취하게 만든 것을 나타낸다. 세 번째 복음서에서 이러한 묘사는 대단히 중요하다. 왜냐하면 누가는 이 그리스어 동사를 오직 세 번만 사용하는데, 각각 비슷한 결과와 관련이 있기 때문이다. 즉 이렇게 마음이 움직인 사람은 상대방이 건강과 온전함을 다시 회복하도록 돕는다. 두 가지 예가 비유에 나온다. 우리가 현재 다루고 있는 이야기에 등장하는 사마리아인(눅 10:33)의 뒤를 이어 유대인 아버지가 아들의 수치스러운 귀환을 목격하지만 긍휼을 갖고서 따뜻하게 그를 맞이하고, 그 아들을 자신의 가족으로도 회복시키기 위해 행동하는 비유가 나온다(눅 15:20). 비유 외에 누가는 누가복음 7장에 나오는 예수의 행동을 묘사하기 위해 이 동사를 사용한다. 예수는 자신의 긍휼 때문에 한 어머니의 슬픔을 목격한 후 그녀의 아들을 살려 낸다(눅 15:13). 또한 명사형은 단 한 번만 사용되었는데, 세례 요한을 주된 초점으로 한 예언에서 이스라엘에 구원의 길을 제공하는 하나 님의 스플랑크나 엘레오우스(splanchna eleous), "깊은 긍휼"(CEB) 또는 "부드러운 자비"(KJV; NRSV)를 설명하기 위해 사용되었다(눅 1:78). 이 용어를 이러한 방식으로 사용한 누가는 이 단어를 사용하여 사마 리아인도 문학적으로 그들 가운데 하나가 되게 한다.

넷째, 누가복음의 원독자들은 비유에 나타난 제사장의 무관심 을 예상하지 못했을 것이다. 그것은 예수의 비유들 가운데 제사장을 하나의 등장인물로 언급한 유일한 경우다. 게다가 누가복음과 사도 행전에 나오는 평범한 제사장들은 긍정적으로 평가받는 인물들이 다. 더 큰 내러티브 문맥에서 누가는 일반 제사장들(hiereis)과 대제사 장들(archiereis; 예루살렘 성전과 연관되어 있음)을 구분하는 것 같다. 후자 의 집단은 예수와 적대적이며 그가 예루살렘에 입성한 후 그를 제거 하기 위해 다른 사람들과 적극적으로 공모한다(눅 19:47; 22:2-4, 52- 54). 반면 일반 제사장들은 예수와의 갈등이 덜하거나 전혀 없었다. 누가복음은 세례 요한의 아버지이자 호감이 가는 인물인 의로운 제 사장 스가랴와 함께 시작한다(눅 1:5-66). 예수는 두 차례에 걸쳐 사 람들을 제사장에게 보내서 그들이 치유를 받은 후 깨끗하게 된 것을 확인받도록 하는데(눅 5:14; 17:14), 이는 레위기 13장에 따르면 일반 적인 관습이다. 사도행전에서 제사장들에 대한 언급은 계속 이러한 경향을 띤다. 처음에는 부활에 관한 가르침을 놓고 성전 제사장들과 베드로와 요한 사이에 갈등이 있었지만(행 4:1), 많은 예루살렘 제사장들은 결국 "이 믿음에 순종하게 되었다"(행 6:7). 일부 제사장들은 예수 운동에 반대하고 다른 제사장들은 이 운동에 동참한다.

누가복음 10장의 비유는 일반 제사장들이나 유대인들의 긍휼 없음에 관한 진술이 아니다. 애석하게도 우리가 처한 특수한 상황에서 반유대주의가 다시 부상하고 있기 때문에 이것을 상기시키는 것이 필요하다.[31] 예수와 율법 교사(그가 이 비유를 이해했을 때, 그는 자비가 무엇인지를 깨달았다)는 모두 유대인이었다. 함축적으로, 이 비유는 누가복음의 예수가 예루살렘 성전과 관련된 종교 지도자들을 비판하는 것일 수 있다. 하지만 설령 그렇게 생각할 수 있다 하더라도, 독자들은 신중해야 한다. 왜냐하면 누가의 내러티브는 일반적으로 성전을 반대하는 입장을 취하지 않기 때문이다.[32] 비록 누가는 자신의 인물들을 심지어 두 세대 앞선 시기에 배치하고 있지만, 그는 성전이 파괴된 이후에(기원후 70년경) 이 글을 쓰고 있다. 예를 들어 물리적인 성전을 비판하는 것으로 보이는 스데반의 연설(행 7:8)은 최근에 일어난 성전 파괴 이후의 삶에 대한 정서일 수 있다. 비록 학자들은 누가가 스데반이라는 인물의 입장에 동의하는지를 놓고 논쟁을 벌이

---

31 Miller, "Anti-Semitism Is on the Rise."
32 참조. Fuller, *Restoration of Israel*, 266-68. 성전에 대한 누가의 복잡한 입장에 대해 Fuller는 다음과 같이 말한다. "비록 누가가 성전을 긍정적으로 묘사하지만, 예수와 형성 과정의 기독교 공동체의 연관성에 비추어 저자는 새 성전이 이스라엘의 종말론적 회복의 특징이 될 것이라고 그 어디에도 언급하지 않는다"(266n278). 다시 Fuller는 다음과 같이 말한다. "누가는 성전 중심의 회복에 대한 이해를 발전시키는 데 거의 관심을 보이지 않는다"(268). 좀 더 다면적인 관점은 다음을 보라. Brawley, *Luke-Acts and the Jews*, 107-32.

고 있지만 말이다.[33] 사실 누가복음은 예수의 추종자들이 늘 성전에서 하나님을 찬송했다는 말로 끝난다(눅 24:53). 게다가 사도행전에 따르면, 예수가 떠나신 후 많은 사람이 매일 성전에 올라가서 기도를 드렸기 때문에(행 3:1) 성전은 새롭게 탄생한 공동체를 위한 모임 장소였다(행 2:46). 이 비유는 전반적으로 유대교(즉, 토라와 성전)에 대항하는 "예수"에 관한 이야기가 아니다. 이러한 관점에서 이 이야기를 해석하는 것은 이 비유의 의미를 왜곡하는 것이다. 이러한 접근 방식을 읽기 전략으로 채택하는 것은 이 이야기의 핵심인 "내 이웃이 누구니이까?"와 "네가 어떻게 읽느냐?"라는 더 광범위한 질문에 영향을 끼치게 된다.

이 비유의 예상을 뒤엎는 반전을 이해하기 위해서는—예수가 흔히 그의 비유들에서 의도한 것처럼—다음과 같은 것을 이해하는 것이 중요하다. (1) 일반적으로 유대인들과 부정적인 상호 작용을 했던(아래를 보라) 사마리아인이[34] 이 비유 속에서는 긍정적으로 묘사되었다. (2) 일반적으로 유대인들과 긍정적인 상호 작용을 했던 제사장은 이 비유 속에서 부정적으로 묘사되었다.[35] 결국 이것은 비유다!

마지막으로, 예수의 비유 속의 사마리아인은 상상 속의 인물이

---

33   Shaye Cohen에 의하면 성전에 대한 누가의 입장은 이 운동을 분리된(즉 종파적인) 집단으로 정의하기 위해 그의 "이상적인" 묘사에 비추어 해석되어야 한다. *From the Maccabees to the Mishnah*, 160-61.

34   요한복음에서 예수와 사마리아 여인의 대화는 긴장감이 감돈다. 왜냐하면 부분적으로 "유대인들은 사마리아인들과 공통점이 없기" 때문이다(요 4:9).

35   누가-행전 이야기 안에는 레위인에 관한 정보가 거의 없다. 요셉 바나바라는 레위인은 예수의 추종자 모임(행 4:36)에 합류하고 결국에는 바울의 멘토가 된다.

다. 비유 속에서 유대인 예수가 유대인이 아닌 인물을 상정하는 것은 일반적이지 않다. 길 잃은 양을 찾아다닌 사람도 유대인 목자이고(눅 15:37), 잃어버린 동전을 부지런히 찾은 사람도 유대인 여성이며(눅 15:8-10), 방탕한 아들에게 긍휼을 베푼 사람도 유대인 아버지다(눅 15:11-32). 비유 속에 등장하는 이러한 인물들에 대해 생각하는 또 다른 방법은 사마리아인을 평범한 인물로 인식하는 것이다. 비유를 해석하는 학자들은 이 비유들이 1세기 삶의 현실을 얼마나 잘 드러내는지에 대해 논쟁을 벌이고 있다. 예를 들어, 성전에서 기도하던 세리와 바리새인을 묘사한 비유와 비교해보자(눅 18:9-14). 예수의 청중은 겸손한 세리보다는 겸손한 바리새인을 만날 가능성이 훨씬 더 높았다. 이러한 반전이 이 비유의 진가를 드러낸다.[36]

누가복음 10장의 비유가 그 지역에 거주했을 것으로 추정되는 실제 사마리아인에 대해 거의 말하지 않는다고 가정해보자. 누가의 내러티브 세계 안에 존재하는 평범한 사마리아인들에 대해 읽으면 우리는 그들이 전혀 자비하지 못한 사람들임을 알게 된다. 사마리아 마을 전체(혹은 적어도 사마리아인들의 지도자들)가 예수와 그의 일행들을 환대하기를 거부했기 때문에 그들은 그 마을을 우회해야만 했다(눅 9:51-53).[37] 예루살렘에서 중요한 절기를 지내는 기간에 유대인들이 이 마을을 통과하는 것은 흔한 일이었다.[38] 아마 그렇지 않았다면

----

36 Brian Blount는 누가복음의 반전 모티프가 사회와 정치에도 직접 영향을 끼친다고 제안한다. *Then the Whisper Put on Flesh*, 79.

37 "왜냐하면 그의 얼굴이 예루살렘을 향했기 때문이다"(눅 9:53).

38 Pummer, *Samaritans*, 35; Nolland, *Luke 9:21-18:34*, 537.

제자들은 그곳에서 숙소를 알아보려 하지 않았을 것이다. "예루살렘으로 향해" 가려 하지 않았던 다른 유대인 여행자들은 아무 일 없이 그곳을 통과했을 가능성이 크다. 이 적대적인 거절에 화가 난 예수의 일부 제자들은 보복하기를 원했고 예수는 그들의 폭력적인 욕망을 꾸짖는다. 유대 역사가 요세푸스는 유대인과 사마리아인 사이에 큰 갈등이 있었던 게 사실임을 보여주는데, 그중 한 사건은 폭력 사태가 너무 심각해져서 시리아의 로마 총독인 움미디우스 콰드라투스(Ummidius Quadratus)는 그들의 사건을 제국 법정에 상소하도록 양측 대표들을 로마로 보냈다. 결국 클라우디우스 황제(기원후 41-54년 재위)는 유대인들의 편을 들어 사마리아인 지도자들을 처형했다.[39]

비록 더 큰 내러티브가 예수와 그의 제자들이 직접 경험했을 것으로 보이는 "현실"을 묘사하고 있음에도 불구하고, 누가복음의 예수는 놀랍게도 자비하고 친절한 사마리아인을 상정한다. 사마리아 마을 사람들에게 공개적으로 거절당하는 예수의 경험도 이 유대인 선생이 사마리아인이 주인공 역할을 맡는 이야기를 전하지 못하도록 막지 못했다(눅 10:33). 또한 이러한 갈등은 누가가 다른 긍정적인 이야기—예수가 열 명의 나병 환자를 치료하고 오직 한 사람, 즉 사마리아인만이 예수의 이러한 친절한 행동에 대해 감사하기 위해 그에게 돌아온다는 이야기—를 전하는 것도 막지 못했다(눅 17:12-19).[40] 긍휼함이 많은 사마리아인의 비유와 함께 때때로 "감사하는 사

----

39   Josephus, *J. W.* 2.232-49; *Ant.* 20.118-36.
40   돌아오지 않은 나머지 아홉 사람과 비교하여 예수는 사마리아인을 "외국인"(*allogenēs*; 눅 17:18)으로 인정한다. 오직 외국인만 돌아왔다는 예수의 관찰

마리아인"이라는 꼬리표가 붙는 이야기 역시 다른 복음서에는 나오지 않는다.[41] 누가와 예수는—실제로 존재하는 사마리아인들에 대한 자신들의 견해에도 불구하고—자신들의 이야기에서 사마리아인들이 상대방에 대한 세심함, 도움, 감사의 모범을 보이는 사람들로 등장하는 세상을 상정할 수 있었다. 신학계, 정치계, 사회계, 교계가 상상력을 상실한 것은 우리에게 가장 큰 손실 중 하나다. 예수의 비유는 추종자와 비추종자를 막론하고 모든 사람이 우리의 경험, 전통, 문화적 편견이 우리에게 제공하는 것과는 다른 방식으로 상대방을 상상하도록 강력하게 촉구한다.[42] 이야기꾼과 같은 문화 속에서 살고 있는 동료들에게 도전을 주기 위한 스토리텔링의 중요성은 아무리 강조해도 지나치지 않다. 하워드 서먼도 이에 동의할 것이다(2장을 보라!). 우리의 이야기들에 나오는 주인공은 누구인가? 그들은 항상 우리처럼 생긴 사람들, 우리처럼 생각하는 사람들, 우리처럼 사랑하는 사람들 또는 우리처럼 믿는 사람들이 아닌가?

　이처럼 누가는 다른 복음서 저자들인 마태나 요한보다 사마리

에 대한 **부정적인** 어조를 제시하는 해석은 다음을 보라. Barreto, "Except This Foreigner?"

41　참조. Betz, "Cleansing of the Ten Lepers," 314. 부차적으로 질병, 질환, 전염병이 다양한 관점과 문화적 배경을 가진 사람들을 어떻게 하나로 모으는지를 볼 수 있는 방법은 수 세기와 문화적 경계를 넘나든다.

42　Toni Morrison은 하버드 대학교에서 열린 일련의 강연에서 자신의 창작 문학에 대해 다음과 같이 자기 생각을 밝힌다. "내러티브 허구는 통제된 황무지, 즉 다른 사람이 되고 다른 사람, 곧 그 낯선 사람이 될 수 있는 기회를 제공한다. 동정심과 명확성, 자기반성의 위험성을 가지고 말이다"(*Origins of Others*, 91).

아인을 더 호의적으로 묘사한다.[43] 마태복음에서 예수는 제자들에게 이방인과 사마리아인을 멀리하라고 명령한다(마 10:5).[44] 누가복음의 병행 본문에는 지리적 제한이 덜 구체적으로 나타나 있으며(눅 9:1-5), 이는 결국 "친히 [그가] 가시려는 각 동네와 각 지역으로" 칠십 인을 보낼 때(비록 미묘한 차이는 있지만) 더욱 강조된다(눅 10:1).[45] 일반적으로 사마리아인에 대한 부정적인 이미지는 요한복음에서도 나타나므로 예수가 사마리아 여인과 만난 이야기(요 4장)에도 영향을 끼친다. 유대인들은 문화적 경멸을 표현하는 의미로 사마리아인들에게 꼬리표를 붙일 수 있었는데, 이는 사마리아 민족 집단을 귀신 세력과 연관시킨 것이었다. "우리가 너를 사마리아 사람이라 또는 귀신이 들렸다 하는 말이 옳지 아니하냐"(요 8:48).[46] 요한복음에서 (참?) 유대인들은 사마리아인들과 전혀 상종하지 않는다는 일반적인 생각이 내러티브 여담으로 표현되어 있다(요 4:9). 그러나 심지어 요한복음에서도(이 점에서는 누가복음과 유사함) 이 유명한 여성과 예수의 긍정적

----

43 민족적 (지리적·종교적) 정체성의 표지는 최초의 복음서인 마가복음에서 나타나지 않는다.

44 마태복음은 사마리아인들을 이방인들 **그리고** "이스라엘의 집"과 구별한다(마 10:5-6).

45 만약 이방인들이 거주하는 마을들이 있었다고 가정한다면, 그 마을들을 의도한 것이 아니었을 것이다. 왜냐하면 예수의 유대인 추종자들이 이방인들을 포함하는 것을 생각하기 시작하는 데는(고넬료에게 한 베드로의 답변이 암시하듯이) "계시"가 필요했기 때문이다. "유대인으로서 이방인과 교제하며 가까이 하는 것이 위법인 줄은 너희도 알거니와 하나님께서 내게 지시하사 아무도 속되다 하거나 깨끗하지 않다 하지 말라"(행 10:28)

46 사마리아인을 적으로 보는 "일반적인 해석"에 대한 최근의 도전에서 Matthew Chalmers는 요 8장의 논쟁적인 어조를 제시하지 않았다. 다음을 보라. "Rethinking Luke 10."

인 만남에 힘입어 사마리아인들의 공동체가 자발적으로 예수를 잠시 초대하면서 이 묘사는 서로 충돌을 일으킨다(요 4:40). 이와 같은 맥락에서 볼 때, 예수는 사마리아 여인에게 다가가는 것을 꺼리지 않았다(요 4장). 이러한 점에서 누가와 요한은 모두 예수의 사역에 대한 마태의 더 제한적인(그리고 더 역사적인) 묘사를 넘어서고 있다.

표면적으로는 누가복음의 예수가 마태복음의 예수보다 더 포용적으로 보인다. 사실 때때로 "외국인"이나 "타인"(*allogenēs*)[47] — 사마리아인 — 만이 과거 나병에 걸렸던 사람처럼 올바르게 반응한다(눅 17:18). 학계의 일치된 견해는 누가가 비유대인들이 **에클레시아**(*ekklēsia*, 교회) 성장에 있어서 압도적으로 큰 비중을 차지하던 상황과 시기에 이 복음서를 썼다는 것이다.[48] 이러한 상황에서 누가는 예수 운동이 비유대적인 방향으로 발전하고 성장하는 것을 설명하기 위해 예수의 이야기를 새롭게 각색하기를 원했다. 이러한 맥락에서 볼 때, 오직 누가복음의 예수만이 사마리아인이 주도적인 역할을 하는 비유를 말씀하신다. 아마도 누가가 예수 사역의 초기 단계에서 설명하고자 했던 것은 바로 사도행전에 기록된 사마리아 선교의 성장이었을 것이다.[49] 누가복음의 자료인 마가복음에서는 "사마리아"와 "사마리아인"이라는 용어가 전혀 나타나지 않는데, 이는 많은 해석자로

----

47   이 그리스어 복합 단어의 첫 부분(*allos*)은 "또 다른"을 의미한다.

48   표준적인 개론서는 다음을 보라. 예. Powell, *Introducing the New Testament*, 161-81. 『현대인을 위한 신약개론』(CLC 역간).

49   사마리아에 전파된 복음의 기원에 관한 또 다른 전승은 요 4장을 참조하라. 요한복음은 그 본래 이야기에 여성이 관여한 것을 포함한다.

하여금 역사적 예수가 사마리아인들과 거의 접촉하지 않았다고 해석하도록 만들었다.[50] 누가는 자신이 후대에 발생한 예수 운동의 성장에서 알게 된(그리고 경험하게 된?) 것에 비추어 누가복음의 내용을 수정했다. 그는 자신이 살던 시대에 끊임없이 증가하고 확산한 이 다민족적인 운동을 설명하기 위해 역사를 다시 썼다. 어떤 운동의 지지자들—또는 한 국가의 시민들—이 더 이상 그 운동의 초기 구성원들과 같은 모습을 지닌 사람들이 아니거나 초기 구성원들과 같은 생각을 하지 않을 때, 후대의 지지자들은 새롭게 전개되는 상황과의 연관성을 유지하기 위해 자신들의 기원 이야기를 어떻게 각색해야 할까?

사도행전에서는 사마리아가 선교의 중심이 된다. 예수의 추종자들은 "예루살렘과 온 유대와 **사마리아**와 땅끝까지 이르러 증인이" 될 것이다(행 1:8). 사마리아가 예루살렘과 유대라는 중요한 지역과 연관되어 있는 것은 우연이 아니다. 이 지역은 일반적으로 유대 지역과 관련이 있었다(행 8:1). 사도행전에 따르면 사울이 이 새로운 운동을 박해했기 때문에 제자들이 예루살렘에서 흩어진 이후에 빌립은 장차 오실 메시아에 대한 말씀을 사마리아에 전했다(행 8:5). 누가는 심지어 사마리아에서 소문난 마술사였던 시몬도 믿음을 가지게 되었다는 사실을 간접적으로 알리는 것으로 보인다(행 8:9).[51] 누가는 그후 "사마리아도 하나님의 말씀을 받았다"(행 8:14)고 기록한다. 이 주장은 요한복음 4장의 전승과 유사하지만, 사마리아 선교를 더 후대

---

50 Pummer, *Samaritans*, 34.
51 Pummer는 이 시몬이 사마리아인이었다고 생각하지 않는다(*Samaritans*, 36).

(예수 이후의 시대)로 이동시킨다. 빌립이 먼저 사마리아 선교를 한 후에 핵심 사도들인 베드로와 요한도 사마리아 선교를 하면서 "사마리아인의 여러 마을에서 복음을 전[했다]"(행 8:25). 누가는 바울과 바나바로부터 이방인이 개종했다는 보고를 듣고 사람들(예루살렘 교회 신자들)이 기뻐할 만큼 사마리아(행 9:31)에서 점점 더 많은 신자가 증가하고 있음을 기록한다. 그럼에도 "후대의"—많은 사마리아인이 "그 도"를 따르는 무리에 합류한 시기의—신자들은 예수의 사마리아인 비유가 지닌 도발적인 성격을 제대로 깨닫지 못했을 수도 있다.[52]

사마리아인의 기원과 관련된 전승들

비록 초기 기독교와 유대 공동체의 이러한 묘사들이 사마리아인들의 **종교적** 차이점을 강조하지만, 그것들은 또한 이 사마리아 집단의 인종적 차이점도 표현하고 있는 것일까?[53] 사마리아인들의 기원은 무엇인가? 또한 기원에 관한 이러한 전승들이 예수 당대의 유대교 내에서는 어떻게 기억되고 있었을까? 그것들이 예수의 비유에 얼마나 중요한 문제였을까?

1세기 유대인 역사가 요세푸스는 누가의 동시대인으로서 사마

---

52 Bruce Longenecker도 이와 비슷한 요점을 제시한다. "Story of the Samaritan and Innkeeper," 425-26.

53 Matthew Chalmers는 최근에 성서학의 일반적인 해석의 두 부분, 즉 사마리아인을 비유대인으로 인식하는 것과 사마리아인을 1세기 유대인의 적으로 묘사하는 것에 의문을 제기했다("Rethinking Luke 10"). 이 소논문은 이 책에 도입하기에는 나에게 너무 늦게 도착했다.

리아인의 기원과 관련된 여러 성서 전승에 대한 중요한 통찰력을 제공한다. 이러한 전승들을 재서술한 그의 이야기는 누가복음을 둘러싼 시대에 유대인들이 그들의 사마리아인 이웃들과 관계를 맺으면서 지냈을 다양한 방법을 보여준다.

가장 오래되고 흔한 일반적인 전승은 열왕기하 17장에서 발견된다.[54] 이 본문은 남쪽에 거주하는 이웃인 이스라엘 민족이 북부 아시리아인들에게 참패를 당한 이야기를 전한다. 아시리아가 펼친 정책 중 일부는 다양한 민족 집단을 자신들이 정복한 땅으로 데려와 패배한 나라의 남은 자들 사이에서 함께 섞여서 살게 하는 것이었다. 아마도 결혼은 이러한 상호 작용의 뒤를 이어 생겨난 것이었겠지만, 이 내러티브는 어떤 암묵적인 민족 간의 결혼보다 사마리아에 새로온 사람들 사이에서 발전한 혼합된 종교적 예배의 시도를 강조하고 있다. "이 여러 민족이 여호와를 경외하고 또 그 아로새긴 우상을 섬겼다"(왕하 17:41). 이 공동체의 예배 행위는 아시리아가 사마리아에서 포로로 잡아온 후에 다시 백성들과 함께 거주하도록 사마리아로 보낸 이스라엘 제사장의 가르침을 부분적으로 따른 것이었다.[55]

요세푸스는 이 이야기를 재구성하면서 여러 민족 집단의 도래를 경시하고 대신 열왕기하보다 훨씬 직접적인 방법으로 사마리아인들과 연관시킨다. 요세푸스에게 사마리아인(혹은 구다인)은 그 땅에 남아 있던 이스라엘 사람들을 기만적으로 대했던 이민자들이었는

---

54   Anderson, "Samaritans."
55   Pummer에 의하면 누가는 사마리아인을 묘사하는 데 있어 왕하 17장과의 연관성을 전혀 암시하지 않는다(*Samaritans*, 36).

데, 번영하는 시기에는 그들을 친족처럼 생각하고 그들을 덜 친절하게 대하는 것이 유리할 때는 그렇게 대했다.[56] 사마리아인들에 대한 이 유대인 역사가의 적대감은 상당히 노골적이다.

또 다른 성서 전승은 바빌로니아 포로생활에서 돌아온 이후에 출현한 경쟁적인 예배 장소(예루살렘과 그리심산)에 대해 언급한다.[57] 에스라 4장은 이스라엘이 페르시아 왕 고레스의 허락을 받아 예루살렘에 성전을 재건하고자 한 이야기를 전하고 있다(스 4:3). 그러나 북쪽의 이웃인 사마리아인들은 이스라엘 백성의 재건 계획을 완수하도록 허용하면 그들이 왕에게 골칫거리가 될 일을 만들 것이라고 뒤를 이은 왕에게 호소함으로써 이 계획을 방해할 수 있었다. 성서 밖의 자료에 따르면, 두 민족 집단 모두 각각 중심적인 예배 장소의 건축을 위해 페르시아인들에게 재정적·정치적 지원을 원했다.[58] 이스라엘은 정치적인 호소를 통하여 자신들의 건축 프로젝트를 완성하고 그 예배 장소가 건축된 것을 축하할 수 있었다(스 6장).

요세푸스에 따르면, 사마리아인들이 도움을 주겠다고 나섰을 때, 유대인들의 지도자들은 그들의 도움을 거절했다. 그럼에도 유대인들은 그들이 그곳에서도 예배하도록 초대했다.[59] 이 추가 내용은

---

56   Josephus, *Ant.* 9.288-91.
57   일부 학자들은 사마리아인의 기원을 페르시아 시대—키루스의 바빌로니아 타도 (기원전 539년)부터 알렉산드로스의 페르시아 타도(기원전 330년경)까지 거슬러 올라가는 것을 선호하는데, 이는 부분적으로 유대 사료들이 바빌로니아 포로 생활의 영향을 받은 사마리아인들을 묘사하지 않기 때문이다. 예. Cohen, *From the Maccabees to the Mishnah*, 162.
58   Anderson, "Samaritans," 76이 인용한 엘레판티네 파피루스들을 보라.
59   Josephus, *Ant.* 11.84-87.

요세푸스의 수사학적 논쟁의 일부일 수 있다. 왜냐하면 그는 그리심산의 성전이 나중에 알렉산드로스 대왕 치세 때에 완성되었다는 사실을 보도하지 않았기 때문이다. 비록 다른 사마리아 전승은 그리심산의 기원을 페르시아 시대로 거슬러 올라가지만 말이다.[60]

모든 유대교 전승이 사마리아인과 유대인이 서로 대립하는 역사를 묘사하는 것은 아니다. 기원전 2세기 후반, 마카베오하의 저자 (헬레니즘적 유대인)는 폭력적이고 호전적인 셀레우코스 왕 안티오코스의 치하에서 매우 고조되었던 긴장감과 혁명 정신을 상세히 묘사했다. 마카베오하의 저자는 헬레니즘 문화의 환경에 조금 더 호의적인 관점을 갖고서 사마리아인들이 예루살렘이 아닌 그리심산에서 예배를 드렸음에도 불구하고 그들을 유대인으로 여겼다(예. 마카베오하 5:22-23; 6:2).[61] 두 예배 장소는 모두 안티오코스 군대의 공격을 받았다. 마카베오하의 내러티브는 이 다른 대안적 예배 장소에 대해 부정적인 평가를 하지 않는다.

요세푸스의 기록에는 남아 있지만 마카베오 문헌에 나타나 있지 않은 것은 유대인 대제사장 요한 히르카노스(John Hyrcanus, 기원전 134-104년)가 그리심산에 대한 공격을 감행한 것인데, 주된 이유는 사마리아인들이 시리아 왕의 정책을 받아들였기 때문이다.[62] 요세푸스의 기록에서 (그리심산에 있는) 사마리아인들의 신전을 파괴한 일은 대제사장이 나라를 통일하고 이두메아를 포함한 이 주변 지역에 유

----

60   Josephus, *Ant.* 13. 256-57; Anderson, "Samaritans," 76.

61   또한 Pummer, *Samaritans*, 41.

62   Cohen, *From the Maccabees to the Mishnah*, 162.

대인의 생활 방식을 강요하기 위해 모든 노력을 기울인 것으로 간주되었다.[63]

이미 이 장의 앞부분에서 나는 요세푸스가 기록한 유대-사마리아 관계에 대한 좀 더 최근의(요세푸스, 예수, 누가의 시대와 더 동시대적인) 사건에 대해 자세히 설명했는데, 이 사건은 클라우디우스 황제(기원후 41-54 재위)가 상소 사건에 개입하여 유대인들의 편을 들어주었던 사건이다.[64] 만약 요세푸스가 자신의 저작 시점보다 한 세대 이전에 있었던 실제 현실을 묘사한 것이라면, 마찬가지로 10년 전(예수의 시대)에도 유대인과 사마리아인 사이에는 이러한 긴장감이 감돌고 있었을 것이다.[65]

우리가 다시 누가의 내러티브 정황으로 돌아가서 누가의 시대 또는 그 무렵의 유대인과 사마리아인의 관계에 관하여 요세푸스가 설명한 것을 연구할 때, 비로소 우리는 복음서에서 암시된 유대인과 사마리아인 사이의 갈등을 대략적으로 파악할 수 있을 것이다. 이러한 배경에서는 심지어 요한의 예수도 예배 장소에 대한 유대인의 편견을 드러낸다. "너희는 알지 못하는 것을 예배하고 우리는 아는 것을 예배하노니 이는 구원이 유대인에게서 남이라"(요 4:22). 이렇게

---

63   Josephus, *Ant.* 13.254-58.
64   Josephus, *J.W.* 2.232-49; *Ant.* 20.118-36.
65   사마리아인들이 이스라엘의 일부였기 때문에 그들의 적으로 간주되어서는 안 된다는 그의 광범위한 주장에도 불구하고 Chalmers는 요세푸스의 글에서 사마리아인들에 대해 적대적으로 묘사된 것을 인정한다("Rethinking Luke 10," 556). 누가복음의 저자와 동시대인으로서 요세푸스의 긴장감 넘치는 묘사는 여기서 핵심이다.

생각하는 것에는 오랜 전통이 있다. 누가의 내러티브 세계에서는 설령 사마리아인들을 토라 준수자로 간주한다 하더라도 그들을 "이방인"(눅 17:18)으로 분류한다. 이렇게 분류된 것은 그들의 거주 장소까지는 아니라 하더라도 그들의 예배 장소가 다르다는 점과 관련이 있는 것이 분명하다.[66]

고대 시대에는 민족 집단이 형질(phenotype)에 기초한 것이 아닌 다른 특징들에 따라 다른 방식으로 분류되었을 가능성이 있다. "예전에 유대인"(a former Jew)으로서 사도 바울을 연구하는 러브 세크레스트(Love Sechrest)는 자신의 연구에서 이러한 주장을 펼친다.[67] 그녀는 고대의 정황에서 종교(와 종교 행위)가 한 개인의 민족 집단을 식별하는 데 핵심적인 역할을 했다고 주장한다. 즉 한 개인이 다른 방식으로 예배한다면, 그는 다른 민족으로 간주된다.[68] 세크레스트의 "다름"에 대한 분류에 따르면 아마도 종교는 고대인들이 민족적 차이를 구분하는 한 가지 방법일 것이다. 세크레스트에 따르면 "유대인들의 인종과 민족에 대한 개념은 출생지나 친족 관계 대신 종교를 정체성의 중심에 두었기 때문에 유대인의 정체성은 다른 정체성에서 발견되지 않는 탄력성을 가지고 있었다."[69] 여하튼 기원과 관련한 유대교 전승의 이야기들은 종교적 장소와 행위 및 민족적 (혹은 적어도 지리적)

----

66 Pummer에 의하면 누가의 관점에서 사마리아인들은 이스라엘에 속한다. 비록 그들이 예루살렘 성전에 큰 의미를 부여하지 않았지만 말이다(*Samaritans*, 26).

67 Sechrest, *Former Jew*.

68 백인 기독교인들이 백인 무슬림을 "백인"이 아닌 다른 인종으로 생각하는 것이 현대의 유비가 될 수 있겠는가?

69 Sechrest, *Former Jew*, 209.

차이를 강조한다.[70]

비유에 대한 율법 교사의 반응(눅 10:36-37)

이 비유는 사마리아인이 부상당한 사람을 여관으로 데려와 그를 돌보았다고 말한 누가복음 10:34에서 끝날 수 있었다. 예수는 "그들이 오래오래 행복하게 살았다"는 말로 끝낼 수도 있었고, 바로 그때 "가서 너도 이와 같이 하라"고 말했을 수도 있었다. 하지만 예수는 자신이 상상하는 주인공이 보여준 깊은 헌신을 표현하면서도 그 당시의 환대라는 문화적 관습과 부분적으로 일치하는 수준의 헌신을 상상한다. 사마리아인은 그를 즉각적으로 치료한 것 이외에도 그와 함께 시간을 보냈고(그는 하룻밤을 묵었다), 그의 많은 자원을 소비했으며("데나리온 둘을 내어주었으며"), 필요하다면 추가 비용을 지불하겠다고 약속했다("비용이 더 들면 내가 돌아올 때에 갚으리라"). 그 후 예수가 율법 교사를 돌아보면서 "이 세 사람 중에 누가 강도 만난 자의 이웃이 되겠느냐"(눅 10:36)고 물어보셨을 때, 이 질문에 대한 그의 답변은 너무나 분명한 것이었다.

많은 주석가들은 율법 교사가 선한 일을 한 사람의 민족 정체성을 언급하지 않고서 (의도적으로?) 단순히 그를 "자비를 베푼 자"(눅 10:37)라고 지칭한다고 본다.[71] 이러한 생략이 후대에 해석가들(예. 아

---

70   지리적 위치는 종종 고대인들 사이에서 지역적·민족적 차이를 규정했다. 지역적 차이가 중요한 국가인 현대의 중국과 비교해보라(예. 티베트인과 몽골인).

71   예. Levine, "Luke," 137.

우구스티누스)이 주인공의 민족성을 경시하도록 부추겼을 수도 있다. 비록 예수는 그것에 반응하지 않았지만, 이렇게 생략한 것에 대해 많은 논의가 이루어졌다. 율법 교사의 관심은 자비를 베푼 행동으로 향한다. 이 용어는 누가복음의 더 광범위한 내러티브에서 어떻게 사용되었는지에 따라 그 용어에 대한 판단이 내려질 수 있다. **자비**(*Eleos*)는 일반적으로 하나님의 태도, 기억 및 반응과 관련이 있으며(눅 1:50, 54, 58, 78), 하나님께서 이스라엘과 맺으신 언약에 대한 하나님의 헌신을 나타낸다(눅 1:72). 자비를 베푸는 행위(즉, 타인에게 자비를 베푸는 일에 신실하게 임하는 행위)는 언약을 지키는 행위(즉, 토라를 신실하게 따르는 것)이며, 하나님의 자비를 기억하는 행위다. 그럼에도 예수의 질문은 율법 교사가 한 질문의 초점도 바꾼다. 그 초점은 "누가 내 이웃인가?"에서 "누가 이웃이 되어주었는가?"로, "나는 누구에게 자비를 베풀어야 하는가?"에서 "자비를 베푼 자는 누구인가?"로, "나는 누구를 사랑해야 하는가?"에서 "사랑을 베푼 자는 누구인가?"로 바뀐다. 이는 행동의 **대상**으로서의 이웃에서 행동의 **주체**로서 기능하는 이웃으로 바뀐 것이다.

내가 친절한 행위에 초점을 맞추는 것은 아마도 개신교 신자인 나의 편견을 표현한 것일 수 있다.[72] 불의에 직면했을 때 당신이 무슨 일을 하는지 나에게 보여 달라. 그러면 나는 그 행동(또는 행동하지 않음)이 당신의 신앙을 어떻게 보여주는지 당신에게 말해주겠다. 에이

---

72 나는 칼뱅주의 성향의 아우구스티누스 전통을 따르는 개신교 신학보다는 웨슬리주의 성향의 펠라기우스 전통을 따르는 개신교 신학을 선호한다고 고백할 수밖에 없다.

미–질 레빈(Amy-Jill Levine)은 "행함"(doing)에 대한 강조가 비유대적이라고 생각한다. 답할 수 없는 질문을 하는 것은 율법 교사가 한 시험의 일부였다. "인간은 '영생'을 얻기 위해서 아무것도 '행하지' 않는다. 왜냐하면 이스라엘이 선택받은 것은 하나님의 은혜였고 행함에 달려 있지 않았기 때문이다."[73] 레빈에 따르면, 이 율법 교사는 이것을 알고 있었으며, 대부분의 1세기 유대인도 그것을 알고 있었을 것이다. 유대인들은 토라를 따랐는데, 토라는 하나님께서 이스라엘과 맺은 언약의 표시, 즉 하나님의 선물이었기 때문이다. 토라를 읽는 훌륭한 독자들이라면 누구나 알겠지만, "토라는 영생이나 사후의 삶에는 별로 관심이 없다. 토라는 현재를 어떻게 살 것인가에 훨씬 더 관심이 있다."[74] 나는 이것에 동의한다. 기독교적 관점에서 본 사마리아인의 행위는 이 행위자가 언약 백성의 일원인지 아닌지(곧 하나님의 구원이 그들에게 임했는지)의 여부에 관한 것이 아니다. 그것은 과연 사람들이 하나님의 구원(구원의 행위와 의)을 다른 사람들에게까지 기꺼이 확대하고자 했는지에 관한 것이다. 그뿐만 아니라 히브리어 성서(또는 구약성서)는 전체적으로 영생이나 사후의 삶 또는 심지어 죽은 자의 부활에도 큰 관심이 없다.[75] 심지어 영생도 **행함**에 관한 것이 아니지만, 이 세상에서 사는 것은 행함에 관한 **것이다**. 하지만 윤리

----

73   Levine, *Short Stories by Jesus*, 85.
74   Levine, *Short Stories by Jesus*, 87.
75   오직 사 26:19과 단 12:2만이 종말에 죽은 몸이 일반적으로 부활한다는 신학적 개념을 가리키는 것으로 보인다. Jon Levenson은 히브리어 성서 안에 더 많은 증거가 있음을 시사한다. *Resurrection and the Restoration of Israel*.

적인 삶도 단순히 그저 이루어지는 것이 아니다. 국가가 인간의 존재를 비인간화하는 것에 대항하는 이웃의 정당한 대의를 지지하기 위해 우리가 행동하지 않을 때 이웃들에게는 나쁜 일이 일어날 수 있다. 결과적으로 자비를 베푸는 일은 영생 신학에 열성적인 사람들에게 훨씬 더 많은 것을 요구할 수 있다.

　　율법 교사에게 "가서 너도 이와 같이 하라"고 한 예수의 마지막 답변(눅 10:37)은 대화 전체를 마무리한다. 비록 누가가 처음에는 예수와 대립하고(눅 10:25) 자신을 "옳게 보이려고"한(눅 10:29) 적대적인 율법 교사를 묘사하고 있지만, 이 비유 이야기의 마지막 부분인 이곳에서는 율법 교사의 반응을 묘사하지 않는다. 그는 자신의 시험 결과에 만족했을까? 자비를 베푼 행동에 대한 예수의 비유는 그가 얻고자 했던 분명한 답을 그에게 주었을까? 아니면 율법 교사라는 그의 입장이 특정한 사고방식에 지나치게 고착되어 있어서 유대인 선생의 말을 들을 수 없었던 것일까? 우리는 단지 추측할 뿐이며 우리의 추측은 내러티브에 나오는 등장인물의 입장이나 반응보다는 해석가로서의 우리 자신에 대해 훨씬 더 많은 것을 드러낼 것이다. 이 상상력이 풍부한 이야기가 그를 행동하도록 움직이기에 충분했을까? 그것은 우리를 움직이기에 충분한 것일까?

트라우마와 앞날의 약속

우리는 이야기 속의 트라우마를 너무 빨리 잊어버릴 수 있다. 그것은 사마리아인과 율법 교사의 마지막 답변("자비를 베푼 자")에 대해 학자들이 보이는 관심에도 나타나 있다. 트라우마를 언급하지 않고 생략해버리는 것은 흔히 "이 이야기의 핵심이 무엇인가?"라는 질문 안에 요약되어 있는 현대의 흔한 관심사가 만들어낸 결과다. 그러나 저자의 의도, 내러티브의 정황, 심지어 그것의 사회적 배경까지 뛰어넘는 이야기는 새로운 의미의 가능성을 여는 자극제가 되기 때문에 새로운 질문을 더 깊이 생각하고 탐구하는 데 도움이 될 수 있다. 누가복음 10장의 비유는 바로 그러한 기회를 제공한다.

예수는 사마리아인을 한 사람의 영웅으로 그려내고 있을 뿐만 아니라 비극도 그려내고 있다. 이름을 밝히지 않은 한 익명의 남자는 강도들을 만나 거의 죽게 된다. 도대체 그는 몇 시간 동안이나 그렇게 덥고 먼지 많은 길에 누워서 자기의 죽음을 생각했을까? 스테파니 버캐넌 크라우더(Stephanie Buckhanon Crowder)가 우리에게 상기시키듯 사마리아인은 "폭력의 피해자"인 한 사람을 도왔다.[76] 이 남자의 **상처**(*ta traumata*; 눅 10:34)는 지속적인 보살핌, 즉 사마리아인의 자발적 헌신을 필요로 할 만큼 심각했다. 아마도 여기가 바로 이 견해를 지지하는 다른 많은 사람이 선을 긋는 지점일 것이다. 초동 조치(initial action)에 참여하는 것, 즉 대단히 충격적인 위기 상황에서 (사

----

76   Crowder, "Luke," 170.

마리아인이 한 것처럼) 즉시 누군가를 돕는 것과 24시간 동안 그들을 보살피는 것은 별개의 문제다(눅 10:34-35을 보라). 그뿐만 아니라 폭행을 당한 이 남자가 필요로 하는 장기적 치료를 약속하는 것은 완전히 추가적인 문제다. 사마리아인은 그 당시에 추가적인 시간을 할애할 것을 약속하지 않았지만(약속할 수 없었지만?) 필요한 자원을 지원할 것을 약속했다("비용이 더 들면 내가 돌아올 때에 갚으리라"). 그에게도 다른 시급한 일들이 있었다. 하지만 희생자의 트라우마는 24시간의 치료로 끝나지 않았다. 그의 몸은 완전히 낫지 않았으며, 그는 아직 여행을 계속하기 위한 마음의 준비가 되어 있지 않았을지도 모른다. 즉각적으로 필요한 개입은 회복의 시작에 불과했다. 이 이야기의 결말은 열려 있고 그 남자가 완전한 건강을 회복했을지는 알 수 없다. 사실 사마리아인의 추가적인 약속은 그와 반대되는 현실을 암시할 수도 있다. "비용이 더 들면 내가 돌아올 때에 갚으리라." 그 남자는 과연 완전히 회복할 수 있을까? 그는 시력을 회복할 수 있을까? 그는 다리를 사용할 수 있을까? 그는 오른손을 사용할 수 있을까? 그가 폭행당한 사건은 그에게 얼마나 큰 피해를 입혔을까?(눅 10:30) 만약 그가 육체적으로 완전히 회복된다면, 그는 정서적으로나 심리적으로도 회복될 수 있을까? 그는 영원히 되찾지 못할 무언가를 빼앗긴 것은 아니었을까? 그뿐만 아니라 왜 우리는 피해자의 진행 중인 고난 앞에서 망설이고 주저해야 하는가? 예수는 그렇게 하지 않았다. 누가도 그렇게 하지 않았다. 왜 우리는 그렇게 주저하고 망설이는 것일까?

누가의 내러티브는 문제의 해결을 위해 예수와 율법 교사(눅

10:36-37)의 대화로 되돌아오지만, 비유 안에 묘사된 상상의 피해자와 그의 지속적인 건강 요구와 안녕은 표현되어 있지 않은 채로 남아 있다. 데이비드 고울러(David Gowler)는 비유가 "다른 사람들이 비유에 대해 결단을 내릴 수 있도록 지속적으로 촉구하기" 때문에 비유들이 "확연하게 대화체"로 되어 있다는 점을 인식한다.[77] 이 비유를 읽는 독자들은 왜 트라우마 앞에서 머뭇거리는가? **당신은 어떻게 읽는가?** 예수는 사마리아인을 영웅으로 상상했을 뿐만 아니라 비극적인 인물을 상상했다.

70인 중 한 사람

나는 70인 가운데 한 사람이었다(눅 10:1). 우리는 수가라는 동네에서 정말 좋은 시간을 보냈다! 내 짝과 나는 완벽하고도 특이한 한 쌍이었다. 내 아버지는 서기관이었기 때문에 나는 읽고 쓸 수 있었다. 내 짝은 읽고 쓰는 것을 모두 할 수 없었지만, 그녀는 처세에 능했다. 그녀는 사람의 마음을 읽을 줄 알았다. 그녀는 나에게 수가에 대해 미리 경고했다. 그녀는 그 장소에 대해 좋지 않은 예감이 든다고 말했지만, 나는 "우리가 그들에게 말씀을 전하지 않는다면, 누가 전하겠느냐?"고 물었다. 그래서 그녀는 동의했지만, 약간의 설득이 필요했다. 돌이켜보면 나는 나보다 어린 이 자매(훗날 나의 배우자)의 말을 들었어야 했다.

---

77   Gowler, *What Are They Saying*, 103.

우리는 "이리 가운데로 들어가는 어린 양"(눅 10:3)과 같았다. 우리는 단순히 이 사람들이 얼마나 늑대와 같을지 알지 못했다. 최소한의 필요한 물품만 갖고 있었던 우리는 마을 사람들의 친절을 기대하고 있었다. 당신은 그런 친절한 사람들을 대부분의 마을에서 찾아볼 수 있다.

그것이 우리의 문화라는 사실에 나는 하나님께 감사한다. 나는 거지들이 아무도 모르게 몇 주, 몇 달 동안 거리의 지저분한 곳에 머물러 산다는 몇몇 외국 도시에 대해서 들었다.

그러나 이 마을은 우리가 지난 며칠 동안 경험했던 어떤 마을과도 달랐다. 우리는 여덟 번째 혹은 아홉 번째 집(나는 숫자를 세다가 도중에 잊어버렸다)을 지나고 나서야 다음 마을로 여행하려면 마을 입구 근처에서 해가 뜨기를 기다려야 한다는 것을 깨닫고 마침내 마을의 큰 시장 근처에 있는 광장으로 갔다. 사래는 목청을 높여 외쳤다. "너희 동네에서 우리 발에 묻은 먼지도 너희에게 떨어버리노라. 그러나 하나님의 나라가 가까이 온 줄을 알라"(눅 10:11).

우리가 다음 날 아침 일찍 그곳에서 떠났을 때, 우리는 작은 무리의 남자들이 우리를 열심히 지켜보고 있음을 알아챘다. 우리는 나중에야 그들이 우리를 따라왔음을 알았다.

두 팔을 벌리고 우리를 환영하는 서로 인접해 있는 작은 두 마을에 들어섰을 때, 비로소 그날은 다사다난하고 행복한 최고의 날이 되었다. 그들은 좋은 음식—빵, 치즈, 생선, 정어리 튀김, 안초비 등—을 제공했고 우리는 그곳에서 하루나 이틀 밤을 보내고 싶었다. 그러나 칠십 명은 그날 저녁 늦게 예수와 함께 모이기로 되어 있었기 때문에 우리는 떠나야만 했다.

예수와 함께 즐겁게 축하를 나눈 후, 많은 동료로부터 흥분되는 모든 소식을 들으면서 우리도 지난 며칠 동안의 경험에 관한 좋은 소식을 나누었다.

모두가 휴식 시간을 찾고 가족의 안부를 다시 확인하기 위해 각자의 길을 가고 있을 때, 사레와 나 역시 서로에게 작별 인사를 했다. 우리는 일주일 후에 다시 만나 예수와 그 무리를 만나서 우리가 어떤 새로운 방향의 일에 참여할 수 있는지 알아보기로 했다. 우리가 마지막 작별 인사를 할 때도 우리는 누군가가 우리를 따라오고 있다는 것을 깨닫지 못했다.

그 후 모든 일이 눈 깜짝할 사이에 벌어졌다.

나는 최근에 예수께서 너희를 해칠 자가 결코 없으리라고 말씀하신 보호의 약속에 대해 많은 생각을 하고 있었다(눅 10:19). 처음에는 내가 잔인하게 구타당한 것에 대해 정말 화가 났다. 우리가 예수를 위해 특정한 임무를 수행하고 있을 때 우리를 안전하게 지켜줄 수 없다면 예수는 도대체 어떤 권위를 갖고 계신 분인가? 어떻게 그의 "하나님"은 나를 실망시킬 수 있을까?

그 후 나는 잠시 생각을 멈추고 내가 잘못된 질문을 하는 것은 아닌지 생각해본다. 내 머리는 발생한 모든 일에 대해 내 생각을 정리할 만큼 맑지 않다. 나는 내가 목숨을 건진 것을 기억한다. 나는 자비를 얻었다.

이러한 생각들은 내가 여관 주인의 보살핌을 받아서 서서히 회복되면서 정리하게 된 나의 생각들이다. 나는 여관 주인의 친절을 정말 소중히 여기게 되었다. 나는 사흘째 되던 날까지 나를 구해주고 이 여관에 데려온 것이 **사마리아인**이라는 점을 알지 못했다. 그들이 나에게 이 이야기의 그 부분을 전해주었을 때, 그들은 또한 사마리아인이 돌아오기까지는 며칠이 더 걸릴 것이라고 말했다.

나는 **사마리아인**으로부터 자비를 얻었다!

비유 너머의 트라우마

트라우마를 초래한 사건은 앞으로 오랫동안 트라우마를 경험한 사람들의 기억을 형성하는 경향이 있다.[78] 그것은 일부 사람들로 하여금 그들이 소중히 여기는 모든 것을 다시 생각하게 만들 수도 있는데, 여기에는 한 사람이 자신의 신앙에 대해 생각하는 방식, 세상에서 하나님이 하시는 일에 대한 자신의 이해가 포함된다. 트라우마는 인간관계에도 영향을 끼칠 수 있는데, 특히 잘 알고 있는 사람과 사랑을 기대하는 사람으로부터 피해를 당한 경우에는 더욱 그렇다. 트라우마 이론가들은 과거의 트라우마 경험이 미래에 고통을 줄 수 있는 사건들에도 부정적인 영향을 끼칠 수 있다고 지적한다. 트라우마를 경험하고 트라우마 치유 과정에 있는 사람들에게는 공동체의 도움이 매우 중요하다. 그 충격적인 사건은 결코 마음에서 완전히 사라지지 않기 때문에, 그것은 여행이다! 비유로 돌아가서, 이 이야기에

---

78   Gowler, *What Are They Saying*, 103.

등장하는 피해자가 어린 시절에 직면했던 트라우마가 얼마나 많은 지 그 양에 따라서 그가 최근에 발생한 이 사건에서 얼마나 잘 회복할 수 있을지를 결정할 것이다.

그뿐만 아니라 트라우마는 원래 피해자가 아닌 사람들에게도 광범위한 영향을 끼칠 수 있다. 일부 문화권(과 가정)은 트라우마를 경험한 사람들을 더 잘 돌볼 수 있다. 이 비유가 요구하는 헌신의 수준은 사마리아인의 헌신의 수준을 넘어선다. 이 비유는 공동체의 헌신을 요구한다. 여관 주인은 피해자를 계속 보살핀 대가로 보상을 받을 수 있지만, 그가 운영하는 사업의 다른 부분들은 어려움을 겪을 수 있다.[79] 물이 새는 지붕은 고쳐질까? 그는 이렇게 사마리아인을 돌보는 기간에 이웃 마을에서 필요한 물품들을 확보하지 못하게 되지는 않을까? 만약 그가 여전히 피해자를 돌보며 사업을 유지할 수 있다면, 피해자를 환대하는 일은 자기의 가족의 도움, 즉 자기의 아내(또는 그들의 노예)의 요리, 그의 자녀(또는 그들의 노예)의 심부름 등을 필요로 할 것이다. 아마도 고대 지중해 문화 배경은 우리의 현대 문화보다 즉각적으로 발생하는 경제적 비용을 계산하지 않고 이렇게 인간적인 보살핌을 제공하는 일에 더 익숙했을 것이다.[80] 예수의

---

79   아우구스티누스가 풍유적 해석 방법을 통해 여관 주인에게 더 의미 있는 역할을 부여하는 것을 보려면 2장을 보라.

80   고대인들은 시간이 허락할 때 경제적 비용을 계산했다. 왜냐하면 그렇게 하지 않는 것은 수치스러운 일이기 때문이다. "너희 중의 누가 망대를 세우고자 할진대 자기의 가진 것이 준공하기까지에 족할지 먼저 앉아 그 비용을 계산하지 아니하겠느냐? 그렇게 아니하여 그 기초만 쌓고 능히 이루지 못하면 보는 자가 다 비웃어 이르되 '이 사람이 공사를 시작하고 능히 이루지 못하였다' 하리라"(눅 14:28-30).

이야기는 그의 질문(이 **세 사람** 중 누구인가?)으로 끝날 수 있지만, 그것은 모든 트라우마가 필요로 하는 돈과 시간, 사회적 자본이라는 지속적인 비용을 계산해보는 상상력을 자극한다. 이 피해자가 "완전한" 건강을 회복할 수 있도록 시간과 자원을 제공할 고대의 임상 심리학자는 어디에 있는가?

이야기가 전개됨에 따라 여관 주인은 단기적인 고대 임상 의사의 기능을 해야 할 것이다. 즉 그는 자신의 가족과 함께 트라우마의 초기 양상들을 다루어야 할 것이다.[81] 성서 문헌에서 판도케우스(*pandocheus*)라는 그리스어는 여기서만 등장한다. "모든 사람을 환영하는 사람"을 뜻하는 이 단어는 누가의 교회 공동체에 매력적으로 들릴 수 있다.[82] 최근 학술 논문에서 브루스 롱네커는 일반적으로 간과되는 이 사소한 등장인물의 중요한 역할에 대해 논증한다.[83] 첫째, 그는 고대 문화에서 예수의 청중들이 이 여관 주인들을 "도덕적으로 의심스러운 인물들"로 생각하고 있음을 보여주고자 한다.[84] 이 논쟁의 여지가 있는 문화적 가정은—이러한 가정은 누가복음 10장의 비유를 단순히 읽을 때에는 나타나지 않고 누가의 내러티브 나머지 부분에서도 나타나지 않는다—예수의 청중들이 여관 주인이 다른 반응을 보일 것이라고 예상했을 것이며, 어쩌면 심지어 사마리아인의

---

81   요한네스 크리소스토모스는 이 이야기를 개작하는 가운데 여관 주인을 "잘 훈련된 의사"로 대체한다. 다음에서 인용함. Longenecker, "Story of the Samaritan and Innkeeper," 429.

82   이 단어는 필론이나 요세푸스의 글에 나오지 않는다(BDAG, 753).

83   Longenecker, "Story of the Samaritan and Innkeeper."

84   Longenecker, "Story of the Samaritan and Innkeeper."

요청을 거절할 것이라고 예상했을 것이라는 롱네커의 주장에 매우 중요하다. 사람들이 누가의 간략한 설명에 나타난 여관 주인의 행동을 어떻게 생각하든 간에, 나는 피해자를 완전한 건강 상태로 회복시키기 위해 필요한 비용에 대해서 상호 간의 신뢰가 생겼음이 분명하다는 롱네커의 의견에 동의한다.[85] 롱네커에게 있어 여관 주인의 행동은 사마리아인의 행동만큼이나 중요한데, 이는 많은 일이 일어나서 사마리아인이 여관으로 돌아오는 것을 방해할 수 있었기 때문이다.[86] 이 이야기를 "긍휼을 베푼 사마리아인과 신뢰할 만한 여관 주인"이라고 불러야 하지 않을까? 그것은 예수의 원 독자들에게는 반전이었을 것이다.

이런 유형의 트라우마 이야기들은 우리가 누가 공동체를 이해하는 데 도움을 줄까? 이러한 이야기들은 누가의 독자들이 예수의 추종자들이 직면했던 신체적·정신적 학대를 이해할 수 있게 했을까? 이러한 트라우마 사건들은 도움을 예상치 못한 곳에서, 예를 들어 다른 민족적 배경이나 다른 종교적 확신을 가진 사람들(예. 사마리아인) 또는 일반적으로 신뢰할 수 없는 개인(예. 여관 주인)들로부터 올 수 있다는 것을 암시했을까?

---

85 Longenecker, "Story of the Samaritan and Innkeeper," 440.
86 Longenecker, "Story of the Samaritan and Innkeeper," 441-42.

독자들은 자신을 누구와 동일시해야 하는가?

많은 해석자는 1세기의 유대인 청중들이 유대인 선생이 세 명의 등장인물, 즉 제사장과 레위인과 일반 유대인을 비교하는 이야기를 들려줄 것을 기대했으리라는 것을 인정한다.[87] 그들은 간단한 설명을 통해 이 세 명의 등장인물이 유대인 사회 내에서 각각 다른 계층의 대표자들이라고 생각했을 것이다. 또한 청중들은 피해자가 유대인이라고 생각했을 것이다. 이 경우에 이야기의 핵심은 아마도 모든 유대인이 토라에 순종하는 유대인들을 책임져야 한다는 것이다. 유대인 공직자들은 일반 유대인들에 비해 이점이 없었다. 모든 사람은 하나님과 서로에게 책임이 있다.

가령 예수께서 이 이야기를 이러한 방식으로 말씀하셨다고 상상해보자. 만약 피해자가 사마리아인이고 유대인이 피해자인 사마리아인을 구했다면, 예수의 유대인 청중들은 어떻게 생각했을까?[88] 이것은 유대인의 전승에 나오는 요나의 이야기와 비슷한 것일 수도 있다. 누가는 예수가 자신의 생애 가운데 이러한 행동을 한 것을 묘사하기도 하지만 비유의 형태로 묘사하지는 않는다. 예수는 유대인 장로들의 요청에 따라 로마 백부장의 종을 치유하신다(눅 7:1-10). 유대인이 비유대인을 돕는 것은 전례가 있는 일이며 율법의 가르침도

---

87   Levine, *Short Stories by Jesus*, 103.

88   이 이야기는 대하 28장을 연상시킬 수 있는데, 거기서 적군인 사마리아인들이 유대인 포로들을 돕는다.

이를 강조한다(레 19:33-34을 보라).[89] 이러한 대안은 해리엇 제이콥스가 상처 입은 사마리아인을 염두에 둔 것일 수도 있다(2장을 보라). 그녀의 생각에는 (유대인으로 생각되는) 남부 백인이 도움을 절실히 필요로 하는 (상처 입은 사마리아인으로 생각되는) 흑인 노예를 도와야 하지 않을까? 아마도 인종으로 사람을 구분했던 19세기의 상황에서 (19세기의 도처에서 아이러니였던) "백인"과 "유대인"의 연관성은 그녀로 하여금 이러한 관점에서 생각하도록 했을 것이다.[90]

그러나 예수는 청중의 예상을 뒤집는다. 사마리아인이 유대인의 구원자가 된다. 비록 피해자의 민족적 정체성이 구체적으로 확인되지는 않았지만, 그것을 확인할 수 있는 표지가 없다는 것은 (독자들에게) 그가 유대인이라는 점을 암시한다.[91] 누가의 내러티브 세계에서 비유대인들은 보통 그들의 신원을 밝힌다(눅 7:2).[92] 유대인들은 유

---

89 유대인 장로들이 이런 요청을 한 것은 지역 유대인 사회와 좋은 업무 관계를 맺고 있던 이 비유대인이 유대 회당 건설을 위해 재정적인 지원을 해주었기 때문이다 (눅 7:4-5).

90 물론 이 상황은 단순한 방정식보다 더 복잡하다. Jacobs가 노예가 된 흑인들(과 다른 아프리카 혈통의 사람들)을 성서의 이스라엘과 연관시킨 많은 사례가 있다. 다음을 보라. Powery, "Rise Up, Ye Women," 171-84.

91 몇몇 학자들은 피해자의 민족 정체성이 덜 명확하다고 생각한다. Luise Schottroff는 민족성이 여기서 중요하지 않다고 생각한다. 왜냐하면 이 텍스트는 "피해자가 유대인이라고 말하고 있지 않기 때문이다. 이로써 사마리아인의 사랑은 장벽을 극복한다"(*Parables of Jesus*, 134). 그러나 예수는 기대했던 민족적 명칭을 제공할 필요가 없었다. 그의 비유에 나오는 인물들의 대다수는 당연히 유대인이었다. 이 논의에 비추어볼 때 우리는 소수의 해석자들에게 어려움을 제공하는 강도들의 민족적 정체성도 (재)고려해야 한다. 아마도 자본주의적 환경에 있는 현대 독자들은 이 이야기의 강도들과 자신을 동일시해야 할 것이다.

92 눅 10장과 17장의 사마리아인들 외에도 눅 7장의 이방인 백부장도 주목하라.

대인의 이야기 속에서 그렇게 신원을 밝힐 필요가 없다. 예수의 청중 가운데 있었던 사람들은 자신을 피해자와 쉽게 동일시했을 것이다.[93] 만약 피해자가 비유대인이었다면 이런 연관성은 훨씬 줄어들었을 것이다.

레빈은 예수의 청중들이 자신들을 희생자와 동일시했을 것이라고 주장한다.[94] 레빈은 많은 기독교적 성향의 해석자들이 흔히 범하는 (때로는 잘 몰라서) 반유대주의 입장을 버리고 예수의 비유를 해석해야 한다는 타당한 주장을 펼친다. 우리가 이 비유를 신학적으로 계속 숙고해나가면서 레빈이 주장한 것들 가운데 우리가 기억해야 할 것이 적어도 세 가지가 있다. 첫째, 비유의 등장인물과 자신을 동일시하는 것은 이 비유의 독자들에게 흔한 경험이다. 레빈은 후대의 독자들 대다수가 사마리아인과 자신을 동일시한다고 주장하는데, 이러한 동일시가 지닌 문제는 그것이 "신약성서 연구의 많은 부분에 영향을 끼친 표준이 되는 반유대주의 해석을 낳는다는 점이다."[95] 둘째, 그녀는 이것이 정결에 관한 이야기가 아니라는 것을 올바르게 관찰한다. 정결에 관한 문제가 마치 제사장과 레위인의 행동을 설명해주는 듯이 말이다. 그리고 단순히 내러티브 내용 자체도 이 생각을

---

93 Levine, *Short Stories by Jesus*, 94-95. 명확한 정체성 표지의 부족은 과연 누가의 이 방인 독자들로 하여금 희생자에게서 자신들을 발견하게 했을까?

94 Robert Funk에 따르면 이러한 동일시는 나중에 이야기를 읽는 독자들에게도 마찬가지였을 것이다(다음에서 인용함. Gowler, *What Are They Saying*, 21). 또한 Nolland, *Luke 9:21-18:34*, 592. 또 다른 해석적 전통은 아우구스티누스로 거슬러 올라가며, 이에 따르면 독자들은 자신을 피해자와 동일시해야 한다. 왜냐하면 아우구스티누스의 그리스도 형상이 사마리아인을 비유적으로 나타내기 때문이다.

95 Levine, *Short Stories by Jesus*, 80.

뒷받침하는 것으로 보인다. 즉 제사장과 레위인은 예루살렘을 **떠나서** 길을 가던 중이었으므로 그들이 예루살렘 성전에서 직무를 마친 후에는 정결에 관해 덜 염려했을 것이다.[96] 그뿐만 아니라 레빈이 인식하는 것처럼 "'거의 죽은' 사람을 만진다고 해서 부정해지지는 않는다."[97] 마지막으로 레빈은 사마리아인이라는 등장인물에 주목하면서 "원래의 청중들이 그랬던 것처럼" 사마리아인을 억압받는 사람이 아닌 원수로 생각할 것을 해석자들에게 제안한다.[98] 다른 학자들 역시 이 이야기의 핵심은 "증오하는 사마리아인"을 이야기의 중심에 놓는 것이라고 언급했다.[99] 레빈의 말로 표현하자면 자신을 피해자와 동일시했을 유대인 청중들은 "그 사마리아인들 가운데 한 사람이 나를 구했다는 것을 인정하느니 차라리 죽는 편이 낫다"고 생각했을 것이다.[100]

---

96 눅 10:31은 제사장이 부상당한 사람과 같은 방향, 즉 예루살렘에서 여리고로 이동하고 있었다는 것을 암시한다. 제2성전기의 유대인들은 성전 경내와 거리를 두면서 정결법에 대해 관심이 적었다. 다음을 보라. Cohen, *From the Maccabees to the Mishnah*, 124-25.

97 Levine, *Short Stories by Jesus*, 100. 많은 해석자에 의하면 암시되어 있는 정결법 준수가 중요한 문제였다. 그러나 예수의 비유는 제사장과 레위인의 행동 부족에 주의를 기울이지, 그들의 행동 부족의 원인에 주의를 기울이지 않는다(또한 Nolland, *Luke 9:21-18:34*, 593-94). 예수가 바리새인들의 정결법 준수에 대해 노골적으로 도전하는 누가의 이야기를 보려면 눅 11:37-54을 보라.

98 Levine, *Short Stories by Jesus*, 104.

99 다음을 보라. Gowler, *What Are They Saying*, 9. 비록 Chalmers는 "긴장" 모티프가 몇몇 고대 문헌(예. 요세푸스)에 들어 있다고 인정하지만, 그는 원수 모티프가 가장 좋은 선택이 아니라고 주장한다("Rethinking Luke 10," 565).

100 Levine, *Short Stories by Jesus*, 104.

누가의 민족 이데올로기와 사마리아인

레빈은 랍비 자료에서 다양한 견해를 발견한다. 어떤 랍비들은 사마리아인을 유대인과 비슷하게 여겼고, 다른 사람들은 그렇게 여기지 않았다.[101] 그러나 예수 시대에 그들에게 붙인 "원수"라는 이 꼬리표가 이 비유와 씨름하는 데 있어서 열쇠가 되는 것으로 보인다. 레빈은 예수의 유대인 청중들이 보였을 반응만 인정할 뿐, 민족적 꼬리표를 중요하게 여기지는 않는다. 사실 그녀는 다음과 같이 경고하면서 이 단락을 끝낸다. "만약 그 수단이 유대 문화를 부정적으로 희화화하는 것이 된다면, 독자들은 해방을 열정적으로 추구하는 목적이 과연 그 수단을 정당화할 수 있는지 판단할 필요가 있다."[102] 레빈의 현대 독자들을 고려하면, 이것이 그녀의 주된 관심사 중 하나다. 우리는 피츠버그 유대교 회당에서 11명이 죽고 많은 사람이 부상당한 2018년의 치명적인 총격 사건을 포함하여 현대 사회의 최근 사건들을 살펴볼 필요가 있다. 그럼에도 현대의 백인이 아닌 독자들의 관점에서 보면, 사마리아인의 민족 정체성(과 고대 유대교와의 관계에서 그의 지위)은 매우 중요하다.

케인 호프 펠더(Cain Hope Felder)는 이에 동의하지만, 독자들이 누가의 이데올로기적 성향을 비판적으로 검토하지 않고 단순히 자

---

101   Levine, *Short Stories by Jesus*, 109. 참조. Schiffman, "Samaritans in Tannaitic Halakhah," 333.

102   Levine, *Short Stories by Jesus*, 110-11.

기 자신을 사마리아인과 동일시해서는 안 된다고 지적한다.[103] 펠더의 설명에 따르면 누가의 민족적 성향은 계속해서 서쪽 방향으로 이동하는 이야기, 다시 말해 초기 기독교 공동체의 발전이 예루살렘에서 로마로 옮겨가는 이야기를 전하는 것이었다. 그러나 누가의 스토리텔링 방식은 결코 순수하지 않았기 때문에 역사적으로 이러한 이야기의 줄거리를 액면 그대로 받아들여서는 안 된다. 이러한 지리학적 지표는 이념적으로 중립적인 장소가 아니었다. 내레이터는 예수의 포괄적인 메시지를 예루살렘이라는 "좁은" 장소에서 서방의 "광활한" 세계로 옮기는 의제를 가지고 있었다. 초기 교회의 이야기는 독자들을 "갈색" 피부의 인구가 사는 동부 지역이나 "검은" 피부의 인구가 사는 남부 국가들로 인도하지 않는다. 펠더에게 있어서 누가의 예술적 의제는 본토와 자민족으로부터 멀리 떠난 신앙 공동체의 "백인화"를 통해 기독교의 발전을 묘사하는 것이었으며, 이러한 이동은 기독교의 기원에 관한 담론을 영원히 바꿔놓았다. 펠더에 따르면, 서쪽 방향으로 이동하는 이야기를 들려주는 누가의 이러한 이념적 성향은 수년 뒤 다른 성서 저자들도 함께 공유했다. "예루살렘 대신 로마에 초점을 맞추려는 신약성서에 나타난 이러한 경향의 직접적인 의미는 로마의 세력권 밖에 존재하는 어두운 피부색의 인종들

103　이 비판적 렌즈는 Itumeleng Mosala가 제안한 바와 같이 "흑인 신학의 해석학적 범주는 누가의 이념적인 의도에 단도를 들이댐으로써 누가의 담론을 읽기 시작할 것이다. 그것은 예수와 그의 운동에 대한 '질서 있는' 소개를 긍정적으로 평가하는 것을 거부할 것이다"(*Biblical Hermeneutics and Black Theology*, 175).

이 신약성서 저자들에 의해 대부분 간과되고 있다는 것이다."[104] 누가는 초기 기독교의 성장과 발전에 대한 이야기를 객관적으로 전하고 있는 것이 아니다. 그는 자신이 처한 상황을 반영하기 위해 이야기를 썼다. 펠더는 여전히 누가복음 내러티브의 모호함을 인식하면서도 이 묘사에 나타난 누가의 전반적인 목적을 인정한다.[105] 펠더는 이러한 누가의 모호한 양면성을 다음과 같이 평가한다. "이것은 결코 누가가 흑인에 대해 부정적인 태도를 지니고 있었음을 암시하지 않는다."[106] 이러한 전반적인 방향에도 불구하고, 누가는 안디옥 교회의 지도자들에 대한 설명에서 인종적 다원주의를 명확히 표현한다(행 13:1).

펠더는 "타자"에 대한 누가의 신학, 즉 민족 집단들에 대한 누가의 이데올로기적 묘사를 더 깊이 파고 들어갈 수 있는 세계를 열어준다. 누가는 타자를 어떤 인물로 그리고 있는가? 누가는 민족적 차이에 대한 사고에 어떤 도움을 주는가? 누가의 내러티브 세계에서 (누가의 실제 경험이 아니라면) 로마는 예루살렘과 어느 정도로 대조를 이루는가? 마지막으로 이 책의 목적과 관련하여 **사마리아인**은 이러한 차이점을 그려내고 있는 내러티브의 묘사 안에 어떻게 들어맞을까?

----

104 Felder, *Troubling Biblical Waters*, 46. 마가복음은 Felder의 비판에서 벗어나지 못한다. "로마 백부장의 고백이 그의 복음서 전체를 절정에 이르게 한다는 것을 보여주기 위해 마가가 그렇게까지 노력한 것은 단지 우연이 아니다"(46).
105 나아가 Felder에 따르면 누가의 초상은 "누비아인(아프리카인)보다 이탈리아인(유럽인)에게 유리한 상황을 강조하게 함으로써 일부 유럽인들이 사도행전이 유럽인을 선호하는 하나님을 보여준다고 주장하거나 그런 함의를 갖게 한다"("Acts of the Apostles," 541).
106 Felder, *Troubling Biblical Waters*, 47.

펠더의 논지에 동의하는지 아닌지는 크게 중요한 문제가 아니다. 더 중요한 것은—이 프로젝트에서처럼 간략하게라도—누가가 지닌 민족에 대한 관점이 특별히 조사할 가치가 있음을 인식하는 것인데, 현재 우리가 탐구 중인 이 비유와 같은 이야기를 이해하기 위해서는 특히 더 그렇다. 사실 이 비유는 유일하게 예수가 비유대인을 주인공으로 삼은 비유다. 누가의 더 큰 지정학적·사회인종적 기준 안에서 자비로운 사마리아인은 어떤 차이를 드러내는가? 만약 역사적 예수가 사마리아인들과 거의 접촉하지 않았다면—최초의 복음서인 마가복음은 그렇게 묘사하고, 많은 역사가가 그렇게 결론 내렸듯이[107]—누가의 이념적 또는 신학적 의제는 무엇이었을까? 미국 문학에서 인종과 관련된 글들을 고찰하면서 토니 모리슨이 우리에게 상기시켜주는 것처럼 외부인을 규정하는 것은 종종 자아를 정의하려는 시도다. "문학은 자아를 드러내는 수단을 비난하거나 지지하는지의 여부와 상관없이 자아의 정의를 드러내거나 고찰하는 데 특별히 그리고 분명히 기여한다."[108] 그렇다면 누가는 어떤 목적을 갖고 있었을까? 또한 그는 사마리아인의 비유에 비추어 자신의 그리스도인 공동체를 어떻게 마음속에 그리고 있었을까?

---

107 더욱이 사마리아인 마을이 예수와 그의 일행(눅 9장)을 받아들이기를 거부한 것은 이 공관복음서의 "역사"를 보존하는데, 물론 이는 요한복음에 의해 도전을 받는다 (요 4장).

108 Morrison, *Origin of Others*, 6. 이 출판물은 Morrison이 2016년에 하버드 대학교에서 "소속의 문학"에 대해 일련의 강연을 한 것을 바탕으로 한다.

로마는 사마리아인과 무슨 상관이 있을까?

로마는 누가복음 세계의 중심점이며, 따라서 새롭게 탄생한 종교 운동의 주된 표적이다. 누가는 로마를 내러티브의 틀로 삼아서 자신의 이야기를 전한다. 황제가 칙령을 내린 것에서부터(눅 2:1) 바울이 로마에서 아무런 제약을 받지 않고 복음을 전한 것(행 28:30-31)에 이르기까지 누가의 이야기는 자신의 내러티브의 틀 안에서 관심사와 사건들을 "땅끝"으로 옮겨간다(행 1:8). 마거릿 아이머(Margaret Aymer)가 관찰한 바와 같이 누가는 "로마의 점령에 대해 더 유화적인 입장을" 제시한다.[109] 누가는 두 부분으로 구성된 자신의 글 전체에서 유대인과 로마인 사이에 긍정적인 교류를 나눈 사건에 대해 몇 가지를 묘사한다. 심지어 예수도 일부 유대 장로들의 요청을 받아 로마 백부장의 종을 치유한다(눅 7장). 누가는 분명히 예수의 죽음에 대한 대부분의 책임을 예루살렘 지도자들에게 돌리면서 로마와 예루살렘의 관계를 복잡하게 만든다.[110] 복음서 중에서 오직 누가복음만이 예수의 재판을 둘러싼 정치 세력들의 복잡한 관계를 그리고 있다. 로마인 빌라도와 유대인 헤롯은 서로 협력하고—또한 각각 예수에 대해 무죄를 선언한다—그로 인해 누가는 두 지도자 사이의 특별한 관계를 다음과 같이 묘사한다. "헤롯과 빌라도가 전에는 원수였으나 당일에 서로 친구가 되니라"(눅 23:12). 하지만 누가의 기록(눅 23:23)에서 예수

---

109   Aymer, "Acts of the Apostles," 536.
110   또한 Mosala, *Biblical Hermeneutics and Black Theology*, 178.

의 죽음에 대한 가장 큰 비난의 화살은 예루살렘 지도자들에게 향한다. 게다가 이 비난은 후속편까지 계속 이어지게 되는데, 이는 사도행전 이야기가 청중들에게 예수의 죽음에 책임이 있는 사람들을 끊임없이 상기시켜주기 때문이다(행 2:22-23; 3:13-15; 4:10; 5:30). 이렇게 책임을 전가하려는 경향은 이투멜렝 모살라(Itumeleng Mosala)가 인식하는 바와 같이 "탄압과 살인을 일삼는 '법과 질서'라는 국가 체제 앞에서" 죽음의 의미를 설명하지 못한다.[111] 예루살렘 지도부가 이 처형에서 어떤 역할을 했든 오직 로마와 그 대리인들만이 합법적으로 이 사형을 집행할 수 있었다. 누가가 빌라도를 아무리 결백하게 묘사해도 빌라도는 이 처형에 대한 최종적인 명령을 내린 사람임에 틀림없다. 따라서 예수의 죽음에 대한 누가의 그리 직설적이지 않은 (역사적?) 설명은 주어진 상황의 근거 있는 사실을 드러내기보다는 발전하는 예수 운동을 위한 평화로운 로마의 미래를 위해 로마의 관심을 끌려는 누가의 경향을 더 많이 드러낸다. 만약 이러한 내러티브 성향이 권력에 관한 것이라면, 누가는 새롭게 갓 시작된 걸음마 단계에 있는 이 작은 운동의 생존을 위해서 기독교가 로마에 위협이 되지 않는다는 점을 권력자들에게 알리고자 했을 것이다. 만약 이 내러티브 성향이 민족 정체성에 관한 것이라면, 누가가 이 운동이 서쪽으로 확장하는 일을 선호한 점은 그가 기독교 운동의 서방화된 부분에 초점을 맞추었음을 전형적으로 보여준다. 이것은 정치 권력일까? 민족 정체성일까? 이 두 가지는 완전히 분리될 수 있을까?

----

111   Mosala, *Biblical Hermeneutics and Black Theology*, 175.

우리가 이 비유에 등장하는 사마리아인을 다시 주목하기 전에, 내러티브의 민족 이데올로기에 나타난 누가의 성향에 대한 추가 정보를 얻기 위해 사도행전을 간략하게 검토하는 일은 도움이 될 것이다.

민족적 차이와 민족적 통합의 세계를 묘사하는 사도행전 이야기

현대 정치에서 이주(migration)와 민족 정체성이 끼친 영향을 익히 잘 알고 있는 일부 학자들은 두 부분으로 구성된 누가-행전에 나타난 "이동"과 "사람들의 집단"의 중요성을 인식한다. 성서의 민족적 측면—민족적 성격과 민족 이데올로기—을 무시하는 해석자들은 고대 세계보다는 해석자로서의 자신을 더 많이 드러낸다. 이 해석자 중 일부는 "인종 차별을 하지 않는" 사회에 살고 있다고 생각하기 때문에 (혹은 그런 사회에 살고 있다고 주장하거나 그런 사회에 살기를 원하기 때문에) 그들은 고대 공동체, 특히 이전 시대의 "그리스도인들"에게 이와 동일한 생각을—때로는 자신도 모르게 무의식적으로—적용한다. 적어도 성서는 민족 집단, 갈등, 이주에 대한 이야기로 가득 차 있다. 사도행전을 시작하는 중요한 이야기 중 하나는 오순절 이야기인데, 우리는 이 이야기 안에서 당시 여러 언어가 사용되고 있었다는 점과 "천하 각국으로부터 [온]" 유대인들이 있었다는 점을 발견한다(행 2장). 그럼에도 누가의 타자 신학에 대한 이해는 공감대를 형성하지 못했다. 에릭 바레토(Eric Barreto)에 따르면 누가-행전 내러티브는 차이

(difference)를 중요하게 여긴다. "사도행전에 따르면 차이는 하나님이 세상에 주신 선물이다."[112] 베니 리유(Benny Liew)를 비롯한 다른 학자들에 따르면 "사도행전에는 민족의 문제가 나타나 있다."[113]

바레토에 따르면, "차이"에 대한 누가-행전의 관점에 관한 논의는 이 내러티브와 제국의 관계를 해석하는 방식에 비추어 이해되어야 한다. 그는 사도행전을 반제국주의 세력으로 해석한다. 왜냐하면 로마는 "문화적 동질성을 부여하기 원하는 제국주의 권력의 힘"[114] 이기 때문이다. 대다수의 학자들은 제국에 대한 이러한 관점에 동의하지만, 누가의 입장에도 반드시 동의하는 것은 아니다.[115] 또 다른 한편으로 (바레토에 따르면) 누가는 민족적 차이의 중요성을 지지하는 "신학적 비전"을 확장함으로써 이러한 주도권에 맞서고 있다. 더 나아가 바레토는 "성령은 민족적 다양성을 만들어내고 키우는 포용력을 지닌 급진적인 공동체 형성에 힘을 불어넣는다"[116]고 결론짓는다. 나는 이러한 해석과 비전을 기꺼이 받아들이지만, **누가**가 분명히 그것을 지지했는지는 불명확하다.

반면에 리유는 이 모호한 양면성을 인정한다. 발전하는 과정에 있지만 아직 대부분 유대인 그리스도인들로 구성된 공동체 안에서 이방인들—안디옥 사람 니골라(행 6:5), 에티오피아 내시(행 8:26-40),

---

112 Barreto, "Whence Migration?," 137.

113 Liew, "Acts," 422.

114 Barreto, "Whence Migration?," 143.

115 사도행전에 대한 대다수 학자들의 견해에 따라 Aymer는 누가복음이 "로마의 점령에 대해 더 유화적인 입장"을 제시한다고 제안한다("Acts of the Apostles," 536).

116 Barreto, "Whence Migration?," 144.

고넬료(행 10장) 등─이 핵심 인물로 존재하고 있음에도 불구하고 리유에 따르면 누가의 "민족 문제"는 누가가 "비유대인 선교사" 이야기에 대해 보고하기를 주저하는 데서 비롯된다.[117] 대신 누가는 유대인 선교사의 활동만을 묘사한다. 비록 그 유대인 중 일부는 아람어를 사용하는 신자였고 다른 일부는 그리스어를 사용하는 신자였지만 말이다(행 6장). 누가가 이방인 신자들이 다른 공동체(또는 심지어 그들 자신의 공동체)에 말씀을 전하는 일에 참여하는 것을 전혀 보여주고 있지 않지만, 그는 짧지만 이 운동의 핵심이 되는 메시지를 다른 곳에 전한 유대인 신자들(민족·인종적으로 다양한 유대지방의 신자들)을 묘사한다(행 11:20, 26). 누가는 일부 동시대 해석자들이 상상한 것보다 민족적으로 더 다양한 유대인 신자 집단을 보여준다.

리유는 고대 자료에서 "인종"과 "민족"을 구별하는 일이 어렵다는 점을 올바르게 인정한다. 비록 이러한 자료들이 일부 경우에 그렇게 구분했을 가능성이 있음(예. 바울이 익명의 이집트인으로 오해받았을 때)을 가끔 암시하지만 말이다. 신시아 베이커(Cynthia Baker)는 사도행전 2:5-11에 비추어볼 때, 누가는 "일관성 없이 뒤죽박죽 섞여 있는 민족적 차이와 다양성이 하나로 통일되어 있는 것으로 그리기 위해 유대인들을 '모형'(template)으로 삼았다.…이 기사에서는 유대인들의 민족·인종적 다양성이 그대로 나타나 있으면서 강조되어 있

---

117 Liew, "Acts," 422. 하지만 안타깝게도 누가는 그렇게 하지 않았다. 학자들 대다수는 내시가 신 23:1의 규정에 비추어볼 때 "하나님을 두려워하는" 이방인(비유대인)이었다고 주장한다.

다"[118]는 점을 상기시킨다. 그러므로 누가에게 있어서 유대인들은 "단순히 **대조**나 **대비**를 위한 것이 아니라 보편적이고 다민족적이며 성령으로 충만한 공동체를 상상하기 위한 **모델**이 된다."[119] "유대인"은 "특별한" 정체성을 의미했고 "그리스도인"은 "보편적인" 정체성을 의미했으며 두 "집단"의 구분이 세상의 모든 차이를 만들었다고 생각했던 과거의 해석자들이 범한 실수를 피하는 것이 중요하다. 그것은 누가-행전이 전하는 이야기가 아니다.

비록 비유대인들의 선교 활동이 내러티브에 나타나 있지 않지만, 누가는 아무런 언급 없이 민족 간의 결혼을 묘사했다. 로마의 총독 벨릭스는 유대인인 드루실라와 결혼했고(행 24:24), 디모데의 어머니는 그리스도를 추종하는 유대인이었으며, 그의 아버지는 그리스인이었다(행 16:1). 후자의 경우는 마땅히 더 논의해야 할 가치가 있으며 다양한 측면에서 바라볼 수 있다. 에이머는 "그리스인 아버지와 유대인 어머니 중 한쪽 편을 선택한 정치적 행위"를 하고 있는 것으로 디모데를 바라보면서 그의 관점에서 이 점을 성찰한다.[120] (바울 서신의 바울과 신중하고 비판적으로 비교되어야 하는) 누가의 바울은 자신의 유대인 사역에 디모데가 참여할 수 있도록 그가 할례를 받게 했다(행 16:3). 사도행전의 바울은 한쪽 편을 택한다. 누가의 예수와 비슷하게 누가의 바울은 뼛속까지 철저한 유대인으로 남는다. 그가 로마 총독 앞에서 자신을 위해 한 변호는 분명하다. "유대인의 율법이나

---

118   Baker, "From Every Nation under Heaven," 92.
119   Baker, "From Every Nation under Heaven," 95(강조는 원저자의 것임).
120   Aymer, "Acts of the Apostles," 542.

성전이나 가이사에게나 내가 도무지 죄를 범하지 아니하였노라"(행 25:8). 바레토에 따르면, 디모데의 "혼혈" 정체성은 누가에게 있어서 "유대인과 그리스인이 하나가 된 것을 나타내며 이는 민족적 차이를 없애는 것이 아니다."[121] (리유의 주장에 따르면) 비록 1세기 아이들의 혈통은 부계로 결정되지만 사도행전에 기록된 (누가의 바울이 말한) 선교 사역을 수행하기 위해서는 다른 민족의 피가 흐르는 "이방인" 혈통을 지닌 디모데를 유대인 정체성을 지닌 자로 분류시켜야 했다.[122] 사도행전 16:1-3을 어떤 식으로 생각하든, 그것은 이상하게도 야고보와 다른 저명한 새 운동 지도자들이 신자가 된 이방인들에게 할례를 행하지 않기로 한 결정 바로 뒤에 나온다(행 15장). 분명히 누가의 내러티브에 따르면, **이방인들이 교회 안으로 들어온 이후에** 그들을 위해 교회가 내린 결정이 하나 있고, 혼혈 이방인들이 누가의 유대적 바울의 선교에 참여할 수 있도록 하는 교회의 또 다른 결정이 하나 있다.

복음이 사마리아인들에게 전파된 기원 이야기에 주목할 때(행 8:4-25; 참조. 요 4장), 우리는 그 사마리아에서 메시지를 선포한 이는 그리스어를 사용하는 일곱 유대인 신자 중 한 사람인 빌립이었으며,

---

121 Barreto, "Whence Migration?," 142. 이 생각은 사도행전 이야기에서 더욱 양면성을 지닌다. 바울은 한 연설에서 민족적 차이의 제거("인류의 모든 족속을 한 혈통으로 만드사 온 땅에 살게 하시고")와 지리적 차이의 보존(하나님은 또한 "그들의 연대를 정하시며 거주의 경계를 한정하셨으니", 행 17:26)을 강조했다. Demetrius Williams는 인종 평등을 위한 투쟁에서 결정적인 "단혈주의"(one blood doctrine)를 발전시키기 위한 근본적인 개념으로 행 17:26을 사용한 아프리카계 미국인에 대한 간략한 역사를 제공한다("Acts of the Apostles," 236-38).
122 이 이야기를 갈 2장에서 바울이 말하는 "디도"에 관한 이야기와 비교하라.

이는 누가의 내러티브 구조에서 사마리아인들을 지도 안의 (아람어가 아닌) 그리스어를 말하는 편의 사람들과 연결시키고 있음을 볼 수 있다. 이야기가 전개되면서 빌립의 메시지는 본부(즉 예루살렘 사도들)로부터 확인을 받는 일이 필요한데, 본부는 베드로와 요한을 보내서 그 사건을 승인하고(그 이유가 아니라면 그들이 왜 왔겠는가?) 사마리아 공동체에 보다 더 온전한 메시지를 전달한다. 왜냐하면 내러티브의 부연 설명이 암시하듯이 "아직 한 사람에게도 성령 내리신 일이 없고 오직 주 예수의 이름으로 세례만 받았을 뿐"이었기 때문이다(행 8:16). 이는 사마리아인의 민족 정체성보다는 누가가 예루살렘 지도부의 중심적 권위의 사례를 제공하기 위해 강조한 것과 더 관련이 있는 것으로 보인다. 누가는 사도행전 18:24-19:7에서 비슷한 사건─성령을 받지 못하고서 그리스도를 믿는 신앙을 열등한 것으로 묘사한 다른 기사─을 보고하는데, 이는 에베소에 있는 유대인들 가운데서 있었던 일이다.[123] 리유가 언급한 현대 이민에 대한 비유는 반복해서 말할 가치가 있다. "그리스도에 대한 믿음이 입국과 거주권을 부여하는 '영주권'을 얻는 것과 같다면, 성령의 도래는 (이론적으로) '영주권' 소지자를 동등한 권리와 혜택을 받을 자격이 있는 시민으로 바꾸는 '귀화' 과정과 유사하다.[124] 적어도 누가가 말하는 그 도(기독교)를 따르기 위한 이중적 입교 제도, 그러니까 말씀을 받아들이고 일차적으로 입교하는 것과 나중에 성령을 받는 것으로 확인받는 것은 (표면적으로

---

123 Liew는 이 두 가지 이야기를 성령이 완전히 주어질 때까지 "열등한 믿음"을 강조하는 이야기로 묘사한다("Acts," 420).

124 Liew, "Acts," 421.

는) 민족적 편견을 포함하지 않았던 것으로 보인다.

결과적으로 누가-행전은 민족적 문제를 나타내는가 아니면 초기 교회의 성장을 묘사하는 이 이야기가 다양한 은사의 모델을 보여주는가? 우리의 반응은 이야기에서 말하는 내용보다는 차이의 의미와 가치에 대한 우리의 전제에 의해 좌우될 수 있다. 공동체의 지리적 이동에 대한 누가의 민족적 초점을 연구한 펠더의 광범위한 논문조차도, 한편으로는 로마 제국 대리인들의 드러나지 않은 부패에 대한 누가의 암시(행 24:26-27; 25:9)와 다른 한편으로는 유대인의 민족적 다양성을 강조하는 누가의 강조에서 문제가 되는 요소들을 발견할 수 있다. 로마―및 로마의 외교관들―가 모두 정상인 것만은 아니다![125] 누가의 내러티브가 다른 민족 집단이 이 운동에 참여하는 것뿐만 아니라 "유대인들 사이에 다양한 인종이 존재하는 세계"[126]를 상상하지만, 내러티브의 암묵적인 편견을 파악하는 일은 언제나 쉽지만은 않다. 그것은 여러 가지 면에서 모호함과 양면성이 있다.[127] 하지만 이러한 긴장감은 많은 현대 독자로 하여금 누가의 내러티브에 나타난 민족적·언어적 요소를 무시하지 않도록 만들기 때문에 인

----

125 또한 Liew, "Acts," 426.
126 Baker, "From Every Nation under Heaven," 95.
127 여러 측면에서 도전을 받을 수 있다. 누가의 여성 등장인물 묘사와 관련하여 Jane Schaberg와 Sharon Ringe은 다음과 같이 말한다. "그러나 신약성서에서 가장 거대한 작품인 누가-행전의 열정은 동맹이 아닌 대단한 대적에 대한 열정이다"("Gospel of Luke," 511). 같은 주석 시리즈에서 Aymer는 누가가 다원주의를 허용하기를 원치 않는 것에 반응한다. 사도행전은 "'그 도'와 다르게 믿는 거룩한 사람들의 집단 전체를 낙인찍음과 동시에 정의 운동에서 중심이 된 신학적·윤리적 주장의 원천이다"("Acts of the Apostles," 538).

정할 가치가 있다. 이 이야기는 민족 집단과 다양성 및 갈등에 관한 이야기다. 이것은 누가가 어떤 집단을 다른 집단보다 선호하는 이야기다. 민족적 차이와 관련하여 이 고대의 성서 기사는 현대의 대화를 위한 가능성의 길을 열어줄 수 있다. 그러나 누가-행전의 결론—구체적으로 누가의 편견—은 항상 앞으로 나아가는 길만을 제시할 수는 없다.

이 간단한 분석이 예수의 비유에 대한 우리의 이해에 어떤 차이를 만들어낼까? 다시 비유로 돌아가기 전에, 우리가 누가의 관점을 이해하기 위해 계속 검토해야 할 직(간)접적인 관련 구절이 하나 더 있다. 누가복음 17장에서 예수는 자신의 나병이 치유된 것에 감사를 표현하기 위해 돌아온 사마리아인을 "이방인"(*allogenēs*; 눅 17:18)이라고 칭한다. 알로게네스(*allogenēs*)라는 그리스어는 신약성서에서 한 번 등장하지만, 누가의 다른 내러티브에서 베드로가 고넬료를 묘사할 때 사용한 알로필로스(*allophylos*, 외국인)의 동의어였다(행 10:28). 또한 알로게네스는 예루살렘 성전이 위치한 장소에 있었던 유명한 비문에 새겨진 다음과 같은 글귀를 1세기 독자들에게 상기시켰을 것이다. "어떤 **이방인**도 이곳에 들어올 수 없다."[128]

알로게네스는 자주 사용되지 않았음에도 불구하고 많은 의미가 담긴 단어였다. 바레토는 "**이 이방인 외에는** 하나님께 영광을 돌리러 돌아온 자가 없느냐?"라는 예수의 말씀이 "정죄와 묵살이라는" 의미

----

128   BDAG, 46.

심장한 어조의 말씀이었다고 제안한다.[129] 이 용어는 그 시대의 다른 유대-그리스 문학에서는 때때로 심한 책망의 의미를 띠기도 했으며 (참조. 유딧 9:2; 집회서 45:13), 하나님이 더 이상 "이방인"이 유대인들 사이에서 사는 것을 허락하지 않으실 미래에 도래할 메시아 시대와 관련된 언어를 포함한다(시 17:28). 특히 사마리아인 마을로부터 거부 당한 것(눅 9:51-56)이 아직 그의 마음에 생생했다면, 누가의 예수도 이렇게 날카로운 말을 할 수 있었을 것이다. 여하튼 예수는 이러한 감정을 유대인 동포들에게 놀라운 도전으로 표현한다. 구어체로 표현하자면, "사마리아인들조차도 감사할 줄 안다! '우리'는 더 잘 감사할 줄을 알아야 하지 않겠느냐?" 이러한 감정 속에는 분명한 어조가 드러나 있다.

누가복음 17장의 이야기가 어떤 다른 이야기를 떠올리게 할지 모르지만, 그 기사는 (예수께서 사마리아인이 자신의 나병이 나은 것을 확인 받도록 그를 제사장에게 보냈기 때문에) 유대인과 사마리아인들이 몇 가지 신학적 관행을 공유했다는 것도 암시한다. 다른 나병 환자들이 어떤 민족인지 명시되어 있지 않기 때문에 이 기사에서 나병에 걸렸던 이름 없는 다른 환자들은 아마도 모두 유대인이었을 것이다. 여기서 일부 학자들은 사마리아인과 유대인의 차이점에 초점을 맞추는 것을 선호한다. 레빈은 치유된 사마리아 나병 환자가 예수의 지시를 따르기 위해서는 그리심산에 있는 제사장들에게 가야 했을 것이라고

---

129   Barreto, "Except This Foreigner?"

제안한다.[130] 설령 그렇다 하더라도 이 내러티브는 예배 장소의 차이에 초점을 맞추기보다는 질병으로 고생하는 사람들 사이의 암묵적인 동지애에 더 초점을 맞추고, 결국은 돌아온 한 사람에게 초점을 맞춘다. 그렇다면 이 돌아온 한 사람에게 초점을 맞추었다는 것은 **차이**를 강조했다는 것인데, 이는 예수가 속한 공동체에 대한 비판일 것이다. "사마리아인들조차도 감사할 줄 안다!" 율법 교사가 (민족 꼬리표에 대한 언급 없이) 다음과 같이 인정할 때 그는 분명히 이 비판을 포착하고 있었을 것이다. "자비를 베푼 자니이다"(눅 10:37). 또 다른 한편으로 이방인의 숫자가 점점 더 늘어가는 누가의 그리스도 추종자 공동체는 반유대주의적으로 반응했을 수도 있다. 당신은 무엇을 듣고 있는가? 당신은 어떻게 읽는가?

데이비드 고울러가 우리에게 상기시키듯 "모든 해석은 예수를 '현대화'시킨다."[131] 후대의 대표자들—아우구스티누스, 제이콥스, 서먼, 솔렌티나메 공동체—은 트라우마 정황에서 활동한 해석자들이라고 할 수 있다. 아우구스티누스에 따르면, 도나투스 논쟁은 많은 가톨릭 그리스도인이 이웃에게 파괴적인 방식으로 대응하는 결과를 초래했다. 아우구스티누스는 황제의 도움에 힘입어 누가복음 14:23("사람을

----

130   Levine, "Luke," 151.
131   Gowler, *What Are They Saying*, 73.

강권하여 데려[오기 위해서]")을 읽고서 필요하다면 폭력을 사용해야 한다고 주장했다.[132] 다른 사람들의 트라우마 정황(2장)은 더 쉽게 파악할 수 있다. 해리엇 제이콥스는 자신의 이야기를 미국의 남북 전쟁 이전에 쓰기 시작해서 남북 전쟁 전날에 출간했다. 그녀는 자신의 이야기를 각색하고 글로 쓰는(그리고 편지 쓰기) 과정에서 자신의 트라우마 중 일부를 다루었지만 이 이야기가 공개적으로 인정받기 전에 자신의 할머니의 죽음을 기다렸다. 하워드 서먼은 미국 전역에 알려진 목사였으며 인종 차별적인 미국의 여러 지역에서 생활하면서 설교했다. 서먼의 『예수와 상속받지 못한 자들』이 존재하기 전까지 서먼의 미국은 인종적 트라우마라는 측면에서 제이콥스가 살았던 남북 전쟁 이후의 미국과 크게 달라 보이지 않았다. 솔렌티나메 공동체는 자신들의 국가적 트라우마가 한창일 때, 그들이 마음속에 그리는 더 나은 세상과 그 세상 안에서 할 수 있는 자신들의 역할을 상상하기 위하여 함께 모여서 자신들의 신앙에 대한 성서의 이야기들과 씨름했다. 만약 사도행전이 안내서라면, 누가복음의 정황 속에서 초기 그리스도 추종자들이 지속적으로 겪었던 어려움에는 민족 갈등, 종교적 긴장감, 가족 분리 등이 포함되어 있었을 것이다. 비록 이 추종자들이 한편으로는 로마 제국과의 긴장감을 줄이고, 다른 한편으로는 대표적인 추종자들의 뿌리인 유대교와의 분리를 강조하면서 발전하고 통일된 기독교 운동을 묘사하려고 시도했지만 말이다. 이러한 정황에서 누가의 예수는 자비를 베푸는 겸손한 사마리아인에 관한 비

--- --- --- ---

132   Cooper, *Augustine for Armchair Theologians*, 197.

유를 전한다.

이제 우리는 이 이야기가 현대 교회에 제공할 수 있는 신학적 가능성에 대해 논의하기 위해 마지막 장으로 넘어가고자 한다.

4장

사마리아인의 생명도 소중하다

교회는 "선한 골칫거리"에 관여하고 있는가?

The Good
Samaritan

나는 세계적인 팬데믹이 유행하는 동안 이 마지막 장을 쓰기 시작했다. 2020년 여름의 첫 몇 달 동안 이 팬데믹이 세계에 끼칠 피해는 상상하기 어려웠다. 이 책이 대중들에게 공개될 무렵에는 COVID-19가 더 이상 2020-2021년과 같은 위협적인 것이 아닐 수도 있다. 과학계는 적어도 이 바이러스의 가장 치명적인 영향을 억제할 수 있는 백신을 개발하기 위해 상당한 진전을 이루었다. 그러나 이 글을 쓸 당시, 사망자 수는 벌써 미국에서 62만 명이 넘었고 전 세계적으로는 430만 명이 넘었다.[1]

또한 나는 또 다른 "팬데믹" 동안에 이 챕터를 쓰기 시작했다.[2] 그것은 우리가 이전에 이미 목격한 것 중 하나이며, 유감스럽게도 이 "바이러스"는 다시 또 돌아올 것이다. 이 새로운 "발병"은 9분 29초라는 숫자로 정의되었는데, 이 숫자는 경찰관(경찰관 데릭 쇼빈[Derek Chauvin])이 46세의 아프리카계 미국인 조지 플로이드(George Floyd)

----

1   다음을 보라. "COVID Data Tracker," Centers for Disease Control and Prevention, 2021. 8. 26 접속. https://covid.cdc.gov/covid-data-tracker/#datatracker-home.
2   많은 사람이 이만큼 인정했다. 최근의 성서학 내에서는 다음을 보라. Hidalgo, "Scripturalizing the Pandemic," 625-34.

의 목을 무릎으로 누른 시간(9분 29초)을 가리킨다. 당신이 계속 이 책을 읽어 나가기 전에 잠시 멈추고 휴대전화로 스톱워치를 설정하여 그 시간이 얼마나 긴지를 느낄 수 있도록 9분 29초 동안 기도하기를 권한다.

우리 앞에 놓인 이 비유 안에는 적어도 소중한 네 명의 생명이 등장하고 이 생명은 각각 타자의 생명을 나타낸다. 참고로 성서 본문의 가부장적 정황 때문에 본문에 나오는 네 생명이 모두 남성이라는 점에 놀랄 필요는 없다. 우리는 누가복음 안에서 이 고대 저자가 이 가부장제도의 균형을 어떻게 맞추는지(즉 남성 중심의 이야기를 여성이 주인공으로 등장하는 다른 기사로 균형을 맞춤으로써)를 보기 위해 그다음 이야기―두 자매(마리아와 마르다)에 관한 이야기―와 이 비유를 함께 읽어야 한다.

누가복음 10장의 경우 폭행을 당한 익명의 남자, 자비를 베푼 익명의 사마리아인,[3] 낯선 사람을 돌본 익명의 여관 주인("필수적인" 인력으로서), 이 비유로 연결되는 질문을 한 율법 교사(유일한 "실제" 사람) 등 네 명의 대표적 인물이 있다.

이 책에서는 첫 번째 사람(피해자)만이 아직 충분한 관심을 받지 못했기 때문에 여기서 간략하게 언급하는 것이 적절할 것이다. 만약 에이미 질 레빈의 주장이 옳다면, 예수의 비유를 듣는 청중 가운데 있던 유대인들은 사마리아인이 아닌 반쯤 죽게 된 피해자에게서 자

---

3   심지어 최근 성서학계에서도 사마리아인은 계속해서 많은 관심을 끌고 있다. 다음을 보라. Chalmers, "Rethinking Luke 10," 543-66.

신들을 발견했을 것이다. 이 피해자는 모든 (유대) 사람을 대표했다. 후대의 많은 해석자들은 유사한 접근법을 보여주고(비록 역사성은 떨어지지만), 이 등장인물 속에서 인류에 대한 더 폭넓은 대표성을 발견한다.[4] 아우구스티누스는 이 인물 속에서 자신의 영혼을 포함하여 영적으로 죽은 모든 영혼에 대한 풍유적 대표성을 발견했다. 하워드 서먼은 이 인물을 ("도시의 가난한 사람들이 사는 지역 출신의" 누군가가 도움과 치유를 제공할 수 있는) 총체적인 인종차별로 인한 분열 속에서 오직 절반만 의식이 있는 사람으로 묘사했다. 니카라과의 솔렌티나메 공동체는 이 대표적 인물이 사람들의 권리를 더욱 박탈하는 (주류 교회가 지지하는) 자본주의 체제에서 정치적 변방에 위치한 사람들을 대표한다고 이해했다. 해리엇 제이콥스는 심지어 그녀가 사마리아인과 피해자를 결합한 것처럼 노예들을 이 비유의 주인공과 밀접하게 연관시켰다.

독자들은 내가 예수를 소중한 생명 가운데 하나로 언급하지 않았음을 눈치챘을 수도 있다. 물론 그의 생명도 소중했지만, 그 어떤 독자도 (비판적이든 그렇지 않든) 실제로 이 내러티브에서 그의 중요성을 오해하지는 않을 것이다. 사실 누가복음 안에서 예수의 생명은 없어서는 안 될 가장 중요한 생명이다. 사건의 모든 과정은 그의 말과 행동, 그의 탄생과 죽음, 추종자들을 향한 그의 가르침을 통해 진행

----

4   예수를 이 비유의 피해자와 연관 짓는 해석자는 드물다. 노리치의 율리아나 (1416년 사망)는 사마리아인의 행동에서 예시된 하나님, 즉 피해자를 죽음에서 건져낸 하나님을 발견하고 이 비유를 이렇게 해석했다(다음에서 인용함. Lischer, *Reading the Parables*, 154-55).

된다. 아무도 누가의 이야기에 나타난 이 명백한 사실을 입증할 필요가 없다. 예수의 생명은 소중했다. 다른 인물들의 생명도 그렇다고 말할 수는 없다. 그럼에도 나는 그들의 생명도 소중했다고 주장할 것이다.

타인의 치료와 "구원"

유대교의 색채가 매우 강한 이 이야기를 해석하는 유대인 해석자들은 1세기 율법 교사는 결코 이런 식으로 "영생"에 관해 묻지 않았을 것이기 때문에 율법 교사의 질문은 꾸며낸 것이라고 흔히 주장한다.[5] 일반적인 유대인이라면 영생은 하나님이 이스라엘과 맺은 언약에 의해 결정되는 것이지 개인의 행위에 의해 결정되지 않는 것임을 알았을 것이다. 물론 신실한 유대인이라면 토라의 계명을 지키려고 했겠지만, 개별적인 율법이 이스라엘의 하나님과 개인 사이의 관계를 결정하는 것은 아니다.

그리스도인 해석자들은 종종 이 이야기에서 **행하는 것**에 강조점이 있음을 발견하는데, 이는 한 개인이 얻기를 바라는 영생과는 잘 어울리지 않는 것처럼 보인다. 많은 해석자들 사이에서 구원은 신앙고백과 믿음에서 비롯된 행위로 정의되며, 그것은 로마서 10:9-10에서 바울이 다음과 같이 한 말로 가장 잘 요약된다. "네가 만일 네 입

---

5   Levine, *Short Stories by Jesus*, 85.

으로 예수를 주로 시인하며 또 하나님께서 그를 죽은 자 가운데서 살리신 것을 네 마음에 믿으면 구원을 받으리라. 사람이 마음으로 믿어 의에 이르고 입으로 시인하여 구원에 이르느니라"(롬 10:9-10).

이러한 바울의 전승(및 로마서 본문이 암시하는 구원에 대한 관점)과 매우 다른 것은 예수가—누가복음에서—율법 교사의 질문을 진지하게 받아들이고 다시 토라로 주의를 돌리게 하며, 사랑의 이중 계명에 대한 그 남자의 반응을 완전히 받아들인다는 점이다. 사랑이 영생을 결정한다! 하나님에 대한 사랑이 이 탐구의 중심이 아니었기 때문에 이 율법 교사는 이것을 신적 존재에 대한 사랑을 어떻게 실천할 수 있는지로 이해한 것으로 보인다. 뒤에 이어서 나오는 마리아와 마르다에 대한 이야기는 하나님을 사랑한다는 것이 무엇을 의미하는지에 대한 누가의 내러티브의 한 예—"마리아는 이 좋은 편을 택하였[다]"—를 제공한 것이었을 수도 있다(눅 10:38-42).[6] 하지만 이웃에 대한 사랑이 더 골치 아픈 문제다. 예수의 비유는—누가의 이야기에서—이웃이란 주제를 다루고 있는 것으로 보인다.

이 대화의 중심에는 구원의 본질에 대한 근본적인 관심이 있다. 신앙고백과 믿음이 중요한 만큼 구원에서도 **행함**이 중요하다. 하나님께서 자신을 따르는 자들과 맺으시는 관계가 단순히 그들을 즐겁게 하기 위해 하나님의 현존으로 인도하지는 않는다. 하나님은 자신의 백성들이 이 땅에 있는 동안 그들에게 기대하는 것이 있다. 예수는 "이를 행하라, 그러면 살리라"(눅 10:28)라고 말한다. "**이를 행하**

---

6   Edwards, *Luke's Story of Jesus*, 57.

라"는 명확하게 토라의 명령을 가리킨 것이다. 하나님과 이웃에 대한 헌신으로서 토라가 요구하는 행동을 하라. 그 일에 적극적으로 참여하라. 데스몬드 투투(Desmond Tutu) 주교에게 있어서 이 기독교적인 실천은 **우분투**(*ubuntu*)의 사상, 즉 한 사람의 인간성은 다른 사람의 인간성과 밀접하게 얽혀 있다고 생각하는 남아프리카의 개념이다.[7]

하지만 모든 행함이 하나님의 행함은 아니다. 예수는 "**이를** 행하라"고 말씀하신다. 물론 "이를"은 성서가 요구하는 것을 가리킨다. "이를"은 하나님과 다른 사람들을 포함하는 사랑을 말한다. 그것은 우리가 다른 사람들을 어떻게 대하는지에 대해 매우 진지하게 생각하도록 만드는 사랑이다. 율법 교사는 "이를"의 두 번째 부분에 대해 추가로 질문한다. 율법 교사와 예수는 각자 토라를 읽을 수 있지만, 그들은 그 책을 놓고 함께 씨름해야 한다. 현대 독자들은 이 과제의 공동체적인 특성을 잃어버려서는 안 된다.

마지막으로 행함은 사는 것과 연결된다. 그것은 단순히 당신이 **나중에** 살 것임을 의미하지 않는다. 당신은 지금, 이 순간, 당신이 처해 있는 이 순간을 "살 것이다." "이것을 행하라. 그러면 당신은" 하나님이 당신을 위해 계획하신 사람이 되는 소명을 따라 "살게 될 것이다." 당신이 이웃을 사랑할 때, 당신이 하나님과 얼마나 연결되어 있는지를 인식할 때, 당신은 당신이 지닌 인간의 잠재력을 최대한 발휘하면서 "살 것이다." 우리는 여기서 요한1서의 말씀을 떠올리게 된다. 비록 교회 분열이 일어난 상황에서 하신 말씀임에도 말이다. "사

---

7   Tutu, *No Future without Forgiveness*, 31-32.

랑하는 자들아! 하나님이 이같이 우리를 사랑하셨은즉 우리도 서로
사랑하는 것이 마땅하도다. 어느 때나 하나님을 본 사람이 없으되 만
일 우리가 서로 사랑하면 하나님이 우리 안에 거하시고 그의 사랑이
우리 안에 온전히 이루어지느니라"(요일 4:11-12).[8]

여러 면에서 그 율법 교사의 질문은 우리 자신의 것이다. 그것
은 한 사람의 생명의 중요성에 대한 진술이다. 내가 왜 여기에 존재
할까? 만약 하나님이 존재하신다면, 나는 어떻게 해야 최고의 삶을
살 수 있을까? 나는 어떻게 하면 우주의 창조주와 가장 잘 연결될 수
있을까? 이에 대한 답을 제시하면서 예수는 토라, 사랑, 하나님, 공동
체, 행동을 밀접하게 연관시킨다. 우리가 하나님과 연결되기를 원한
다면, 우리는 서로를 의미 있는 방식으로 대할 필요가 있다. "당신은
어떻게 읽는가?"

3장에서 논의한 바와 같이 나중에 누가복음에서 또 다른 등장인
물이 이 율법 교사의 첫 질문을 반복한다. 이 누가복음의 인물은 부
자다(눅 18:18-30). 이 사람은 자신의 소유물을 너무 좋아하기 때문에
이 이야기는 좋게 마무리되지 않는 슬픈 이야기다. 여기서 우리의 목
적과 관련하여 나는 단지 영생에 대한 이 남자의 처음 질문이 어떻
게 기대되는 행동(가난한 사람들에 대한 보살핌)과 연결되어 있으며, 그
것은 다시 예수의 가장 가까운 추종자들까지도 "그런즉 누가 구원을
얻을 수 있나이까?"(눅 18:26)라는 질문을 하도록 만드는 것을 주목하

---

8   교회의 분열에 대한 증거는 요일 2:18-19을 보라. 이 이야기의 중심으로서의 사랑
     에 관해서는 아우구스티누스와 Thurman을 보라(2장).

기 원할 뿐이다. 루이스 메넨데스-안투냐(Luis Menéndez-Antuña)가 지적한 바와 같이 제자들은—후대의 교회 공동체의 많은 사람과 마찬가지로—"신학적 구원은 정치적 관계에 달려 있다"[9]는 것을 인식하지 못한다.

사는 것에 대한 첫 질문 외에 이 두 이야기는 모두 하나님의 추종자들이 다른 사람들을 향해 취해야 할 역할을 명시적으로 표현한다. 한 이야기는 무명의 이웃에 대한 것이고, 두 번째 이야기는 가난한 사람들에 대한 것이다. 다른 사람들을 향한 사회적 행동은 두 이야기 모두의 핵심이자 누가가 묘사한 예수가 지닌 사명의 중심이다. 세 번째 복음서에서 성령의 영감을 받은 예수(눅 4:1, 14)는 고향에서 열린 공개 설교의 시작 부분에서 이사야의 말씀을 읽으면서 그가 읽고 있는 사람과 자신을 동일시한다. "주의 성령이 내게 임하셨으니 이는…그가 나에게 기름을 부으[셨기 때문이다]"(눅 4:18). 여기서 사역의 시작을 알리는 첫 선언은 예수가 어떤 분인지 그의 정체성뿐만 아니라 기름 부음을 받은 자의 활동을 가리키고 있다. "이는 가난한 자에게 복음을 전하게 하시려고 내게 기름을 부으시고 나를 보내사 포로 된 자에게 자유를, 눈먼 자에게 다시 보게 함을 전파하며 눌린 자를 자유롭게 하고"(눅 4:18). 이 말씀은 고대 근동 세계에서 아주 오래된 저항 운동의 잠재적인 모토를 떠올리게 한다. 이 기름 부음 받은 자는 자신의 공동체에서 소외당한 사람들, 경제적으로 가난한 사람들, 허위 사실로 투옥된 사람들, 경범죄로 긴 형량을 선고받은 사

----

9   Menéndez-Antuña, "Black Lives Matter and Gospel Hermeneutics," 34.

람들, 육체적인 질병을 앓고 있는 사람들, 억압적인 정권하에서 고통받는 사람들에게 다가갔다. 이 기름 부음 받은 사람은 변화를 가져오기 위해 현장에 계신 하나님의 대리인이었다. 예수의 추종자들은 (누가의 내러티브 범위 내에서) 이 기름 부음 받은 활동을 따라가고 그 뜻에 따라 앞으로 나아가야 했다.

이웃과 몸

이 이야기에서 매우 중요한 것은 그것이 표현하는 체현된 믿음이다. 믿음은 **몸 밖에서** 살 수 없다. 기독교 운동의 역사를 통틀어 역동적인 증인 대 관조적인 증인에 대한 긴장이 있었다. 많은 사람은 (그 생각이 맞든 아니든) "주의 발치에 앉아 그의 말씀을 [들었던]" 마리아의 이야기를 누가가 관조적인 삶을 지지한 것으로 간주한다("마리아는 이 좋은 편을 택하였으니"[눅 10:38-42]). 설령 그렇다 하더라도 이 이야기 앞에 나오는 사마리아인의 비유를 읽으면 활동적인 삶을 뒷받침하는 이야기를 발견할 수 있다. "가서 너도 이와 같이 하라"(눅 10:37).

이 비유(와 누가복음 전체)의 핵심은 다른 이들과 관계를 맺으며 살아갈 때 자신의 믿음을 삶으로 구현하는 것을 강조하는 것이다. 율법 교사의 질문은 예수의 비유를 이끌어내는 동력이다. "내 이웃이 누구니이까?" 율법 교사는 적절한 질문을 했다. 그는 다른 질문을 할 수도 있었다. 하나님을 사랑한다는 것은 무엇을 의미할까? 사랑과 기독교의 규범 사이에는 어떤 관계가 있을까? 자기 자신을 사랑한다는 것은 무엇을 의미할까? 자신을 스스로 돌보는 일은 기독교 신앙과 어떻게 연결될까? 그러나 율법 교사의 질문은 예수(와 청중)의 관심을 다른 곳으로 돌리게 한다. 우리는 하나님을 향해 위를 보거나 우리 자신을 향해 내면을 바라볼 것이 아니라 다른 사람을 향해 외면을 바라보도록 요구받는다. 누가복음 10장의 내러티브가 신학적인 관점을 반영한다면 그것은 체현된 신학이다. **즉 우리는 다른 몸의 신체적 안녕을 위해 몸으로 행동해야 한다.** 이것이 종교적 헌신의 의미다. 모든 종류의 종교는 구성원들에게 이러한 종류의 신체 활동에 참여할 것을 요구할 수 있다. 내 관점에서 보면, 이것이 바로 그리스도인이 되는 것을 의미한다. 상대방에게 사랑한다는 고백은 매우 중요하며, 상대방을 사랑한다는 사실을 행동으로 보이는 것은 결정적이다. 고백을 실천하는 것은 실질적인 믿음을 위한 행위를 준비한다.

　　누가복음은 몸에 관한 신학적 내러티브다. 물론 핵심 인물은 이 땅에 하나님께서 인간의 육체로 나타나신 예수다. 확실한 것은 예언자 중 한 명의 말을 인용한 마태의 명백한 성육신 언어와 일치하는 누가의 언어가 없다는 점이다. "보라! 처녀가 잉태하여 아들을 낳을 것이요 그의 이름은 임마누엘이라 하리라 하셨으니, 이를 번역한즉 하나님이 우리와 함께 계시다 함이라"(마 1:23). 누가에 따르면, 예수는 하나님의 아들로서(눅 1:35) 주의 일을 수행하기 위해 하나님의 영으로 충만해진다. 그는 몸을 지닌 영이다. 더 예리하게 말하자면 그는 몸을 지닌 영의 사람이고, "성령의 충만함을 [입고서]" 시험을 받으며(눅 4:1) "성령의 능력을 입고" 그의 공생애를 시작하셨다(눅 4:14). 예수는 이 사명을 수행하면서 치유를 필요로 하는 다른 육체들과 신체적으로 많이 접촉하신다. 그는 항상 육체적으로 사람들에게 손을 대셨고 만져주셨으며(눅 5:13; 18:15; 22:51), 다른 사람들이 그를 만지는 손길 뒤에 무엇이 숨겨져 있는지 아신다(눅 7:39; 8:44-47). 그뿐만 아니라 예수는 자신의 추종자들이 자신과 같이 행하기를 기대하신다. 즉 그들은 그가 다른 사람들에게 육체적으로 친절한 행동을 하신 것을 계속 이어나가야 한다. "어느 동네에 들어가든지…거기 있는 병자들을 고치고"(눅 10:8-9).

지금까지 이 책의 초점이 되어온 이 비유는 체현된 믿음의 복음의 축소판이다. 사마리아인은 다른 사람을 보았고 피해자가 처한 곤경─그의 상태, 뼈가 부러지고 육체에 멍이 들며 피가 흐르는 모습─을 본 것이 사마리아인으로 하여금 몸을 움직여 그와 신체 접촉을 하게 만들었다. 그 감정들은 그에게 몸을 많이 움직이도록, 곧 행동하도록 만들었다. 그는 상처에 붕대를 감고, 그를 자기 짐승에 태웠으며, 그를 돌보았다. 이러한 신체 접촉은 그에게 시간과 돈과 헌신이라는 대가를 치르게 했다.

그리스도인들은 팬데믹과 같은 시기에 자신들의 믿음이 얼마나 **신체** 중심적인지 더 명확하게 느낀다. 우리가 환영의 포옹이나 따뜻한 악수를 하면서 서로 접촉할 수 없을 때, 우리가 직접 다른 사람들에게 "평화를 빌" 수 없을 때, 우리는 사람들과 접촉하지 못하는 아쉬움을 느낄 수 있다. 많은 사람은 방문이 허용되지 않는 연로한 부모님을 두고 있다. 많은 노인 요양 시설에서는 이 시기에 사람과의 접촉을 허용할 수 없었다.

나는 최근에 인터넷으로 가상 장례식에 참석했다.[10] 여행 규제에 비추어볼 때 그것은 적어도 장례식에 참여할 수 있는 기회였다. 하지만 나는 이 엄숙한 자리에서 사랑하는 사람들과 직접 인사를 나누고 싶었고 유가족들에게 위로의 포옹을 할 수 있기를 바랐다. 긍정적인 측면에서 볼 때, 비록 가상으로 드리는 예배라 할지라도 나는 이 축복받은 고인의 이야기와 그가 자신의 형제자매들과 나눈 격려의 이야기들 및 자녀들과 손자들에 대한 그의 사랑, 가부장적 구조에 맞선 그의 배우자의 투쟁에서 그가 배우자와 협력하여 그녀에게 지지와 도움을 준 것, 계속해서 교회 안의 인종차별적 구조에 맞서 싸웠던 것 등의 이야기를 지속해서 들을 수 있었다. 나는 이 이야기들을 듣고 용기를 얻었는데, 그중 많은 것은 내가 알지 못했던 이야기였다. 나의 옛 동료였던 그는 백인 학생들이 자기의 신앙과 기독교 운동 내에서 이루어지는 다양한 표현에 대해 더 깊이 생각할 수 있도록 돕기 위해 『우리 조국의 진실』(*True to Our Native Land*)이란 책을 교과서로 사용한 내가 아는 최초의 백인 교수였다.[11] 그러나 나는 몸을 이끌고 직접 참석할 수 없어서 매우 슬펐다. 기독교 사회에서 몸은 중요하다. 삶과 죽음에서 모두 몸은 중요하다. 우리는 끊임없이 삶으로 살아내야 하는 체현된 신앙을 가지고 있다. 예수의 사마리아인 비유는 몸이 얼마나 중요한지를 창의적으로 일깨워준다.

----

10   성서 및 종교학과에서 나의 동료였던 John Stanley 박사의 장례식이었다.
11   Blount et al., *True to Our Native Land*.

믿음을 이야기로 전달하는 창의적인 예로서의 비유

누가복음 10장 이야기에서 중요한 것은 그것이 비유라는 사실이다. 예수를 연구하는 역사학자들은 예수가 비유를 사용한 선생이었다는 것에 동의한다. 요한복음에서 볼 수 있는 것과 달리(이 복음서는 비유를 기록하지 않는다) 그는 비유를 자주 사용했다.[12] 누가복음 1장에서 암시하듯이 누가와 마태는 마가복음에 기록된 내용을 확대한다. 누가의 독특한 비유의 대부분은 그의 "여행 내러티브"(눅 9:51-19:27)에 속한다.[13] 이 마지막 장에서 우리의 목적과 일치하는 더 중요한 점은 이 비유 담화 자체의 본질이다.

비유는 예수가 이 세상에서의 하나님의 활동과 인간의 소통 및 자신의 가르침을 따르기를 원하는 사람들을 위해 그가 제시한 가치들에 관한 자기 생각을 전달하는 데 사용한 창의적인 도구다. 그럼에도 심지어 이러한 흥미롭고 짧은 이야기 중에서도 이 사마리아인의 행동에 관한 비유는 한층 더 두드러진다. 예수가 "타자"를 자기 이야기의 주인공으로 삼는 경우는 드물었다.

비교하는 차원에서 볼 때 예수가 한 인물의 행동을 다른 인물의

---

12   비록 "parable"(*parabolē*)이란 단어가 요한복음에 등장하지 않지만, 요 10:1-6은 비유일 수 있다. 요 10:6에서 "잠언" 또는 "비유적 표현"(*paroimia*)이 사용된 것을 주목하라.

13   예수가 예루살렘으로 올라가는 여행은 이 내러티브 단락을 둘러싸고 있다. "예수께서 승천하실 기약이 차가매 예루살렘을 향하여 올라가기로 굳게 결심하시고"(눅 9:51). "예수께서 이 말씀을 하시고 예루살렘을 향하여 앞서서 가시더라"(눅 19:28).

행동과 비교하기 위해 비유에서 두 명의 주인공을 내세우는 것은 흔한 일이었다. 그는 한 유대인 남자의 두 아들을 서로 비교했는데, 이 비유는 한 아들이 자기 몫에 해당하는 유산을 미리 요구하는 것으로 시작한다(눅 15:11-32). 그는 익명의 부자와 부자의 식탁에서 부스러기를 먹고 싶어 하는 가난한 나사로를 비교했다(눅 16:19-31). 그는 불의한 재판관과 그에게 끊임없이 정의를 요구하는 끈질긴 과부의 이야기를 들려주었다(눅 18:1-8). 또한 그는 성전에 기도하러 가는 두 사람, 즉 바리새인과 세리에 대해서도 이야기했다(눅 18:9-14). 따라서 예수 당시의 유대 정황에서 이 모든 인물은 유대인 청중들에게 너무나 익숙한 사람들을 대표하는 흔한 사람들이었다.

예수가 각 이야기에서 의도한 반전을 제대로 이해하려면 오늘날의 독자들은 그 비유가 어떻게 청중들에게 이상한 느낌이 들도록 만들었는지를 이해하려고 노력해야 한다. 이 이야기들 가운데 대부분은 대안적 시나리오를 상정함으로써 문화적 기대에 이의를 제기한다. 부모가 죽기 전에 자식이 유산을 요구하는 것은 이상한 일이다.[14] 대부분의 부유한 유대인들은 대개 집 근처에 있는 나사로를 돌본다. 재판관들이 (1세기에!) 정의에 거의 신경을 쓰지 않았다면 그 지역 내에서 자신의 지위를 오랫동안 유지하지 못했을 것이다. (가능하기도 하고 그럴 개연성도 있긴 하지만) 겸손한 기도를 드리는 세리는 일반적으로 대중들 사이에서 평판이 좋지 못했다는 점을 고려하면 거의 모든 사람에게 놀라움의 대상이었을것이다. 마찬가지로 우리는 누

---

14   또한 Nolland, *Luke 9:21-18:34*, 782.

가복음 10장의 비유에서 이상한 점이 무엇인지를 포착해야 한다.

사마리아인 이야기는 마치 사마리아인 상인이 실제로 유대 땅의 평범한 유대인들에게 영웅이 될 수 있는 것처럼 어떤 주인공에 관한 허구적 축소판 비유가 아니다.[15] 비록 예수의 사마리아인이 제사장과 레위인보다 토라의 명령을 더 잘 수행한 사람임을 스스로 증명했음에도 불구하고 이것은 토라 영웅(즉 "토라를 수행하는 사람")인 이야기도 아니다. 오히려 그것은 인간의 존엄성에 관한 이야기다. 한 사람은 주어진 상황에서 남에게 대접받고자 하는 대로 다른 사람을 대한다. 그뿐만 아니라 **유대인** 청중들이 자신들과 연관시켰을 사람—이 사건의 피해자—[16]은 **사마리아인**의 친절한 행동을 기꺼이 받아들여야 한다. 놀랍게도 10장의 더 큰 이야기에서 누가는 예수에게 마지막 말을 허용하지 않는다. 저자는 율법 교사가 예수의 질문에 대해 마지막으로 답할 수 있는 기회를 허락한다. 사실 율법 교사가 평생 율법을 읽었다면, 그는 이미 자신이 지금 반복하려는 답을 알고 있다.

결과적으로 사마리아인의 비유는 다른 비유의 일반적인 패턴에 잘 들어맞는다. 이 비유도 대부분의 1세기 유대인들의 공통된 경험을 뒤집으며 청중들을 놀라게 했을 것이다. 그러나 사마리아인의 비유는 한 가지 면에서 더 두드러진다. 비록 예수의 비유에서 사회에서 제대로 기회가 주어지지 않고 사람들에게 존경받지 못하는 등장

---

15   그러나 사마리아인을 비유대인이자 유대 민족의 적으로 보는 전통적인 관점에 대한 최근의 도전을 보라. Chalmers, "Rethinking Luke 10," 543-66.

16   Nolland, *Luke 9:21-18:34*, 592; Levine, *Short Stories by Jesus*, 94-95.

인물—미망인, 가난한 사람, 세금 징수원 등—중 다수가 누가의 이야기에서 높임을 받지만, 그들은 모두 유대인이다. 이 비유에 등장하는 인물 중 오직 사마리아인만이 예수의 유대인 청중들이 자신과 동일시하기 어려운 유일한 인물이었다. 일부 해석자들이 제안한 것처럼, 이것은 율법 교사가 그 최종 답변에서 왜 사마리아인을 사마리아인이라고 명명하지 않고 단순히 "자비를 베푼 자"라고 지칭했는지를 설명해줄 것이다. 심지어 세리를 포함하여 누가의 비유에 등장하는 모든 인물 중 사마리아인은 유대인 청중들에게 가장 동정심을 얻기 어려운 인물이다. 치유된 나병 환자에 대한 본문이 강조하듯이(오직 누가만이 이 이야기를 전한다), 누가의 내러티브에서 사마리아인은 (예수의 말로 표현하면) "이방인"(*allogenês*; 눅 17:18)으로 간주되었다.

이 비유 자체는 믿음을 이야기 형식으로 표현하고 생각하는 방법을 보여주는 창의적인 예다. 현대 교회는 이 선례를 따라 그 구성원들의 이야기가 어떻게 그 몸(된 교회)의 다양한 신학적 표현을 구성하고 있는지 생각해야 한다. 교회는 이야기의 혼란스러움과 이야기의 많은 부분이 사전에 형성된 사고 체계에 깔끔하게 들어맞지 않는 경우가 얼마나 많은지를 인지해야 한다. 결국에는 이것도 하나의 이야기다. 사실 이야기도 인간 경험의 본질을 표현하지만 말이다. 게다가 우리 삶의 한가운데에서, 우리 이야기의 한가운데에서 이상한 일들이 종종 발생하는데, 어떤 것은 실제적인 것이고 어떤 것은 상상 속의 것이다. 우리가 말하고자 하는 이 이야기들은 무엇인가? 그 이야기들은 누구를 포함하는가? 그것들은 항상 우리의 신학에서 기대되는 패턴에 부합하는가? 꼭 그래야만 하는가? 아니면 때때로 우리는 아무도 예상치 못한 "주인공"이 등장하는 이야기를 할 만큼 충분히 창의적이거나 (더 중요하게는) 충분히 대담한가? 우리는 하나님이 지금까지 우리 사회에서 허용해온 것보다 더 크고 포괄적이지 않을까 생각해보는 대담한 상상력을 가지고 있는가? 우리는 역사적·문화적·신학적으로 배제된 사람들이 우리의 비유와 공적인 영역에서 어떤 역할을 할 수 있는 교회, 공동체, 가족, 세상을 상상할 수 있을까? 우리가 상상력을 바꿀 수 없다면 우리의 종교적 공간은 변하지 않을 것이다.[17] 요즘 흔히 하는 말 가운데 "당신이 그 보고 싶은 변화가 되라"는 말이 있다. 아마도 우리가 그것을 할 수 있기 전에 우리는 먼저 우리가 보고 싶어 하는 변화를 **상상해야** 할 것이다. 우리처럼 생기지 않고, 우리처럼 믿지 않으며, 우리처럼 사랑하지 않는 영웅들을 시각화하는 창의적인 노력―노래, 예술, 연극, 동화책―을 아끼지 말아야 한다. 우리가 아닌 사람들도 사랑의 하나님의 사랑을 받는다! 그것을 상상해보라! 비유(사마리아인에 대한 예수의 비유)가 우리가 현재와는 다른 미래를 상상해야 하는 출발점일 수 있다. 당신은 **당신의** 이야기에서 주인공이 누구라고 생각하는가?

---

17   참조. Duckworth, *Wide Welcome*; Duncan, *Dear Church*; Hart, *Who Will Be a Witness?*

교회와 선한 골칫거리: "흑인의 생명도 소중하다"와 교회의 반응

누가복음 10장의 비유를 검토하는 데는 적어도 두 가지 방법이 있다. 첫째, 이 비유는 도움이 필요한 한 개인에 대한 다른 개인의 반응에 관한 이야기다. 사실 현대 미국 사회의 소위 많은 선한 사마리아인 법은 이런 방식으로 이 비유와 연결된다. 비록 피해자보다는 사마리아인에게 관심을 더 집중하지만 말이다. 그 이유는 사마리아인이 자신의 도움이 뜻하지 않게 더 큰 피해나 상처로 이어지더라도 소송에 대한 두려움 없이 위기에 처한 다른 사람들 도울 수 있게 하기 위함이다.[18]

둘째, 이 이야기는 다른 공동체에 대한 한 공동체의 반응을 표현하는 것으로 이해될 수도 있다. 그 두 해석은 서로 양립할 수 없다. 그러나 후자의 관점은 비유 속 인물들의 대표성을 훨씬 더 심각하게 받아들인다. 이름은 알려지지 않았지만 인종적 꼬리표가 붙은 사마리아인이 이 이야기의 취지에 맞는가? 상상력을 발휘하는 차원에서 예수는 인간 집단 간의 더 큰 상호작용에 대해 생각하셨던 것일까? 이 책 전체에서 여러 차례 언급했듯이 이 비유들을 듣고 있는 유대인 청중들은 예수가 (비유의 목적을 위해) 종교 기관(제사장과 레위인으로 대표됨)에 의해 공식적으로 제약받지 않는 평범한 유대인을 등장인물로

---

18 여기에 뉴저지주의 선한 사마리아인 법의 한 예가 있다. "선의로 행동하며 도움이 필요한 사람들에게 자발적으로 의료 지원을 시도한 사람들은 사고 피해자와 관련된 어떠한 행동이나 불이행에 대한 법적 책임과 기소로부터 면제될 것이다." 다음을 보라. Ferrara Law Firm, "What You Need to Know."

사용하기를 기대했을 것이다. 관객들의 기대가 이런 식으로 충족되었다면, 그들은 그 비유를 자신들의 개별적인 행동의 중요성 및 예루살렘 성전과 관련된 종교 지도자들에 대한 잠재적인 비판으로 이해했을 것이다. 아무튼 이야기의 설정은 "예루살렘에서 내려가는" 길이다(눅 10:30). 그러나 예수는 이야기 속 주인공의 지리적·민족적 정체성을 강조함으로써 이러한 기대에 반전을 꾀한다. 물론 이것은 (우리에게 한 것처럼!) 그의 청중을 멈칫하게 만들었을 것이다.

이 비유는 다른 사람들의 유익을 위해 그의 공동체의 평화를 방해하려는 시도였을까? (자기 민족 중 한 사람이 아니라 사마리아인 [적국의 이방인]을 상상하는) 예수의 창의적인 이야기는 현 상황을 교란하기 위해 내놓은 의도적인 행동이었을까?[19] 그의 비유가 종종 이런 식으로 기능했기 때문에 그가 그렇게 상황을 교란한다고 해도 놀라운 일은 아닐 것이다.

마틴 루터 킹 주니어 목사는 이 비유에서 자극을 받아 몇몇 설교와 연설을 했다. 한 연설에서 사회 변화에 대한 킹의 전체적인 비전은 예수의 선한 사마리아인의 비유에 대한 그의 성찰로 가장 잘 요약될 수 있다. 킹은 개인이 이웃에게 친절한 행동을 보여주는 것이 얼마나 중요한지를 잘 이해했지만, 그는 이 이야기가 개인의 변화를 뛰어넘어 청중들을 격려할 수도 있다고 밝혔다. 킹 자신이 만든 이 이

----

19 이 비유와 원수를 사랑하라는 예수님의 가르침의 연관성에 대해 Joel Green은 다음과 같이 말한다. "중요한 것은 우리가 경계를 만들지 않을 것이라는 점이 아니라 우리가 하나님이 원수를 존중해주실 것을 기대할 수 없다는 점이다"(*Theology of the Gospel of Luke*, 139). 『누가복음의 신학』(CLC 역간).

야기에 대한 반전은 여기서 반복해서 말할 가치가 있다(2장을 보라). "언젠가는 여리고 길 전체가 변화되어 남성과 여성이 인생의 여정에서 폭행당하고 강탈당하지 않도록 해야 한다. 진정한 긍휼은 거지에게 동전을 던지는 것 이상을 의미한다. 그것은 거지를 양산하는 체계에 개혁이 필요하다는 것을 안다."[20] 예수의 원래 비유는 "내 이웃은 누구인가?"라는 질문을 놀라운 방식으로 다루었다. 킹은 이 비유를 처음부터 강도 행위를 허용하는 구조적이고 부당한 체제에 도전하고 개조하려는 의지를 드러내야 하는 여행의 첫 번째 행동 조치로 재해석했다. 그는 베트남 전쟁의 가치에 대한 미국의 주장을 비판하기 위해 이 비유를 사용했다. 그의 많은 아프리카계 미국인 동료들은 전쟁에 반대하기 위해 총력을 기울이는 그의 수고가 사회의 인종차별을 다루는 더 중요한 과제로부터 그의 관심이 멀어지게 만들었다고 생각했다. 그러나 킹은 미국의 3대 악인 군국주의, 인종차별, 경제적 착취의 공통적인 성격을 발견했다. 성서 이야기는 그의 기독교적 상상력에 기름을 부었고, 그의 상상력은 현세에 새로운 세계를 만들어 냈다. 정의로운 세계가 존재하지 않았기 때문에 첫 번째 단계는—킹의 마음속에서—그것을 시각화하는 것이었다. 성서 이야기의 문자적 해석을 사랑하고 그 후에 그러한 문자적 해석을 적용하려는 사람들은 이 비유와 다른 이야기에 나타난 킹의 접근 방식에 실망할 것이다.[21] 예수의 상상력은 킹 자신의 상상력을 자극했다. 킹 목사의 선

---

20   King, *Where Do We Go from Here*, 198.
21   다음을 보라. Powery and Powery, "King, the Bible, and the 'World House.'"

한 사마리아인 이야기에는 원본 이야기 그 자체를 넘어서는 단계가 포함되어 있었고, 그는 자신만의 "비유"를 개발했는데 그 비유에서는 현재의 새롭고 정의로운 세계의 개발을 시작하기 위해 성서 이야기를 재구성할 필요가 있었다. 여리고 길 전체는 완전히 바뀌어야 한다. 킹은 자신의 비유 읽기에서 "선한 골칫거리"를 지지했다.[22]

신앙인들 가운데서도 선한 골칫거리에 대한 좋은 사례가 있다.[23] 킹의 보좌관 중 한 명인 존 루이스(John Lewis)는 2020년 여름에 세상을 떠났다. 그는 민권 정책과 법률 제도의 변화를 평생 지지해온 옹호자로서 타의 추종을 불허한다. 그는 죽기 전에 "우리 모두 함께, 우리 민족의 영혼을 구원할 수 있다"라는 제목의 사설을 썼고 그의 사망일에 이 글을 게재하기로 합의했다. 그의 청중은 오늘날의 정의를 위해 행진하는 사람들이었다. 그가 말한 것처럼 "에밋 틸(Emmett Till)은 나의 조지 플로이드(George Floyd)였다. 그는 나의 레이샤드 브룩스(Rayshard Brooks), 샌드라 블랜드(Sandra Bland), 브레오나 테일러(Breonna Taylor)였다." 루이스는 **교회**를 다니는 사람들과 선의의 사람들은 모두 "선한 골칫거리"에 관여해야 한다고 주장한다. 루이스는 지속적인 행동을 수반하는 정치 활동의 지속적인 성격을 인정한다. "민주주의는 국가가 아닌 행동이다." 그는 심지어 자신의 우려를 표

----

22 "선한 골칫거리"는 John Lewis가 모든 사람의 자유와 평등을 위해 싸우기 위해 만든 어구다.
23 BLM 운동의 비종교적인 성격을 공격하는 데 그들의 시간과 에너지를 소비하는 종교인들은 인종, 계급 또는 성별 때문에 권리와 자유를 박탈당한 자들이 기존의 구조에 의해 덜 보호받는 사회에서 자신들의 특권을 드러낸다.

현하기 위해 신학적인 용어를 사용한다. 이 나라는 반드시 "구원"받아야 하는 "영혼"을 갖고 있으며, 그는 이 나라 시민들의 교회 진영에 정치적·수사적·신학적으로 호소한다.[24] 루이스의 삶과 사역은 교회에 헌신하는 사람들에게 "교회는 과연 선한 골칫거리에 관여하고 있는가?"라고 질문을 던지게 한다.

───────────── ■ ─────────────

한 백인 로마 가톨릭 사제(Sam Sawyer, S. J.)는 "흑인의 생명도 소중하다" 운동과 선한 사마리아인 이야기 사이의 연관성에 비추어 선한 골칫거리를 지지한다. 2016년에 잡지에 쓴 그의 짧은 에세이(조지 플로이드와 브레오나 테일러가 사망하기 4년 **전에**), "누가 이웃이 되었는가? 선한 사마리아인을 통해 '흑인의 생명도 소중하다'(BLM)를 읽기"는 공개적으로 고백하는 것처럼 읽힌다. 이 비유와 BLM 운동의 연관성은 사회의 변방에 있는 사람들을 대신하여 말하는 소여(Sawyer)의 신학적 이해 또는 그가 신학적으로 "가난한 사람들을 위한 우선권"이라고 언급한 것에서 비롯된다.[25] 그가 말한 것처럼 이것은 "그들을 위해 그것의[복음의] 약속을 현실로 만드는 하나님의 일에 협력하기

─ ─ ─ ─ ─ ─ ─ ─ ─ ─ ─ ─ ─ ─ ─

24   Nathan Baxter 주교는 자신의 게재된 추도문에서 Lewis가 신학교에서 교육을 받은 목회자라는 사실을 상기시킨다. "A Personal Tribute to My Friend John Lewis."

25   Sawyer, "Who Became a Neighbor?" 해방신학에 따르면 이 신학적 사상은 누가의 내러티브에 나오는 "마리아 찬가"를 상기시킨다. "권세 있는 자를 그 위에서 내리치셨으며 비천한 자를 높이셨고 주리는 자를 좋은 것으로 배 불리셨으며 부자는 빈 손으로 보내셨도다"(눅 1:52-53).

위한" 신학적 시도다. 소여는 다음과 같이 잔인할 정도로 솔직하게 고백했다. "복음서에 나오는 예수가 나에게 이웃이 되라고 요구하신다면, 그 첫걸음은 우선 길에 나서는 것이다. 나는 지금 구체적인 계획이 없으며 그런 계획을 세우지 않으려고 온갖 변명을 늘어놓는다. 어떤 변명들은 다른 변명들보다 낫다. (하지만) 그것 중 어느 것도 충분하지 않다."[26] 소여는 선한 골칫거리에 참여하기 위해서는 모든 선의의 사람들이 첫걸음을 내디뎌야 한다는 것을 인식한다.

그러던 중에(이것이 2016년에 출간되었다는 것을 기억하라!) 소여는 여러 경찰 부서가 무력 사용을 둘러싼 정책을 수정하려고 한다는 것을 발견했다. 우리 중 많은 사람은 이러한 개정만으로는 많은 미국 기관의 구조 속에 깊이 뿌리내려 있는 인종차별을 없앨 수 없음을 인정하면서도 이 대화가 오랫동안 진행되고 있음을 무시하는 경향이 있다. 소여의 마지막 고백이 여기서 인용될 필요가 있다. "오늘날 우리 사회에서 이것은 **흑인들이 경험하는 것처럼** 흑인들이 받는 생명 위협에 주의를 기울이는 것을 의미한다. 우리는 우리의 선한 의도와 개인적인 비인종주의의 부족함이 그들(흑인들)의 선함을 거부하는 것이 아니라 다른 이들이 주도하는 투쟁에 연대하는 것을 촉구하는 것임을 깨달을 필요가 있다."[27] 교회는 스스로 선한 골칫거리에 참여하고 있는지 자문해야 한다.

----

26   Sawyer, "Who Became a Neighbor?"
27   Sawyer, "Who Became a Neighbor?"(강조는 원저자의 것임).

나의 원래 계획은 세 명의 BLM 지도자 중에서 신학적으로 가장 관심이 있고, 교회적 성향이 가장 강한 사람을 선택해서 이 짧은 장을 쓰는 것이었다. 그러다가 「타임」(*Time*)이 선정한 2020년 가장 영향력 있는 100인 명단을 우연히 발견했다. 가르자(Garza), 파트리스 컬러스(Patrisse Cullors), 오팔 토메티(Opal Tometi)가 선정된 것은 놀라운 일이 아니었다. 놀라운 것은 리더십에 대한 그들의 접근법이 얼마나 보기 드문가 하는 점이다. 「타임」의 선정은 서구 사회가 "영향력을 갖고 있는 사람들" 사이에서 개인 지도자를 강조하는 계몽주의 이후의 시대를 전형적으로 보여준다. 그것은 미국의 지배적인 리더십 모델이다. 우리 미국 그리스도인에게 이러한 문화적 편향은 우리가 성서를 읽는 방식에도 영향을 끼친다. 반면 (가르자, 컬러스, 토메티가 한 일이 보여주듯이) 집단적 리더십 모델은 BLM 운동의 핵심이며, 개인들이 종종 혼자만의 힘으로 얻을 수 없는 권위, 권력, 영향력을 행사할 수 있는 위치로 올라가는 사회에서 진정한 변화의 의미를 보여주는 특별한 사례로 자리매김할 것이다. 가장 의미 있고 가장 지속적인 노력을 위해서는 "마을이 필요하다."

BLM 운동은 오늘날 사회에서 가장 취약한 사람들을 위해 필요한 변화를 요구하는 데 있어서 선한 골칫거리였다. 「타임」에는 트레이본 마틴(Trayvon Martin)의 어머니 사이브리나 풀턴(Sybrina Fulton)이 쓴 감사의 말이 실렸는데, 그녀의 아들이 살해당한 사건은 세 지도자로 하여금 간단하면서도 중요한 세 단어, 곧 **"흑인의 생명도 소중하**

다"(black lives matter)와 관련하여 (대중들의 항의 시위에 온몸으로 참여하는 플랫폼을 포함한) 국가적 대화의 장을 만들도록 자극한 사건이었다. 지난 몇 년 동안 BLM 운동은 경찰의 법 집행, 인종, 이 나라의 역사 사이의 관계에 대한 국가의 반응에 의문을 제기해왔다.[28] 최근에 한 공공 기관에서 공지했듯이 "흑인의 생명이 소중해지기 전까지는 모든 생명이 소중할 수 없다." 이러한 정서는 다른 사람들을 돌본다고 고백하는 모든 지역 교회와 종교 공동체가 외치는 구호가 되어야 한다.[29]

━━━━━━━━━ ■ ━━━━━━━━━

일부 그리스도인들에게 BLM 운동은 (기독교?) 신앙을 행동으로 표현한 것이다.[30] 루이스가 "흑인의 생명도 소중하다 광장"을 방문한 것은 그가 마지막으로 공식 석상에 모습을 드러낸 것이었다.[31] 또 다른 교회 영역에서는 BLM 운동과 교회 사이의 잠재적인 동맹에 대해

----

28   사이브리나 풀턴의 집은 마이애미에 있는 나의 어린 시절의 집에서 불과 몇 km 떨어진 곳에 있는데, 나의 부모님은 여전히 거기에 살고 계신다. 나는 트레이본 마틴이 죽은 후 나의 어머니와 나눈 첫 번째 대화를 생생하게 기억한다. 어머니는 풀턴이 옆집 이웃이고 마틴은 우리 집 차도에서 놀던 애처럼 나에게 말해주셨다. 나는 이 비극에 대한 어머니의 정당한 반응에 충격을 받았다. 사실 마틴은 우리 이웃이었지만, 그는 그 운명의 날에 자신을 도와줄 "사마리아인"이 없었다.

29   누가복음(특히 7-8장)을 흑인 주체성과 BLM 운동을 이론적 틀로 진지하게 받아들이려고 읽는 독법에 대해서는 다음을 보라. Menéndez-Antuña, "Black Lives Matter and Gospel Hermeneutics."

30   Hart, *Who Will Be a Witness?*, 296.

31   Baxter, "Personal Tribute to My Friend John Lewis."

궁금해하는 것이 관례가 되었다. 이러한 우려의 대부분은 주로 백인 교회 기관들에서 나온 것이었지만, 그러한 우려들은 더 보수적인 성향을 띠는 일부 흑인 교회에서도 전혀 없지는 않았다.[32] 헤바 파라그 (Hebah Farrag)가 강조하듯이 "일부는 BLM을 새로운 민권 운동을 세속화하는 것으로 본다."[33] 파라그가 BLM 운동의 조직 구조를 옹호한 것은 이러한 반응 중 일부를 설명할 수 있다. "BLM 네트워크는 전통적인 신앙 집단에 의해 종종 외면당하거나 소외된 회원들과 함께 여성 및 퀴어 리더십을 받아들였고, 따라서 대체로 이성애를 규범으로 단정 짓고 거의 전적으로 남성으로 구성된 민권 리더십의 유산을 단절시켰다."[34]

종교학자이자 목사인 제니퍼 리스(Jennifer Leath)가 역사적 기록을 검토하면서 관찰한 것처럼 (흑인?) 교회는 인종적 정의 문제에 반응하고 이 기회를 BLM 운동으로부터 "듣고" "배우고" 기회로 삼아야 할 때 흔히 "모호한 태도"를 취한다. 그들의 모호한 태도는 인종적 불의를 지적하는 데 있지 않다. 그들의 망설임은 적절한 대응 방법에 있다.[35] 리스는 정치적 참여도가 비교적 낮은 사람들에게 지금이라도 그들의 모범 사례를 활용할 것을 요구한다. "목회적 돌봄, 종교적 윤리, 신학이 지금 가장 시급하게 제공해야 할 것은 지배 권력 모델, 타자화(othering), 기원 은폐(origin veiling), 인정받지 못하는 주체성을 영

---

32   예. Oppenheimer, "Some Evangelicals Struggle."
33   Farrag, "Fight for Black Lives."
34   Farrag, "Fight for Black Lives."
35   Leath, "Perpetual Cycle of However."

속화하는 종교성과 사회에 대한 지속적이고, 역동적이며, 실행 가능하고, 생존 지향적인 비판이다. 종교인들은 거리의 지도자들에게서 배울 수 있다. 사람 위에 사람 있다는 원시적인 전제하에 세워진 관계와 사회 조직에서 비롯되는 죄악의 고통의 불의를 종식시키기 위해 듣고, 배우며, 행동하라."[36] 소여와 함께 리스는 교회가 예수의 발치에 앉아 있던 누가복음의 마리아의 역할을 물려받아 "길거리"에 "귀를 기울이고" 선한 골칫거리에 참여하는 용기 있는 의식을 개발해야 한다고 주장한다.

신학 교육을 재설정하기

많은 교회 지도자와 신자들은 전국적인 시위에 적극적으로 참여하는 것 외에도 리스가 제안하는 것처럼 거리의 소리에 귀를 기울이려하고 있다. 신학대학교협회(Association for Theological Schools, 신학교를 선도하는 대표적인 단체)의 인가 위원회는 저명한 아프리카계 미국인 신학자 네 명(켈리 브라운 더글러스[Kelly Brown Douglas], 윌리 제닝스[Willie Jennings], 스티븐 레이[Stephen Ray], 에밀리 타운스[Emilie Townes])에게 인종적 정의가 신학 훈련과 교육 과정에 끼치는 영향에 대해 듣기 위해

---

36   Leath, "Perpetual Cycle of However." 그녀는 더 설교 조로 다음과 같이 계속 말한다. "인종적 정의를 위한 싸움이 **영혼**의 싸움이고, 또 **종교**가 목을 무릎으로 짓누르는 힘 때문에 숨을 쉴 수 없는 사람들을 훈련하기에 가장 준비가 되어 있지 않다고 결론짓는 것은 얼마나 비극인가!"(강조는 원저자의 것임)

세미나를 후원했다.[37] 조지 플로이드가 살해된 지 한 달도 채 되지 않아 사건의 분위기는 그들이 공유한 내용만큼이나 놀라웠다. 거리에서 한 흑인이 폭행당하는 동안 교육 과정과 교육 기관의 관행의 전반적인 구성과 특정 요소를 비판적으로 성찰하는 일은 매우 힘들고 감정적으로도 어려운 작업이 될 수 있다. 분위기는 분명했다. 무언가 **바뀌어야 한다**는 것이었다. 이는 킹이 그 비유를 성찰한 것과 비슷한 것이었다. "여리고 길 전체가 완전히 변해야 한다." 이들 신학자들은 동의했다. 즉 전통적인 백인 신학은 현대 신학 교육의 "여리고 길"이다.

이 신학자들이 공동으로 강조한 것처럼 진리(진실)를 말하는 것은 신학 교육의 기본이며, 전통적인 백인 신학은 그 일에서 진리를 전하지 못하고 백인 우월주의(더글라스)를 지지해왔다. 타운스가 통렬하게 지적한 것처럼 이 계승된 신학은 흑인의 몸에 대한 폭력이 21세기까지 어떻게 지속되는지에 대한 질문에 답하지 못한다. 만약 우리가 타운스의 안내를 따른다면, 전통 신학이 우리 가운데 가장 취약한 자들에 대한 오늘날의 가장 중요한 질문에 답하지 못한다는 것은 과연 무엇을 의미할까?

레이의 말에 따르면 진실은 우리의 백인 조상이 "도덕적 괴물"이었음을 인정하는 것이다.[38] 그 (신학적!) 고백이 없는 시작은 후손들로 하여금 자신들의 조상의 관습을 (심지어 신학적으로) 옹호하려

----

37 "Black Lives Matter: Where Do We Go from Here?"
38 "Black Lives Matter: Where Do We Go from Here?" 게다가 이 패널에서 Ray는 우리의 신학이 어떻게 정치적 행동을 형성하는지를 강조한다. 우리는 신체를 진지하게 받아들여야 한다.

는 시도를 하게 한다. 이러한 시작은 왜 그들이 그러한 일을 했는지 알아내는 동시에 다른 데로 책임을 돌리려는 노력이다. 이 점은 남부 연합군 기념비를 둘러싸고 계속되는 논쟁을 폭로한다. 이 상징들은 미국 시민들에게 계속해서 무엇을 나타내는가? 미국의 초기 계급적·가부장적·인종적 사회 구조의 유산은 우리에게 부당한 유산을 물려주었고 우리는 그 속에서 계속 살며 신학 교육을 하고 있다. 신학 교육 기관들은 이 식민지 시대의 신학적 의제를 버려야 한다. 이 대담한 움직임에는 집단적인 신학적 의지가 필요하다. 윌리 제닝스가 말했듯이 우리는 "예수의 혁명적인 삶에 적극적으로 참여하는 데 실패했다."[39] 브레오나 테일러(2020년 3월 13일)와 조지 플로이드(2020년 5월 25일)가 국가가 승인한 폭력으로 살해된 직후, 이 신학자들의 마음속에서 우러나오는 외침은 그들 자신이 몸담고 있는 신학 교육 기관에 대한 비판을 통해 지금도 여전히 들을 수 있다. 신학 교육은 이 기관들이 우리 교회에 보내는 신학적 목회자들의 유형에 직접적인 영향을 미치고, 그에 따라서 그 지도자들이 우리 지역 교회 모임의 제자 훈련에 어떻게 관여할지에도 직접적인 영향을 미친다.

의심의 여지 없이 이 대화는 신학계에서 한동안 계속되어왔다. 2016년 「크리스천 센추리」(*Christian Century*)는 많은 신학자, 신학윤리

---

39 이 대화와는 거리가 먼 성서학자인 Gerd Theissen도 이와 비슷하게 지적한다. "나는 종종 왜 예수가 위대한 신학자들 사이에서 그렇게 대수롭지 않은지 자문한다.… 그러나 일단 역사적 예수를 인정하면 교회뿐만 아니라 사회 전체의 변화를 겨냥한 선포를 인정한다는 의심이 항상 존재했기 때문이 아닐까?" *Shadow of the Galilean*, 95.

학자, 종교학자들이 미국 내에서 흑인의 몸에 폭력을 가한 일에 대해 성찰하는 내용이 담긴 "보고서"를 발표했다.[40] 그 이후로 「크리스천 센추리」는 BLM 운동에 대한 간략한 성찰을 계속해서 발표했다. 이러한 초기의 대화 이후, 최근의 종교적·신학적 성찰은 BLM 운동에 더욱더 귀를 기울이게 되었다. 미국의 종교, 인종, 문화 학자인 클리브 틴슬리 4세(Cleve Tinsley IV)가 하나의 좋은 예다. 타운스와 비슷하게 틴슬리는 "종교계는 더 이상 백인 우월주의의 이성-가부장제와 인종적 자본주의, 그리고 여기에 내재된 모든 위협적인 영향이 치명적인 반-흑인 혐오에 기반을 두고 있다는 현실을 더 이상 얼버무리고 넘어갈 수 없다"고 결론짓는다.[41]

이러한 비판은 흑인 종교학자들에게만 국한된 것이 아니다. 백인 개신교 신자이자 신학 교육자인 신학윤리학자 엘리자베스 바운즈(Elizabeth Bounds)는 현재 상황에 연루된 교육의 유형을 설명하면서 다음과 같이 말한다. "우리 백인 개신교인들은 우리의 전통과 상징 중 많은 것이 백인 우월주의에 의해 형성되었다는 도전에 직면해 있다. 우리는 우리의 특정 기독교 유산에 의문을 제기하는 것을 꺼리며 그 유산이 흑인들의 고통에 연루된 것을 보기를 거부한다. 화해에 대한 화해 또는 하나님의 자녀들의 '색맹' 친교에 대한 우리의 신학적 이해는 백인이 지배하는 권력의 현실과 역사를 은폐할 수 있다. 그러

---

40   "Black Lives Matter." 기고자들 중에는 Brian Bantum, Anthea Butler, Brittney Cooper, Gary Dorrien, Jennifer Harvey, Eboni Marshall Turman, Reggie Williams 등이 포함되어 있다.

41   Tinsley, "Amid Phantoms of Death."

나 일부 백인 기독교 지도자들은 인종차별적 역사를 구체적으로 밝히고 그들의 기독교 유산을 다시 읽음으로써 진실을 파헤치려하고 있다."[42] 슬프게도 모든 백인 기독교 지도자들이 자신들의 종교 공동체가 이 인종차별적 역사와 정직하게 씨름하도록 격려하는 것은 아니다. 공공 종교 연구소(Public Religion Research Institute)의 조사에 따르면, 소수의 복음주의 백인 그리스도인들은 종교가 없는 백인들보다 역사적·제도적 구조 자체가 인종차별적이라고 생각한다.[43] 이러한 갈등은 목회자들과 다른 미래의 종교 지도자들을 위한 보다 더 공정하고 공평한 교육을 방해한 오랜 역사를 가진 신학 체계를 검토하고 수정하며 어떤 경우에는 해체하려는 집단적 노력에 도전한다. 부차적으로, 나는 인종주의적 가정들이 또한 우리가 성서를 대하는 방식에 영향을 끼친다는 것을 덧붙이고 싶다. 우리의 공동체적 성격 읽기 관행과 우리가 사는 세상을 보는 방식 사이에는 직접적인 상관관계가 있다.

신학 교육을 전반적으로 개혁하지 못했기 때문에, "젊은 운동가들"이 펼친 이 새로운 운동은 클리브 틴슬리 4세가 인정하듯이 교회 공동체에 도전을 제기한다.[44] 미국 교회의 역사는 교회의 신학적 헌신에도 불구하고 교회가 항상 사회적·정치적으로 힘없는 사람들의 편에 서지 않았음을 보여준다. 심지어 이 순간에도 신앙 공동체는 이러한 젊은 운동가들이 우리 시대의 불평등으로 인해 가장 직접적으

----

42 Bounds, "Joining the Sinners or Resisting the Sin?"
43 다음에서 인용함. Jones, "Racism among White Christians."
44 Tinsley, "Amid Phantoms of Death."

로 영향을 받는 사람들에게 권력의 재분배를 장려하는지를 통해 배울 수 있다.[45]

교회의 신학적 실천에 대하여

신학 교육이 우리가 다니는 교회에 끼치는 직접적인 영향은 무엇인가? 물론 미국에는 정규 신학 교육이 거의 필요 없거나 전혀 필요하지 않는 독립 교회들이 많이 있다. 이것은 신학 교육이 없다는 것을 의미하지는 않는다. 그러나 이러한 교육은 덜 형식적이고, 덜 조직적이며, 개인의 교육을 위한 문헌이나 교수들을 선택할 수 있는 권한이 추가로 주어진다. 즉 여기서 형성되는 신학은 우리가 기독교 신앙이라고 부르는 공동체적 신앙에 덜 영향을 줄 수도 있다. 그 집단들 역시 미국 기독교를 구성하는 일부분이다. 아마도 우리의 현재 상황은 미국 기독교가 지배하고 있는 것으로 묘사하는 것이 더 정확할 것이다. 그럼에도 켈리 브라운 더글라스(Kelly Brown Douglas)가 제안한 것처럼 사회의 유익에 참여하고, 더 정의로운 미래로 이끄는 것이 신앙 공동체의 책임이다.[46]

----

45 Tinsley는 "Amid Phantoms of Death"에서 다음과 같은 경고의 말로 이어간다. "많은 종교인들이 공동체 안에서 자신들을 규정하고 구속해온 그들의 전통에 내재되어 있는 교조주의와 도덕적 우월성의 일부를 넘어서지 못한다면 이것을 효과적으로 행하는 것은 불가능할 것이다."
46 "Black Lives Matter: Where Do We Go from Here?"

그러나 가장 먼저 해야 할 것은 (타운스의 말대로)[47] 너무 성급하게 화해하는 것이 아니라 불의를 밝혀내는 것이고, 우리의 역사를 고백하는 것이며, 폭력에 기여하는 근본적인 원인을 인식하는 것이다. 우리는 선을 인정하기 이전에 악을 먼저 지적해야 한다. 이러한 공개적인 발표는 선한 골칫거리에 참여하는 것이 의미하는 바이기도 하다. 우리는 우리 사이에 존재하는 다양성을 인정하고 그 차이를 신학적 선물이라고 주장해야 한다. 신학적으로 말하면, 차이는 좋은 것이다. 즉 하나님은 다르게 창조하셨다![48] 아니면 셰릴 샌더스(Cheryl Sanders)가 말한 것처럼 "흑인의 생명은 하나님께 소중한 것일까?"[49] 이 책의 관점에서 보면, 예수의 창의적인 사마리아인 사용은 우리 삶의 현 상태에 도전하는 다름의 창조적 힘을 확인시켜준다.

---

47 "Black Lives Matter: Where Do We Go from Here?"
48 나는 여기서 "성서의 하나님"이 신학적 성찰을 위해 주어진 유일한 구성 요소라는 관점보다 더 넓은 신학적 관점에서 생각하고 있다. 후자를 무비판적으로 믿는 것은 우리의 성서 이야기의 복잡한 본질과 그것이 가리키는 복잡한 역사를 이해하는 데 실패한다. 이와 비슷한 맥락으로는 2020년 버클리 포럼에 기고한 Josiah Ulysses Young III의 "'Many Thousands Gone'"을 보라. "그러나 본문에 더 깊이 살펴보면 히브리어 성서의 YHWH는 남자보다 여자를, 함의 아들들보다 셈의 아들을 더 선호한다는 것이 밝혀진다. 그렇다면 정확히 어떻게 '모든 인간은 평등하게 창조되었고', 우리는 언제 이 평등을 잃었고, 또 왜 그리고 누구에 따라 이 평등을 잃었는가? 아마도 이러한 질문들은 다른 사람들보다 우리의 힘을 키우기 위해 우리가 고안해 낸 민족 중심적 신화를 보류하도록 우리를 움직일 것이다. 미국인들은 노예 제도 지지자들이 자신들의 탐욕을 성서적으로 정당화했고 이로써 그들 자신을 YHWH의 신세계에서 택함을 받은 자로 봤다는 것을 결코 잊어서는 안 된다."
49 C. Sanders, "Do Black Lives Matter to God?"

교회의 삶을 위한
"사마리아인" 상상하기

The Good
Samaritan

월 개프니(Wil Gafney)와 리처드 뉴턴(Richard Newton)이 BLM 운동이 성서 연구 분야에 끼칠 수 있는 잠재적인 영향에 대해 다루는 특별 포럼에 기고한 글에서 얻은 통찰을 따라[1] 예수가 사마리아인을 사용한 것에 대해 깊이 숙고해보는 일은 흥미롭다. 우리는 우리의 담론에 우리와 다른 이들의 대화, 가르침 또는 지혜의 말을 포함한 적이 있는가? 우리는 무슬림, 유대인, 트랜스젠더, 퀴어, 이민자를 포함시키고 있는가? 우리의 주인공들은 항상 우리처럼 보이고, 우리처럼 사랑하며, 우리의 가치를 공유해야 하는가? 우리는 우리와 가장 다른 사람의 존엄성을 상상할 수 있는가?

이 비유 외에도 예수가 율법 교사에게 준 첫 번째 답변은 여전히 중요한 열쇠로 남아 있다. "네가 어떻게 읽느냐?" **누가의** 관점을 이해하기 위해—즉 성서 본문을 본래의 정황 안에서 읽기 위해—해석자들은 누가의 내러티브에 있는 다음과 같은 여러 요소를 고려해야 한다. 그것은 누가가 "율법 교사들"을 대하는 방식, 민족 집단(즉, 사

---

1 Gafney, "Reflection on the Black Lives Matter Movement"; Newton, "African American Bible." 이 특별 포럼의 다른 기고자들은 Bernadette Brooten, Nyasha Junior, Kenneth Ngwa, Tat-siong Benny Liew 등이다.

마리아인)에 대한 그의 견해, 예수의 비유, 예수와 유대 지도자들 간의 상호작용, 누가-사도행전에서 누가의 더 큰 민족 이데올로기 및 다른 공관복음과 비교했을 때 누가복음의 주제들을 포함한다.

나는 이 책에서(3장을 보라) 누가복음 10장을 더 큰 맥락에서 읽기 위해 이러한 주제 중 몇 가지를 다루려고 시도했다. 그러나 우리가 교회의 삶에서 성서를 읽는 방법에는 성서 본문을 처음 읽는 것처럼 이해하려는 시도 외에도 더 많은 것이 존재한다. 거기에는 우리 교회 공동체를 형성하는 전통들이 있는데, 우리는 그것들을 인식할 수도 있고 그렇지 않을 수도 있다. 2장에서 나는 우리가 속해 있는 교회의 전통에 따라 다른 이들보다 우리에게 더욱 친숙한, 우리에게 전해져내려온 이러한 전통과 읽기 전략의 일부를 포착하기 위해 노력했다. 이러한 해석 전통은 종종 우리가 특정한 성서적 주제나 등장인물에 대해 우리가 만들어내는 많은 가정의 배후에 존재한다. 마지막으로, 마지막 장에서 나는—교회의 전통과 누가복음 정황과의 관계에 비추어—"원래" 이야기의 특정 요소를 우리가 살고 있는 현대 시대에 가장 중요해 보이는 특정한 신학적 개념들과 연결하려고 시도했다. 아마도 이 장에서 독자들은 나의 신학적 성향을 가장 명확하게 감지했을 것이다. 어쨌든 이 책의 목적은 신실한 실천을 우리가 하나님을 생각하는 방식(신학)과 연결하면서 신실한 실천에 대한 더 폭넓은 질문을 던지는 것이었다. 그런 의미에서 우리의 독법은 구현된 믿음을 불러일으키는가? 우리의 해석은 다른 사람들을 위해 행동하도록 우리를 움직이게 만드는가?

이 책 전체의 프로젝트가 하나의 비유, 예수가 지어낸 이야기,

그의 상상력으로 구성된 이야기, 현대의 많은 단체(예. 선한 사마리아인 박물관[Good Samaritan Museum], 사마리아인의 지갑[Samaritan's Purse], 사마리아인 센터[Samaritan Center])의 이름의 시초가 된 비유 이야기에 대한 **신학적** 연구라는 점을 간과해서는 안 된다. 그럼에도 그것은 흔히 일어날 수 있는 사건에 관한 간단한 이야기다. 강도들이 한 남자를 때리고 그가 가진 것을 강탈하며, 몇몇 존경받을 만한 사람은 그를 그냥 지나쳐 간다. 놀랍게도 평판이 나쁜 한 사람이 가던 길을 멈추고 그를 돕기 위해 시간과 돈을 투자한다. 끝!

예수는 가장 결정적인 순간에 "사마리아인의 생명도 소중하다"고 말한다. 글쎄 아마도 그 율법 교사는 "모든 생명은 소중하다"고 생각하고 있었을지도 모른다. "모든"은 주로 유대인의 생명을 가리킨다는 가정하에 말이다.[2] 그러나 예수는 자신이 고안한 이 유명한 비유의 주인공을 무작정 정하지 않았다. 그는 사마리아인을 선택했다. SLM(사마리아인의 생명도 소중하다)이 그의 외침이었다!

우리의 상상력에 변화를 줄 수 없다면 우리의 종교 분야는 달라지지 않을 것이다. 아마도 우리는 (이러한 변화를 위해) 우리의 공동체를 다시 생각하기 전에 우리가 보고 싶어 하는 변화를 **상상해야** 할 것이다. 우리는 우리와 다른 사회 계급, 인종, 민족적 배경, 종교, 성적 취향, 이데올로기를 지닌 사람들이 우리가 거주하는 공간에 의미 있는 모종의 기여를 할 가능성을 시각화하고 실행에 옮겨야 한다. 하

---

2   아마도 유대인 예수는 이 진술에 대한 책임에서 면제받을 것이지만, 과연 이방인 누가도 그럴까?

나님은 우리가 아직 사랑할 수 없는 사람들까지도 사랑하신다. 예수
의 사마리아인 비유를 다시 읽는 것은 현재와 다르게 보이는 미래를
상상할 수 있는 기회를 제공할 수 있다. 당신은 어떻게 읽는가?

나는 결코 희망을 잃은 적이 없다

나는 그가 돌아왔다는 사실을 믿을 수가 없다! 나는 부상당한 남자
를 건강하게 회복시키기 위해, 우리가 쓴 돈을 갚기 위해 그 남자가
결코 돌아오지 않을 것이라고 나의 형 압둘에게 말했다. 압둘은 하루
나 이틀 후에 어느 정도 치료된 남자를 보내고 싶어 했고, "그는 괜찮
을 거야. 그의 시력이 회복되었고, 다시 혼자서 걸을 수 있게 되었다"
고 나에게 말했다.

그가 나를 쳐다보지 않고 말하는 것으로 보아, 나는 그가 다른
이유로 그 남자가 떠나길 원했다고 확신했다. 아마도 그가 게이거나
유대인이기 때문일 것이다. 그러한 상태에 있는 그를 보낼 수 없음
을 나는 알고 있었다. 그는 혼자서 자신이 사는 마을로 돌아갈 준비
가 되어 있지 않았다. 그래서 나는 압둘에게 말했다. "그래 좋아, 나
는 전적으로 형의 의견에 동의하지는 않지만, 아직 확실하지 않기 때
문에, 처음 16km는 그와 함께 걸을 거야. 그러면 그는 남은 길을 혼
자서도 여행할 수 있을 거야."

그 말은 지나치게 방어적인 내 형이 "좋아, 알았어! 그를 며칠 더
데리고 있을 거야"라고 소리치도록 만들기에 충분했다.

나는 "내가 돌아오면 당신이 쓴 돈을 갚겠다"고 약속한 백인 민족주의자에게서 우리가 돈을 돌려받지 못할 것으로 생각했다. 그가 압둘에게 이렇게 말하는 것을 처음에 우연히 엿들었을 때, 나는 그저 긴가민가했다. 우리는 이전에 이런 부류의 사람들로부터 이런 종류의 약속을 수없이 많이 들었기 때문이다.

그 후 며칠 뒤에 그가 나타났다. 그가 돌아오다니 나는 믿을 수가 없었다! 그가 우리에게 추가로 돈을 더 지불하려는 것을 우리가 거절하려 했음에도 불구하고 그는 우리가 쓴 돈의 두 배를 갚았다. 솔직히 말해서 나는 그의 돈을 원하지 않았다. 그는 자신의 출장 여행이 원래 그가 생각했던 것보다 두 배나 오래 걸렸기 때문에 이렇게 하고 싶다고 말했다. 그는 우리를 이러한 어려움에 처하게 한 일에 대해 사과했다. 그 후 그의 마지막 말은 나를 정말로 놀라게 했다. 그는 말했다. "나는 이 남자를 그의 집까지 데려다줄 겁니다."

우리 호텔이 그들의 집 사이의 중간 지점에 있기 때문에 나는 그가 그 남자의 가족과 반대 방향에 살고 있음을 알고 있다. 나는 이 소식을 듣고 마음속으로 "하나님은 참 신비한 방식으로 일하시는구나"라고 생각했다.

그다음에 나는 "아마도 하나님은 압둘의 마음을 다시 바꾸실 것이고, 그는 우리 부모님의 신앙으로 돌아올 것이다"라는 (이기적인?) 생각을 했다. 내 마음속에서 나는 결코 희망을 잃지 않았다.

참고문헌

"An Amish American Q-and-A with Professor David Weaver-Zercher." *Amish America*, September 18, 2008. http://amishamerica.com/an-amish-america-q-and-a-with-professor-david-weaver-zercher/.

Anderson, Robert. "Samaritans." In *The New Interpreter's Dictionary of the Bible*, edited by Katharine Doob Sakenfeld, 5:75-82. Nashville: Abingdon, 2009.

Aymer, Margaret. "Acts of the Apostles." In *Women's Bible Commentary*, 20th anniv. ed., edited by Carol A. Newsom, Sharon H. Ringe, and Jacqueline E. Lapsley, 536-46. Louisville: Westminster John Knox, 2012.

Baker, Cynthia. "From Every Nation under Heaven: Jewish Ethnicities in the Greco-Roman World." In *Prejudice and Christian Beginnings: Investigating Race, Gender and Ethnicity in Early Christian Studies*, edited by Laura Nasrallah and Elisabeth Sch ssler Fiorenza, 79-99. Minneapolis: Fortress, 2009.

Barreto, Eric. "Except This Foreigner?" *Sojourners*, October 3, 2016. https://sojo.net/articles/except-foreigner.

_____. "Whence Migration? Babel, Pentecost, and Biblical Imagination." In *Latinxs, the Bible, and Migration*, edited by Efra n Agosto and Jacqueline M. Hidalgo, 133-47. Cham, Switzerland: Palgrave Macmillan, 2018.

Barron, Robert. "Forgiving Dylann Roof." *First Things*, March 2017. https://www.firstthings.com/article/2017/03/forgiving-dylann-roof.

Baxter, Nathan. "A Personal Tribute to My Friend John Lewis." *PennLive: Patriot News*, July 24, 2020. https://www.pennlive.com/opinion/2020/07/a-personal-tribute-to-a-friend-bishop-nathan-baxter.html.

Bennett, Lerone, Jr. "Howard Thurman: 20th Century Holy Man." *Ebony*, February 1978.

_____. *What Manner of Man: A Biography of Martin Luther King, Jr.* Chicago: Johnson, 1964.

Betz, H. D. "The Cleansing of the Ten Lepers." *Journal of Biblical Literature* 90, no. 3 (1971): 314–28.

"Black Lives Matter." *The Christian Century*, March 8, 2016. https://www.christiancentury.org/article/2016-02/seven-writers-assess-movement.

"Black Lives Matter: Where Do We Go from Here?" ATSCOA, June 17, 2020. YouTube video, 1:29:54. https://www.youtube.com/watch?v=KZIF5Oijw9M&fbclid=IwAR2rqABANiQLO_eV513QTUJ4A94ZRbFk3dipV51rQ3MyYaNtoznvu-Sa01M.

Blight, David W. *Frederick Douglass: Prophet of Freedom*. New York: Simon & Schuster, 2018.

Bloom, Sandra L. "Trauma Theory Abbreviated." In *Final Action Plan: A Coordinated, Community-Based Response to Family Violence*, by Attorney General Mike Fisher's Family Violence Task Force. Harrisburg: Pennsylvania Office of Attorney General, 1999. https://www.aipro.info/wp/wp-content/uploads/2017/08/Trauma_theory_abbreviated.

pdf.

Blount, Brian. "The Souls of Biblical Folks and the Potential for Meaning." *Journal of Biblical Literature* 138, no. 1 (2019): 6-21.

_____. *Then the Whisper Put on Flesh: New Testament Ethics in an African American Context*. Nashville: Abingdon, 2001.

Blount, Brian K., Cain Hope Felder, Clarice J. Martin, and Emerson B. Powery, eds. *True to Our Native Land: An African American New Testament Commentary*. Minneapolis: Fortress, 2007.

Bounds, Elizabeth. "Joining the Sinners or Resisting the Sin? American Christian Churches and Race." Berkley Forum, Berkley Center for Religion, Peace & World Affairs, Georgetown University, June 16, 2020. https://berkleycenter.georgetown.edu/responses/joining-the-sinners-or-resisting-the-sin-american-christian-churches-and-race.

Brawley, Robert L. *Luke-Acts and the Jews: Conflict, Apology, and Conciliation*. Atlanta: Scholars Press, 1987.

Braxton, Joanne M. *Black Women Writing Autobiography: A Tradition within a Tradition*. Philadelphia: Temple University Press, 1989.

Brown, Peter. *Augustine of Hippo: A Biography*. Berkeley: University of California Press, 1967.

_____. *Religion and Society in the Age of Saint Augustine*. London: Faber and Faber, 1972.

Burrus, Virginia, and Catherine Keller. "Confessing Monica." In Stark, *Feminist Interpretations of Augustine*, 119-46.

Cardenal, Ernesto. *Abide in Love*. Maryknoll, NY: Orbis Books, 1995.

_____. *The Gospel in Solentiname*. Translated by Donald D. Walsh. 4 vols.

Maryknoll, NY: Orbis Books, 1979.

Carey, Greg. *Sinners: Jesus and His Earliest Followers*. Waco: Baylor University Press, 2009.

Carson, Sharon. "Dismantling the House of the Lord: Theology as Political Philosophy in *Incidents in the Life of a Slave Girl*." *Journal of Religious Thought* 51, no. 1 (1994): 53-66.

Carter, J. Kameron. *Race: A Theological Account*. Oxford: Oxford University Press, 2008.

Chadwick, Henry. *Augustine of Hippo: A Life*. Oxford: Oxford University Press, 2009.

Chalmers, Matthew. "Rethinking Luke 10: The Parable of the Good Samaritan Israelite." *Journal of Biblical Literature* 139, no. 3 (2020): 543-66.

Clark, Patrick. "Reversing the Ethical Perspective: What the Allegorical Interpretation of the Good Samaritan Parable Can Still Teach Us." *Theology Today* 71, no. 3 (October 2014): 300-309.

Cohen, Shaye J. D. *From the Maccabees to the Mishnah*. Louisville: Westminster John Knox, 2006.

Collins, Adela Yarbro. *Mark: A Commentary*. Minneapolis: Fortress, 2007.

Cone, James. *The Cross and the Lynching Tree*. Maryknoll, NY: Orbis Books, 2011.

_____. *The Spirituals and the Blues: An Interpretation*. Maryknoll, NY: Orbis Books, 1972.

Cooper, Stephen. *Augustine for Armchair Theologians*. Louisville: Westminster John Knox, 2002.

Crenshaw, Kimerlé. "Mapping the Margins: Intersectionality, Identity Politics, and Violence Against Women of Color." *Stanford Law Review* 43, no.6 (July 1991): 1241-99.

_____. "The Urgency of Intersectionality." Filmed October 2016 at TED Women 2016. TED video, 18:40. https://www.ted.com/talks/kimberle_crenshaw_the_urgency_of_intersectionality?language=en.

Crossan, John Dominic. *The Power of the Parable: How Fiction by Jesus Became Fiction about Jesus.* San Francisco: Harper, 2013.

Crowder, Stephanie Buckhanon. "Luke." In *True to Our Native Land: An African American New Testament Commentary*, edited by Brian K. Blount, Cain Hope Felder, Clarice J. Martin, and Emerson B. Powery, 158-85. Minneapolis: Fortress, 2007.

Dorrien, Gary. *The Making of American Liberal Theology: Idealism, Realism, and Modernity, 1900-1950.* Louisville: Westminster John Knox, 2003.

Douglass, Frederick. *My Bondage and My Freedom.* New York: Miller, Orton & Mulligan, 1855.

_____. *Narrative of the Life of Frederick Douglass, an American Slave: Written by Himself.* Boston: Anti-Slavery Office, 1845.

Duckworth, Jessica Krey. *Wide Welcome: How the Unsettling Presence of Newcomers Can Save the Church.* Minneapolis: Fortress, 2013.

Duncan, Lenny. *Dear Church: A Love Letter from a Black Preacher to the Whitest Denomination in the U.S.* Minneapolis: Fortress, 2019.

Edwards, O. C. *Luke's Story of Jesus.* Philadelphia: Fortress, 1981.

Farrag, Hebah. "The Fight for Black Lives Is a Spiritual Movement." Berkley Forum, Berkley Center for Religion, Peace & World Affairs, Georgetown University, June 9, 2020. https://berkleycenter.

georgetown.edu/responses/the-fight-for-black-lives-is-a-spiritual-movement.

Felder, Cain Hope. *Troubling Biblical Waters: Race, Class, and Family.* Maryknoll, NY: Orbis Books, 1989.

Ferrara Law Firm. "What You Need to Know about New Jersey's Good Samaritan Laws." The Ferrara Law Firm, posted March 16, 2018. https://ferraralawfirm.com/new-jerseys-good-samaritan-laws/.

Fluker, Walter Earl, and Catherine Tumber, eds. *A Strange Freedom: The Best of Howard Thurman on Religious Experience and Public Life.* Boston: Beacon, 1998.

Fortin, Ernest L. Introduction to *Augustine: Political Writings*, by Augustine, vii–xxix. Edited by Ernest L. Fortin and Douglas Kries. Translated by Michael W. Tkacz and Douglas Kries. Indianapolis: Hackett, 1994.

Franklin, John Hope, and Alfred A. Moss Jr. *From Slavery to Freedom: A History of African Americans.* 8th ed. New York: Knopf, 2000.

Fredriksen, Paula. *Augustine and the Jews: A Christian Defense of Jews and Judaism.* New York: Doubleday, 2008.

Freedman, H., and M. Simon, eds. *Midrash Rabbah: Translated into English with Notes, Glossary, and Indices.* 10 vols. London: Soncino, 1939.

Fuller, Michael E. *Restoration of Israel: Israel's Re-gathering and the Fate of the Nations in Early Jewish Literature and Luke-Acts.* New York: de Gruyter, 2006.

Gafney, Wil. "A Reflection on the Black Lives Matter Movement and Its Impact on My Scholarship." *Journal of Biblical Literature* 136, no.1 (2017): 204–7.

Gowler, David B. *The Parables after Jesus: Their Imaginative Receptions across*

Two Millennia. Grand Rapids: Baker Academic, 2017.

_____. *What Are They Saying about the Parables?* New York: Paulist Press, 2000.

Green, Joel. *The Theology of the Gospel of Luke*. Cambridge: Cambridge University Press, 1995.

Grimk, Angelina. "An Appeal to the Christian Women of the South." In *Against Slavery: An Abolitionist Reader*, edited by Mason Lowance, 197-203. New York: Penguin Books, 2000.

Gullette, David, trans. *Nicaraguan Peasant Poetry from Solentiname*. Albuquerque: West End, 1988.

Harmless, William, ed. *Augustine in His Own Words*. Washington, DC: The Catholic University Press of America, 2010.

Hart, Drew G. I. *Who Will Be a Witness? Igniting Activism for God's Justice, Love, and Deliverance*. Harrisonburg, VA: Herald, 2020.

Hidalgo, Jacqueline M. "Scripturalizing the Pandemic." *Journal of Biblical Literature* 139, no. 3 (2020): 625-34.

Itkowitz, Colby. "Her Son Shot Their Daughters 10 Years Ago. Then These Amish Families Embraced Her as a Friend." *Washington Post*, October 1, 2016. https://www.washingtonpost.com/news/inspired-life/wp/2016/10/01/10-years-ago-her-son-killed-amish-children-their-families-immediately-accepted-her-into-their-lives/?noredirect=on&utm_term=.3fc5ad64cea4.

Jacobs, Harriet Ann. *Incidents in the Life of a Slave Girl: Written by Her self*. Edited by L. Maria Child. Boston: Published for the Author, 1861.

_____. "Letter from a Fugitive Slave." *New York Daily Tribune*, June 21, 1853, 6. https://docsouth.unc.edu/fpn/jacobs/support16.html.

Jones, Robert P. "Racism among White Christians Is Higher Than among the Nonreligious. That's No Coincidence." *Think: NBC News*, July 27, 2020. https://www.nbcnews.com/think/opinion/racism-among-white-christians-higher-among-nonreligious-s-no-coincidence-ncna1235045?cid=referral_taboolafeed.

Karris, Robert J. "The Gospel according to Luke." In *The New Jerome Biblical Commentary*, edited by Raymond E. Brown, Joseph A. Fitzmyer, and Roland E. Murphy, 675–721. Englewood Cliffs, NJ: Prentice Hall, 1990.

Keltner, Dacher. "The Compassionate Instinct." *Greater Good Magazine*, March 1, 2004. https://greatergood.berkeley.edu/article/item/the_compassionate_instinct.

King, Martin Luther, Jr. *Where Do We Go from Here: Chaos or Community?* Boston: Beacon, 1968.

Kraybill, Donald B., Steven M. Nolt, and David L. Weaver-Zercher. *Amish Grace: How Forgiveness Transcended Tragedy*. San Francisco: Jossey Bass, 2007.

Leath, Jennifer S. "The Perpetual Cycle of However: Soul in the Fight for Racial Justice." Berkley Forum, Berkley Center for Religion, Peace & World Affairs, Georgetown University, June 22, 2020. https://berkleycenter.georgetown.edu/responses/the-perpetual-cycle-of-however-soul-in-the-fight-for-racial-justice.

Levenson, Jon. *The Resurrection and the Restoration of Israel*. New Haven: Yale University Press, 2006.

Levine, Amy-Jill. "The Disease of Postcolonial New Testament Studies and the Hermeneutics of Healing." *Journal of Feminist Studies in Religion* 20, no. 1 (Spring 2004): 91–132.

_____. "Luke." In *The Jewish Annotated New Testament*, edited by Amy Jill Levine and Marc Zvi Brettler, 107–67. Oxford: Oxford University Press, 2017.

_____. *Short Stories by Jesus: The Enigmatic Parables of a Controversial Rabbi*. New York: HarperCollins, 2014.

Lewis, John. "Together, You Can Redeem the Soul of Our Nation." *The New York Times*, July 30, 2020. https://www.nytimes.com/2020/07/30/opinion/john-lewis-civil-rights-america.html.

Lieu, Judith. *The Gospel of Luke*. Peterborough, UK: Epworth, 1997.

Liew, Benny. "Acts." In *Global Bible Commentary*, edited by Daniel Patte, 419–28. Nashville: Abingdon, 2004.

Lischer, Richard. *Reading the Parables*. Louisville: Westminster John Knox, 2014.

Longenecker, Bruce. "The Story of the Samaritan and Innkeeper (Luke 10:30–35): A Study in Character Rehabilitation." *Biblical Interpretation* 17 (2009): 422–27.

M., Emelda. "Difference between Pity and Compassion." DifferenceBetween.net, April 27, 2011. http://www.differencebetween.net/science/nature/difference-between-pity-and-compassion/.

McKittrick, Katherine. *Demonic Grounds: Black Women and the Cartographies of Struggle*. Minneapolis: University of Minnesota Press, 2006.

Menéndez-Antuña, Luis. "Black Lives Matter and Gospel Hermeneutics: Political Life and Social Death in the Gospel of Luke." *Currents in Theology and Mission* 45, no. 4 (October 2018): 29–34.

Miller, Daniel. "Anti-Semitism Is on the Rise, 75 Years after the End of the Holocaust and Second World War." *The Conversation*, August 3, 2020. https://theconversation.com/anti-semitism-is-on-the-rise-75-years-after-the-end-of-the-holocaust-and-second-world-war-132141.

Morrison, Toni. *A Mercy*. New York: Knopf, 2008.

_____. *The Origin of Others: The Charles Eliot Norton Lectures, 2016*. Cambridge, MA: Harvard University Press, 2017.

_____. *Playing in the Dark: Whiteness and the Literary Imagination*. New York: Vintage Books, 1992.

Mosala, Itumeleng. *Biblical Hermeneutics and Black Theology in South Africa*. Grand Rapids: Eerdmans, 1989.

Nadella, Raj. *Dialogue Not Dogma: Many Voices in the Gospel of Luke*. Library of New Testament Studies 431. New York: T&T Clark, 2011.

Nahorniak, Mary. "Families to Roof: May God 'Have Mercy on Your Soul.'" *USA Today*, June 19, 2015. https://www.usatoday.com/story/news/2015/06/19/bond-court-dylann-roof-charleston/28991607/.

Newton, Richard. "The African American Bible: Bound in a Christian Nation." *Journal of Biblical Literature* 136, no. 1 (2017): 22-28.

Nolland, John. *Luke 9:21-18:34*. Word Biblical Commentary 35B. Dallas: Word Books, 1993.

Northup, Solomon. *Twelve Years a Slave: Narrative of Solomon Northup, a Citizen of New York, Kidnapped in Washington City in 1841, and Rescued in 1853*. Auburn, NY: Derby and Miller, 1853.

O'Connor, Kathleen. *Jeremiah: Pain and Promise*. Minneapolis: Fortress, 2011.

Oppenheimer, Mark. "Some Evangelicals Struggle with Black Lives Matter Movement." *Sojourners*. Accessed August 27, 2020. https://sojo.net/about-us/news/some-evangelicals-struggle-black-lives-matter-movement.

Powell, Mark Allan. *Introducing the New Testament: A Historical, Literary, and Theological Survey*. Grand Rapids: Baker Academic, 2018.

Powery, Emerson B. "'Rise Up, Ye Women': Harriet Jacobs and the Bible." *Postscripts: The Journal of Sacred Texts, Cultural Histories, and Contemporary Contexts* 5, no. 2 (2009): 171–84.

_____. "Tax Collector." In *The New Interpreter's Dictionary of the Bible*, edited by Katharine Doob Sakenfeld, 5:477–78. Nashville: Abingdon, 2009.

Powery, Emerson B., and Rodney S. Sadler. *The Genesis of Liberation: Biblical Interpretation in the Antebellum Narratives of the Enslaved*. Louisville: Westminster John Knox, 2016.

Powery, Luke, and Emerson Powery. "King, the Bible, and the 'World House': A Visionary Critique of the American Bible." In *The Word Made Flesh: Biblical Rhetoric in the Speeches and Sermons of Martin Luther King, Jr.*, edited by Herbert Marbury, Love Sechrest, and Lewis Baldwin. Columbia: University of South Carolina Press, forthcoming.

Pummer, Reinhold. *The Samaritans: A Profile*. Grand Rapids: Eerdmans, 2016.

Reed, Jean-Pierre. "The Bible, Religious Storytelling, and Revolution: The Case of Solentiname, Nicaragua." *Critical Research on Religion* 5, no. 3 (2017): 227–50.

Ringe, Sharon H. *Luke*. Louisville: Westminster John Knox, 1995.

Sack, Kevin, and Alan Blinder. "Heart-Rending Testimony as Dylann Roof Trial Opens." *New York Times*, December 7, 2016. https://www.

nytimes.com/2016/12/07/us/dylann-roof-trial.html.

Sanders, Cheryl J. "Do Black Lives Matter to God? Reflections on History, Theology, and Hope amid the Flames of Outrage." Berkley Forum, Berkley Center for Religion, Peace & World Affairs, Georgetown University, June 17, 2020. https://berkleycenter.georgetown.edu/responses/do-black-lives-matter-to-god-reflections-on-history-theology-and-hope-amid-the-flames-of-outrage.

Sanders, Jack T. *The Jews in Luke-Acts*. Philadelphia: Fortress, 1987.

Santamarina, Xiomara. "Black Womanhood in North American Women's Slave Narratives." In *The Cambridge Companion to the African American Slave Narrative*, edited by Audrey Fisch, 232-45. Cambridge: Cambridge University Press, 2007.

Sawyer, Sam. "Who Became a Neighbor? Reading Black Lives Matter through the Good Samaritan." *America: The Jesuit Review*, July 10, 2016. https://www.americamagazine.org/politics-society/2016/07/10/who-became-neighbor-reading-black-lives-matter-through-good-samaritan.

Schaberg, Jane, and Sharon Ringe. "Gospel of Luke." In *Women's Bible Commentary*, 20th anniv. ed., edited by Carol A. Newsom, Sharon H. Ringe, and Jacqueline E. Lapsley, 493-511. Louisville: Westminster John Knox, 2012.

Scharper, Philip, and Sally Scharper, eds. *The Gospel in Art by the Peasants of Solentiname*. Maryknoll, NY: Orbis Books, 1984.

Schiffman, Lawrence. "The Samaritans in Tannaitic Halakhah." *Jewish Quarterly Review* 75 (1985): 323-50.

Schottroff, Luise. *The Parables of Jesus*. Translated by Linda M. Maloney.

Minneapolis: Fortress, 2006.

Sechrest, Love L. *A Former Jew: Paul and the Dialectics of Race*. London: T&T Clark, 2009.

Smith, Luther. Foreword to *Sermons on the Parables*, by Howard Thurman, xi–xiv. Edited by David B. Gowler and Kipton E. Jenson. Maryknoll, NY: Orbis Books, 2018.

Snodgrass, Klyne. *Stories with Intent: A Comprehensive Guide to the Parables of Jesus*. 2nd ed. Grand Rapids: Eerdmans, 2018.

Stark, Judith Chelius. "Augustine on Women: In God's Image, but Less So." In Stark, *Feminist Interpretations of Augustine*, 215–42.

_____, ed. *Feminist Interpretations of Augustine*. University Park: Penn State University Press, 2007.

Stave, Shirley A. "'More Sinned against Than Sinning': Redefining Sin and Redemption in *Beloved* and *A Mercy*." In *Contested Boundaries: New Critical Essays on the Fiction of Toni Morrison*, edited by Maxine L. Montgomery, 126–41. Newcastle upon Tyne, UK: Cambridge Scholars, 2013.

Teske, Roland. "The Good Samaritan (Lk 10:29–37) in Augustine's Exegesis." In *Augustine: Biblical Exegete*, edited by Frederick Van Fleteren and Joseph C. Schnaubelt, 347–67. New York: Peter Lang, 2001.

Theissen, Gerd. *The Shadow of the Galilean*. Philadelphia: Fortress, 1987.

Thurman, Howard. *Deep Is the Hunger*. 1951. Reprint, Richmond, IN: Friends United, 2000.

_____. "Forgiveness: The Two Debtors (Luke 7:36–50) and the Unmerciful Servant (Matthew 18:23–25)." In *Sermons on the Parables*, 37–46.

_____. "The Good Samaritan (Luke 10:25-37)." In *Sermons on the Parables*, 47-56.

_____. *Jesus and the Disinherited*. 1949. Reprint, Boston: Beacon, 1996.

_____. *Sermons on the Parables*. Edited by David B. Gowler and Kipton E. Jenson. Maryknoll, NY: Orbis Books, 2018.

_____. *With Head and Heart: The Autobiography of Howard Thurman*. San Diego: Harcourt, Brace & Company, 1979.

Tinsley, Cleve V., IV. "Amid Phantoms of Death: A Call for New Paradigms of Religious Response to Uprisings for Black Lives." Berkley Forum, Berkley Center for Religion, Peace & World Affairs, Georgetown University, June 18, 2020. https://berkleycenter.georgetown.edu/responses/amid-phantoms-of-death-a-call-for-new-paradigms-of-religious-response-to-uprisings-for-black-lives.

"Toni Morrison Discusses 'A Mercy.'" NPR, October 29, 2008. YouTube video, 9:56. https://www.youtube.com/watch?v=7IZvMhQ2LIU.

Toussaint, Loren L., Everett L. Worthington, and David R. Williams, eds. *Forgiveness and Health: Scientific Evidence and Theories Relating Forgiveness to Better Health*. New York: Springer, 2015.

Tutu, Desmond. *No Future without Forgiveness*. London: Rider Books, 1999.

_____. "Truth and Reconciliation Commission, South Africa." In *Encyclopedia Britannica*. Article published April 6, 2010; last modified February 4, 2019. https://www.britannica.com/topic/Truth-and-Reconciliation-Commission-South-Africa.

Vinson, Richard B. *Luke*. Macon, GA: Smyth & Helwys, 2008.

Walker, Christina. "10 Years. 180 School Shootings. 356 Victims." CNN. 2019. https://www.cnn.com/interactive/2019/07/us/ten-years-ofschool-shootings-trnd/.

Webb, Samuel, ed. "Speech of Angelina E. G. Weld." In *History of Pennsylvania Hall Which Was Destroyed by a Mob on the 17th of May, 1838*, 123-26. New York: Negro Universities Press, 1969.

Willard, Mara. "Interrogating *A Mercy*: Faith, Fiction, and the Postsecular." *Christianity and Literature* 63, no. 4 (2014): 467-87.

Williams, Demetrius. "The Acts of the Apostles." In *True to Our Native Land*, edited by Brian K. Blount, Cain Hope Felder, Clarice J. Martin, and Emerson B. Powery, 213-48. Minneapolis: Fortress, 2007.

Wills, Lawrence. "Mark." In *The Jewish Annotated New Testament*, edited by Amy-Jill Levine and Marc Zvi Brettler, 67-106. New York: Oxford University Press, 2017.

Yellin, Jean Fagan. *Harriet Jacobs: A Life*. Cambridge, MA: Basic Civitas Books, 2004.

_____, ed. *The Harriet Jacobs Family Papers*. Vol. 1. Chapel Hill: University of North Carolina Press, 2008.

_____. "Texts and Contexts of Harriet Jacobs' *Incidents in the Life of a Slave Girl: Written by Herself*." In *The Slave's Narrative*, edited by Charles T. Davis and Henry Louis Gates Jr., 262-82. Oxford: Oxford University Press, 1985.

Young, Josiah U., III. "'Many Thousands Gone': Theology, Race, and Justice." Berkley Forum, Berkley Center for Religion, Peace & World Affairs, Georgetown University, June 15, 2020. https://berkleycenter. georgetown.edu/responses/many-thousands-gone-theology-race-and-justice.

현대를 위한 선한 사마리아인 비유

선한 사마리아인 이야기를 입체적으로 읽기

Copyright ⓒ 새물결플러스 2024

1쇄 발행 2024년 6월 10일

지은이 에머슨 B. 파워리
옮긴이 홍수연
펴낸이 김요한
펴낸곳 새물결플러스

편 집 왕희광 정인철 노재현 이형일 나유영 노동래
디자인 황진주 김은경
마케팅 박성민
총 무 김명화 이성순
영 상 최정호
아카데미 차상희

홈페이지 www.holywaveplus.com
이메일 hwpbooks@hwpbooks.com
출판등록 2008년 8월 21일 제2008-24호
주 소 (우) 04114 서울특별시 마포구 신촌로28가길 29
전 화 02) 2652-3161
팩 스 02) 2652-3191

ISBN 979-11-6129-280-9 93230

책값은 뒤표지에 있습니다.